인턴 X

INTERN
by Doctor X

Copyright ©1965 by Harper & Row.
Copyright © renewed 1993 by Ann M. Nourse.
By arrangement with Brandt & Hochman Literary Agents, Inc.

인턴 X
INTERN X

닥터 X 지음 | 양정현 옮김

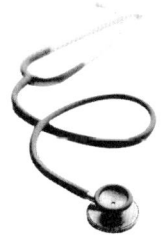

김영사

인턴 X

초판 1쇄 발행 1981. 11. 1.
개정판 1쇄 발행 2007. 5. 27.
개정판 8쇄 발행 2022. 4. 26.

지은이 닥터 X
옮긴이 양정현

발행인 고세규
발행처 김영사
등록 1979년 5월 17일 (제406-2003-036호)
주소 경기도 파주시 문발로 197(문발동) 우편번호 10881
전화 마케팅부 031)955-3100, 편집부 031)955-3200 | 팩스 031)955-3111

이 책의 한국어판 저작권은 Eric Yang Agency를 통한 Brandt & Hochman Literary Agents와의 독점 계약에 의해 김영사에 있습니다. 저작권법에 의해 한국 내에서 보호를 받는 저작물이므로 무단 전재와 복제를 금합니다.

값은 뒤표지에 있습니다.
ISBN 978-89-349-2544-6 03840

홈페이지 www.gimmyoung.com   블로그 blog.naver.com/gybook
인스타그램 instagram.com/gimmyoung   이메일 bestbook@gimmyoung.com

좋은 독자가 좋은 책을 만듭니다.
김영사는 독자 여러분의 의견에 항상 귀 기울이고 있습니다.

때때로 의사들은 아무 일도 일어나지 않기를 바라면서도
뭔가 꼭 일어나기를 기다리는 햄릿이 된다.
그것은 환자에게는 죄악과 같은 호기심이다.

차례 I N T E R N X

1. 삶과 죽음의 현장에서 9

2. 그레이스톤 기념병원 19

3. 생명의 구원자 29
인턴 그 첫날 | 어둠 속에서 | 가혹한 침묵

4. 죽음의 벼랑 61
주말당직 | 결혼도 안 하고 임신하나요? | 병실 속의 화약고

5. 별은 어디서 떠오르는가? 91
질병의 사슬 | 별은 어디서 떠오르는가? | 의사의 실수

6. 생명의 불꽃 121
생명의 불꽃 | 의사들의 세계 | 운명의 덫

7. 생존의 바다 147
빈곤과 풍요의 악순환 | 분만실의 관람자 | 가슴 아픈 에피소드

8. 유치한 연극 175
유치한 연극 | 진료과오 | No-Information

9. 암, 그리고 무無 207
놀라운 스케줄 | 암의 계곡 | 그레이스톤의 소피스트

10. 질병의 권모술수 241
잔인한 과오 | 비극적인 희극 | 간교한 질병

11. 축복 있는 성원 267
의사만의 딜레마 | 축복 있는 성원 | 직업윤리

12. 어린 왕자들 301
길을 잃은 어린 왕자 | 끝없는 미로 | 또 하나의 비극

13. 내던져 불사르리라 341
악몽의 들판에서 | 작은 물방울 | 그대 병든 영혼의 안식을 위해

에필로그 372
옮긴이의 글 374
《인턴X》를 다시 세상에 내놓으며 377

1 삶과 죽음의 현장에서

사람들은 누구나 언젠가는 병원을 찾게 된다. 그리고 그들은 의사가 자신의 질병에 대해 해박한 지식과 기술을 갖고 있어 틀림없이 건강을 되찾아주는 생명의 구원자가 될 수 있으리라는 어리석은 기대를 한다. 병이 중하고 어려울수록 이러한 확신의 강도는 높아간다. 참으로 놀라운 일이 아닐 수 없다. 어떻게 의사의 능력이 전적으로 신뢰받게 되었을까?

이 책은 의사가 되기 위한 수련기간 중 가장 중요한 시절인 인턴생활을 기록한 것이다.

글을 시작하기에 앞서 내가 이 책을 통하여 의도하는 바가 무엇인지를 명백히 할 필요가 있다. 이 책은 단순한 자서전이나 회고록이 아니다. 1년 동안 내가 경험한 인턴생활의 온갖 사건들을 그때그때 녹음했던 진실한 일기이다.

이 글에서 난 피곤, 실망, 우울, 불안, 불만, 그리고 참담함으로 점철된 순간순간들을 그때마다 적나라하게 표현하고 있다. 때로는 분개하여, 때로는 볼멘 목소리로, 또 때로는 환희에 차서, 어느 때는 흥분상태에서 구술을 했다. 그 결과 내가 겪어야 했던 인턴시절의 솔직한 모든 생활 기록들이 이 한 권의 책으로 나오게 된 것이다. 이 글에서 허구나 가식은 전혀 없다. 오히려 실제 있었던 일들이 상당히 빠져 있고 문법과 조리에 맞게 편집되는 과정에서도 감상에 의해 사실이 왜곡되지 않도록 주의하였다.

이 기록은 순전히 나 개인적인 것이기 때문에 그간 내가 경험했던 모든 일, 그리고 그에 따른 나의 생각과 행동에 대한 얘기가 된다. 그러므로 다른 인턴들은 그들 나름대로의 경험과 생각을 가지고 나와는 또 다른 방식으로 일에 대처했을 것이다.

그러나 나는 내 인턴시절의 경험이 내가 인턴이었을 당시는 물론이고 오늘날에도 전국의 수많은 병원에서 수련 받고 있는 풋내기 의사들의 대표적 모델이라고 확신하고 있다. 비록 이것이 나 개인적인 기록이긴 하지만 이것을 통해 받는 느낌이나 이것이 전하는 메시지는 일반적일 것이기 때문이다.

처음 녹음을 시작할 때는 이것을 어디에 이용하겠다는 생각은 전혀 없었다. 그러나 시간이 지남에 따라 이 속에는 일생에 다시 경험할 수 없는 놀라운 일들이 너무나 많으며 그냥 흘려보내서는 안 될 내용들이 허다하다는 걸 깨닫게 되었다. 또 의사에게는 인턴시절만큼 중요한 시기도 없다는 사실도 알게 되었다.

게다가 아직 이런 글이 출판된 적이 없다는 사실이 내게 용기를 주었다. 아니, 기록조차도 안 된 것 같다. 그 이유는 간단하다. 우선 레지던트와 인턴들이 항상 시간에 쫓기고 있기 때문일 것이다. 하는 일이 도대체 끝이 없어 정신적으로나 육체적으로 몹시 피곤하다. 하루에 겨우 두세 시간 눈을 붙이면서도 이틀 사흘씩 계속 일을 해야 하기 때문에 비번 날이 돌아와도 그저 먹고 자는 것밖에는 다른 여유도, 생각도 있을 수가 없다.

그러나 이런 내용의 글이 햇빛을 보지 못하는 보다 큰 이유는 의사세계를 지배하는 '관례' 때문일 것이다. 언제나 신뢰를 받을 수 있도록 품위를 지켜야 하고 또 환자들의 사생활을 보호해야 하는 것이 의사의 법적 도덕적 의무다. 이 의무는 당연히 지켜져야 하겠지만 나는 이 책이 픽션이 아니라는 사실을 알리기 위해 실제 이름이나, 장소, 날짜, 사건 등을 구태여 숨기지 않았다.

내가 감히 묵살하고 도전하려 하는 이 관례에는 또 하나 문제가 있다. 의사와 환자 사이에는 신뢰 이상의 문제, 즉 의료 행위 그 자체와 의료인 주위를 가리고 있는 '대외비(對外秘)'라는 케케묵은 불문율이 엄존하고 있다는 것이다. 이것은 오랜 세월, 의사의 자존심과 긍지를 구축해온 중요한 지주였다. 따라서 일반인들은 차라리 의사세계는 모르는 것이 상책이라는 사고방식이 통용되어 온 것이다.

의사에 관한 모든 것—치료방법, 의사의 성격, 의사가 되는 과정 등—이런 것들이 비밀스런 장막에 싸여 있는 것은 바로 이러한 관례 때문이다. 이런 관례가 분명 옳지 않고 의사라는 직업의 장래를 위해서도 무가치한 것임에 틀림이 없으나 이것이 다른 사람도 아닌 의사들 자신에 의해서 고수되고 있다는 사실은 결코 간과할 수 없는 일이다.

이러한 비밀스런 장막의 결과가 인턴에 대한 전통적인 이미지에 영향을 주었다. 한 세대 전만 해도 인턴은 믿을 수 없을 만큼 자기 일에 부지런하고 헌신적이며 현명하고 이상주의적인 소영웅이었다. 그러나 최근에 이르러서는 인식이 달라졌다. 이제 그는 마약을 남발하는가 하면 간호사를 유혹하고 남몰래 유산을 시켜주는 등의 부패하고 탐욕스런 직업 속의 냉소적인 견습생인 것이다. 이 풋내기 의사들은 사람들이 실지로 의사를 이런 눈으로 본다는 것을 알게 될 때까지 이 넌센스를 비웃는다. 그러나 세월이 흐르면 이들도 자신이 결코 고결한 원탁의 기사 갤러헤드도 아니요, 병원 속의 탕아 로자리오도 아니며 그렇다고 시니컬한 의료괴물도 아니라는 걸 깨닫게 된다.

그렇다면 과연 그는 어떤 인간인가? 무엇이 그를 움직이며 그는 환자와 그 자신, 나아가 주변의 다른 의사들을 어떻게 생각하고 있는가? 그 무엇이 의사를 의사답게 만들 수 있는가? 어떻게 해서 의사가 될 수 있으며 그러기 위해서는 어떤 대가를 치러야 하는가?

이런 의문들에 관해 명쾌한 해답이 내려져야 할 것이다. 그런데도 이 문제에 용기 있게 나서서 해답을 줄 수 있는 때문지 않은 수련의, 다시 말하면 삶과 죽음이 교차하는 최전선에서 질병과 싸우고 있는 현장인(現場人) ─ THE MAN ON THE SPOT ─ 인 이 풋내기 의사들은 아직 많은 불확실한 것들 때문에 단정을 주저하게 되고 마침내 침묵이 아니면 무지라는 두 가지 오류 중의 하나를 택하게 되는 것이다.

사람들은 누구나 언젠가는 병원을 찾게 된다. 그리고 그들은 의사가 자신의 질병에 대해 해박한 지식과 기술을 갖고 있어 틀림없이 건강을 되찾아주는 생명의 구원자가 될 수 있으리라는 어리석은 기대를 한다. 또한 그 기대가 절대 옳다고 확신까지 한다. 병이 중하고 어려울수록 이러한 확신의 강도는 오히려 높아간다. 참으로 놀라운 일이 아닐 수 없다. 어떻게 의사의 능력이 전적으로 신뢰받게 되었을까?

의사가 되기 위해서는 여러 해 동안 학문적 수련을 쌓고 의대 3, 4학년부터는 많은 시간을 환자를 돌보며 연구한다. 환자의 병력과 진찰기록 등을 베끼기도 하고 교수들에게 환자의 상태를 보고하기도 하며 가끔 환자에 대한 의견을 발표하기도 한다. 그러나 치료상의 책임 있는 결정은 결코 할 수가 없다. 이러한 과정을 거쳐 의학사(M.D) 학위와 의사자격증을 받지만 그것은 어디까지나 이름뿐인 껍데기 의사이다. 소위 의대 5년생에 비유되는 인턴 기간 중에서야 비로소 상당한 책임을 맡게 되며 의사로서의 인생에 성패를 걸고 유능한 의사가 되기 위해 본격적인 수련을 쌓게 된다.

인턴의 제1의무는 환자가 입원할 때부터 퇴원할 때까지 한시도 빠짐

없이 그를 돌봐야 하는 것이다. 'THE MAN ON THE SPOT'—문자 그대로 그는 그 자리에 꼭 있어야 하는 현장인이 되는 것이다. 병원 안의 인턴 숙소에서 상주하거나 병원 근처에서 살아야 하며 허가 없이 병원 문을 나설 수도 없다. 보수도 없고, 있다 해도 극히 적다. 내 경우 일주일에 80~120시간이나 일하고도 보수는 조금밖에 받지 못했다. 숙소에서 잠자는 건 무료였지만 그 돈으로는 병원 식당의 음식값 대기도 벅찼다. '보수가 문제가 아니라 수련과 경험이 문제'라는 데는 불만의 여지가 없다.

인턴은 혼자 일할 수가 없다. 능력 있는 레지던트의 철저한 감독을 받아야 하며 그 위로는 경험 많은 스탭(전문의)들이 버티고 서 있다. 대개 큰 병원에서는 이런 지휘계통이 있어 인턴의 실수로부터 환자를 보호할 수 있게 된다.

의사들의 뇌리에 항시 박혀 있는 가장 중요한 수칙—환자에게 절대로 해를 입히지 말라—은 이 혹독한 수련기간 중에도 늘 따라다니게 된다. 그들은 다른 어느 때보다도 이 짧은 기간 동안 의학을 보다 깊이 있게 알게 되고, 숱한 시행착오와 시정을 통해 의술을 익혀나간다. 그가 내린 현명한 진단, 적시에 발견한 실수, 최선을 다한 결과로 환자의 생명을 구하는 등의 기쁨은 잠깐이고, 부주의, 우둔, 실수, 경험부족 등으로 살릴 수도 있는 환자를 죽게 했을 때의 절망감은 일생 동안 머릿속에서 맴돌게 된다. 뜻밖의 사태를 예상하지 못하거나 의학의 가장 기초적인 원칙을 무시하며 살아날 수도 있는 환자를 비참한 상태로 빠뜨리는 경우도 적지 않다.

이러한 사실을 세상에 알리는 것은 의사들의 수련교육에 찬물을 끼얹는 결과가 되어 직업윤리상 도저히 용납될 수 없는 금기사항이 되겠지만 이런 과정을 거쳐서만이 사람들은 결국 보다 유능한 의사의 진료를 받게 되며 그렇게 되기 위한 어쩔 수 없는 '희생물'로서 소수의 환자가 제단 위에 올려지는 것이다.

하지만 그 소수의 희생자란 결국 누구인가? 두렵고 놀라운 사실이지만 바로 당신이 그 비극의 제단 위에 올려질 수 있다는 것이 엄연한 현실이다. 선택된 어느 누구가 아니라 당신 자신의 운명에 의해 보다 유능해지기 위한 한 풋내기 의사의 수련에 필요한 제물로서 당신이 선택될지도 모른다는 것이다.

그러기에 사람들은 한 사람의 의사가 탄생하기까지의 과정과, 의술의 본질을 이해할 필요가 있으며 의사의 인간적인 한계를 알아야 한다. 이러한 사실을 이해하려면 의술에 관한 많은 문제들에 관해 올바른 해명이 있어야 하리라고 나는 확신하고 있다.

그것은 의사들이 왜 독립성을 외치며 의술에 대한 정치의 개입을 두려워하는지를 명백히 밝혀줄 것이다. 그리고 그것은 의사들이 의료수가(醫療酬價)의 높고 낮음에 관계없이 항상 자기들만이 옳다고 주장하는 이유와 일반의 여론에 지나치게 과민반응을 나타내는 이유를 설명할 수 있을 것이다. 의사들이 정당성 유무를 따지려는 공격으로부터 단결하여 방어하는 이유와 무능력한 동료 의료인의 진료과오에 대해 분노하고 비난하면서도 시간이 모든 것을 해결해줄 것이라는 생각으로 서둘러서 감정을 폭발시키지 않는 이유에 대해서도 말해줄 것이다.

결국 내가 이 책을 쓴 이유는 의사와 일반 대중과의 상호이해를 돕기 위해서이지 어느 한쪽을 곤경에 빠뜨리려는 생각은 추호도 없다. 이 책은 전혀 백지상태인 문외한에서 출발하여 한 사람의 유능한 의사가 되기 위한 수련기간 동안 겪는 갖가지 사건과 과정을 극명하게 보여줄 것이다. 이 책이 내 의도와는 달리 독자들을 경악시키거나 공포에 몰아넣거나 또는 분노케 할지도 모르겠으나 나의 진정한 바람은 이 기록을 통해 일반인들이 이 위대하고 자랑스러운 직업에 대해 좀더 이해할 수 있게 되는 것이며 그렇게 될 때 나의 이 조그만 노력은 정말로 값진 것이 될 수 있을 것이다.

2 그레이스톤 기념병원

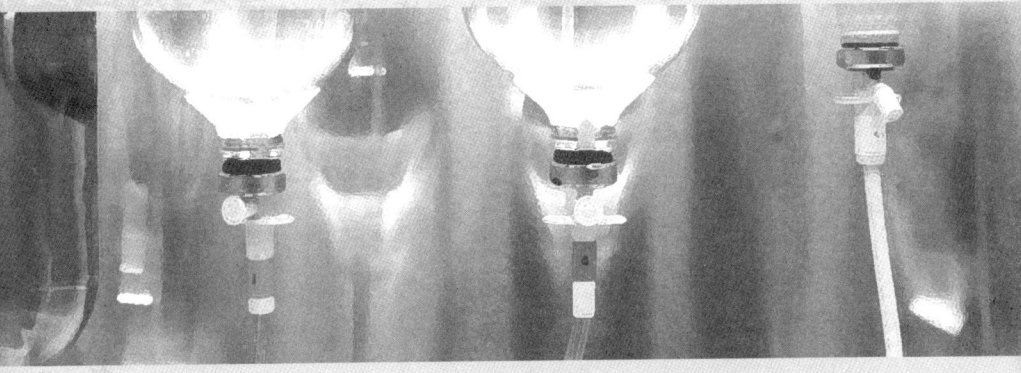

인턴은 어느 때 어느 곳에라도 있어야 하고 무슨 일이든 해야 했다. 인턴만큼 힘이 들고 많은 시간 노동을 하며 많은 책임을 짊어진 직업이 또 있을까? 제대로 먹지도 못하고 제때에 잠도 못 자면서 권위의 가면을 쓰고 뛰어야 했다. 머리가 아니라 피부와 발로 지식을 흡수해야 하고 고통스런 교훈을 통해 직업의 앞날을 설계하고 거기에 자기 삶의 꿈을 가꿔야 하는 참혹한 아이러니.

Intern X

　인턴생활의 실패는 첫 달에 달려 있고 첫 달의 수련생활이 얼마나 고될지는 어느 과(科)에서 근무를 시작하느냐 하는 것과 어떤 레지던트를 만나느냐에 달려 있다고 한다.
　내 경우엔 한편으로는 운이 좋았으나 다른 한편으로는 불운했다. 제일 힘든 내과 파트에서 인턴생활의 테이프를 끊어야 했으나 유능하고 친절한 레지던트인 피터 카레이 신생을 만나게 되었으니 말이다.
　첫날 첫시간의 긴장은 2개월 후 다른 과로 옮길 때까지 나를 짓누르고 있었다. 그리고 나는 처음 몇 주 동안 쓸데없는 일에만 정신이 팔려 있었다.
　가장 큰 문젯거리는 오리엔테이션이었다. 처음 48시간 동안에 20~30명의 입원환자에 대한 체크와 신환 처리, 다른 의사들과의 인사, 하루 3교대하는 간호사들과의 인사 따위의 모든 일을 해치워야 했다. 그리고 무엇보다도 선배 인턴, 레지던트로부터 임무를 인계받는 일은 두렵고도 벅찬 일이었다.

피터 카레이 선생이 아니었다면 이런 일들을 제대로 할 수가 없었을 것이다. 그는 바로 이 병원에서 인턴을 갓 마치고 내가 인턴을 시작하는 날에 내과 일 년차 레지던트로 진급한 사람이었다. 그는 휴가까지 뒤로 미루면서 우리 풋내기 의사들을 돌봐줬다.

그런데도 첫 일주일은 모든 것이 뒤죽박죽이었다. 오리엔테이션은 독자들의 이해를 돕기 위해서도 중요하므로 간략하게 언급해 두겠다.

병원

그레이스톤 기념병원은 20여만 명의 인구를 가진 시의 중심부에 위치한 중간 규모의 시립병원이다. 도시주변까지 100만 정도의 인구를 진료상대로 하는 이 병원의 의사수준은 일류였다. 모든 환자는 특진 의사들의 진료를 받게 되어 있고 인턴, 레지던트들은 더 많은 책임을 위임받기 위해 그들로부터 신임을 얻어야 했다. 책임은 신중하게 부여됐고 감독과 교육은 철저했으며 각 분야의 유명의사들이 자주 참여하였다.

병원은 7층이었다. 각 층마다 진료 각 과—내과·외과 등—가 각기 편리한 위치에 자리 잡고 있었고 특히 소아과는 별개의 자선병원으로 운영되고 있어 환자들이 병원을 이용하는 데는 하등의 불편이 없었다.

층마다 벽에 스피커가 달려 있어 필요할 때마다 안내방송을 해주었다. 페이징(paging:호출)* 이라 부르는 이 안내방송이 들리면 의사들은 무슨 일을 하고 있던 간에 즉시 응답해야 했다. 이것은 아무도 어길 수

---

*요즈음 우리나라 대부분의 병원에서는 스피커 호출보다 핸드폰, PDA폰, 또는 삐삐 등이 이용되고 있다.

없는 규칙이었다. 우리는 모두 그 스피커를 싫어했다. 갑자기 이름을 불러대는 소리에 위축되곤 했으며 그럴 때마다 스피커에다 주먹질을 하며 욕설을 퍼붓기도 했다.

그러나 병원이 밤의 고요 속에 빠져 들어가기 시작하는 저녁 무렵에 애수에 젖은 듯한 낮은 비음의 교환원의 페이징 소리는 이따금 내 가슴을 적셔주곤 했다. 점차 그 소리에 익숙해지면서 우리는 무슨 용건인지, 얼마나 급한 일인지 등을 알 수 있게 되었다.

이 책이 처음 녹음되고 수 년 후 다시 글로 기록될 때 나는 혹시 독자들이 그레이스톤 병원은 사망률이 높고 병원사고가 많이 나는 곳이라고 놀라지 않을까 하는 우려를 갖고 있었다. 그러나 내가 인턴생활을 하는 동안, 환자사망률은 전국 평균사망률보다 훨씬 낮았고 대부분의 환자들이 건강과 행복을 되찾아 퇴원하였다.

그런데도 이 책에서 주로 심각한 양상을 띠는 환자 이야기를 많이 다루고 있는 이유는 실제 일어났던 일들의 5% 정도 이하만이 녹음되었기 때문이다. 최악의 조건에서 최선의 치료를 받은 환자들에 대해 많이 언급된 것도 그 까닭이다.

12개월 동안 그곳은 내 집보다 더 친근한 곳이 되었다. 신설병원도 아니고 그렇다고 아주 오래된 병원도 아닌 그곳. 화창한 날에는 밝고 아름다웠으나 흐린 날에는 여느 병원과 마찬가지로 뭔지 모를 음울한 그림자가 뒤덮이던 곳. 많은 세월이 흐른 지금도 나는 그 병원의 모든 것을 다 기억해낼 수 있다. 그리고 그 당시보다도 더욱 깊은 애정과 증오의 두 마음을 갖고 회상하게 된다.

진료

큰 병원이 다 그러하듯 그레이스톤 기념병원도 기본 4과의 구분이 명

확했다.

전통적으로 내과에는 어려운 질병에 진단을 내리는 내과 치료의 전문가들이 있다. 외과에서도 진단을 내리긴 하지만 대개의 경우 내과의 외과적인 케이스에 대해 자문에 응한다. 외과의사들은 내과의사들을 사후약방문 식의 치료밖엔 할 수 없는 돌팔이들이라고 비웃으며 자기들은 메스로 환부를 도려내는 마술사라고 으스댄다. 그러나 내과의사들을 자기들만이 진정한 의사이고 생명의 구원자라고 뽐내며 외과의사들은 칼잡이일 뿐이라고 무시한다.

한편 산부인과는 내과나 외과보다 비교적 역사가 짧지만 과거 수백 년 동안 눈부신 성장을 거듭하였다. 높았던 분만사망률을 현대에 와서는 결코 용서할 수 없는 의학적 비극으로 여기게끔 만들 정도로 발전한 것이다.

소아과의사는 환자진료에 있어 인위적 연령의 제한을 받아 동료 의사들로부터 반 웃음거리가 되곤 하는 직업상의 고아다. 하지만 소아환자들이야말로 다른 의사들에게는 특별히 힘겨운 문제를 지닌 친구들이므로 소아과의사는 자연히 존경을 받게 되고 그의 관심사는 오직 귀엽고 연약한 꼬마환자들의 고민을 해결해주는 데 있게 된다.

인턴 수련생활 12개월은 기본 4과의 중요성에 비례하여 기간을 나누어 일하게 된다. 나는 내과에서 4개월, 외과 5개월, 소아과 2개월, 산부인과 1개월을 근무했다.★

의료진

그레이스톤 기념병원은 바로 이웃에 있는 클리닉의 의사들에 의해

★현재 우리나라에서는 정신과, 정형외과, 신경외과, 안과, 이비인후과, 피부과 등 모든 전문과목을 1년 동안 순환 근무하고 있다.

운영되었다.★

클리닉 건물은 병원보다 오히려 더 현대적이고 멋이 있었다. 방사선과(최근 우리나라에서는 '영상 의학과'로 개칭하였다), 병리과, 마취과(최근 '마취 통증 의학과'로 개칭하였다) 등의 진료시설이 완비돼 있어 병원은 이 클리닉에 전적으로 의존하였다. 그레이스톤 클리닉에는 산부인과와 소아과를 제외한 25명 정도의 각 과 전문의들이 있었다.

이들 중의 대다수가 꽤 명성이 있는 의사들이었다. 아먼드 풀러 박사는 저명한 심장 전문의로 병원의 내과 과장을 겸하고 있었다. 외과 과장인 나탄 슬레터 박사는 미국 외과학회 회장을 지냈고 미국 외과 전문의시험의 시험관이기도 했다. 자콥 콤프튼 박사는 당뇨병 치료 연구의 선구자적 인물이었다.

병원과 클리닉 사이에 공식적인 연관은 없으나 클리닉 환자들이 병원침대의 대부분을 채우고 있었고 또 클리닉 의사들이 인턴·레지던트의 수련생활에 큰 영향을 주었기 때문에 그들은 사실상 이 병원 안에서 신과 같은 존재였다.

외래 일반의들은 클리닉 의사들에 대해 대단한 반감을 갖고 있었다. 심지어 자기들을 몰아내려 한다는 주장까지 할 정도였다. 그러나 클리닉이 병원의 수순을 높여준다는 사실엔 의문의 여지가 없었다.

다른 병원에서는 보통 10~12명의 인턴들이 있게 마련이지만 우리 병원에는 5명밖에 없어서 정말이지 비참할 정도로 정신없이 바쁜 생활의 연속이었다. 의사라는 직업에 존경과 호감의 눈초리를 보내는 사람들이 우리의 생활, 그 속을 들여다본다면 참으로 놀라 자빠질 일이 아

★클리닉은 우리나라 의원(醫院)과 비슷한 개원의의 사무실이다. 외래환자만 볼 수 있고 입원실은 없으며 특별히 입원해야 할 환자는 종합병원에 입원시켜 자기가 그 병원에 나가서 그 환자를 돌본다. 이것을 어텐딩 시스템 Attending System 이라고 한다.

닐 수 없었다. 그러나 인턴에 대한 훈육은 '충분하지만 넘치지 않도록 하라'는 어떤 계율 같은 것이 있어서 우리는 인턴시절 내내 좌절과 환희의 두 가지 묘한 감정 속에서 방황해야만 했다.

인턴의 의무

한마디로 인턴은 어느 때 어느 곳에라도 있어야 하고 무슨 일이든 해야 했다. 환자를 치료하고 있는 전문의들을 보조하는 일과 의학적 기술을 쌓아나가는 일을 적절히 조화시켜 유능한 의사로서의 능력을 그 과정에서 습득해야 한다. 환자가 입원할 때부터 퇴원할 때까지 줄곧 같이 있어야 하고, 병록(차트)을 작성하고, 검사와 처방에 대한 지시를 내리며, 환자들의 요구를 수천 가지 다른 방법으로 돌봐줘야 했다.

밤낮없이 제일 먼저 불려 나가 고역을 치러야 하고 특히 주말 당직에 걸리면 병원 안에서 단 한 발짝도 나갈 수가 없었다. 의사라면 누구나 잘 아는 일이지만 밤이나 주말이면 어렵고 위급한 환자가 묘하게도 많이 나타나 죄 없는 인턴들이 가장 무거운 책임을 져야만 했다.

인턴만큼 힘이 들고 많은 시간 노동을 하며 많은 책임을 짊어진 직업이 또 있을까? 언제나 발동이 걸려 있어야 하지만 시간은 한정되어 있고, 제대로 먹지도 못하고 제때에 잠도 못 자면서 권위의 가면을 쓰고 뛰어야 했다. 머리가 아니라 피부와 발로 지식을 흡수해야 하고 인간에 대한 질병의 변덕과 잔인성, 경이로운 권모술수 등의 고통스런 교훈을 통해 직업의 앞날을 설계하고 거기에 자기 삶의 꿈을 가꿔야 하는 참혹한 아이러니. 겸손과 인내의 그리고 정열의 화신이 되어야 하는 고독한 직업 윤리……

물론 이러한 생활을 보낸 후에 그는 변하게 된다. 살이 찌고 게으르며 부유한 이상주의자가 된다. 탐욕과 사치와 거만, 그리고 방종과 잔인의 기로에서 항상 방황한다. 이상을 낮추거나 이상과 타협을 하거나 자신의 부도덕성을 합리화시키려 애를 쓴다.

이런 일들은 어느 직업에서나 늘 있는 일이지만 놀랍게도 의사들의 이런 행위는 쉽게 은폐되고 때로는 미화되기까지 한다. 그러나 단 한 가지 인턴시절의 교훈은 그에게 피가 되고 살이 되며 결코 퇴색하지 않는, 살아 있는 긍지로서 일생 동안 그를 지배하게 된다.

이 책에서는 그 이유를 보여주게 될 것이다.

3 생명의 구원자

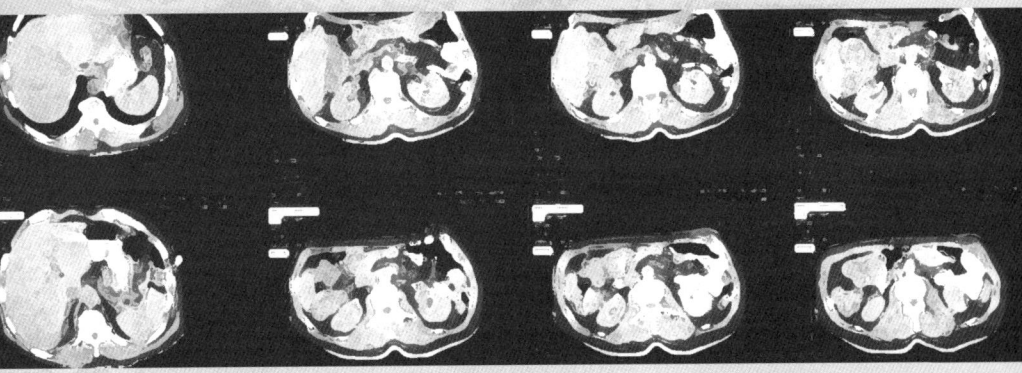

오늘 오후에 새로 입원할 환자가 6명 정도 될 것이라고 귀띔해주었다. 내가 지레 겁을 먹자 그는 나를 안심시키려는 듯 히죽 웃으며 말했다. "모름지기 의사는 환자가 많은 걸 기뻐해야 되지 않겠소? 따지고 보면 의사라는 직업은 퍽 아이러니하지. 남의 불행에 기대 먹고 사니까 말이요. 그런 의미에서 히포크라테스 선생이야말로 악당 중의 악당이라고나 할까?"

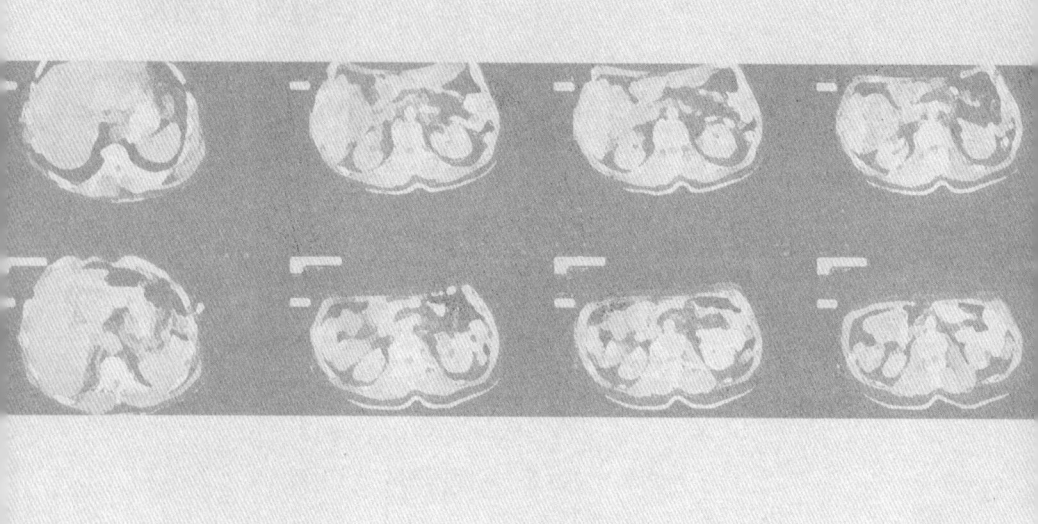

인턴 그 첫날

7월 2일(토)

   신입 인턴들을 위한 첫 회의가 7월 1일 병원 지하 회의실에서 있었다. 스탭들에게 새 인턴들을 소개하고 임무와 시간표 등을 맡기기 위한 일종의 오리엔테이션이었다. 오전 8시에 업무가 시작되므로 회의는 7시 30분에 열리게 되어 있었다. 병원까지 아내 앤이 자동차로 태워다 줘서 시간이 좀 남았으나 회의실이 어디 있는지 몰라 복도에서 멍청하게 서성거려야 했다. 그러다 어떤 의사의 뒤를 따라 회의실에 들어갔다. 인사처에서 준 서류를 들고, '인턴 ○○ M. D'라는 검은 명찰이 달린 하얀 가운을 입고 있는 내 존재가 이상스럽게도 쑥스럽게 느껴졌다. 드디어 한 사람의 의사가 되어 여기 앉아 있었다. 얼마나 기다렸던 날인가. 그러나 웬일인지 의사가 되었다는 실감보다는 두렵고 무거운 어떤 알 수 없는 그림자가 내 가슴 전부를 휘어 감고 있었다.

곧이어 긴 가운의 클리닉 스탭들, 외래 일반의들, 수술복을 입은 마취과의사들이 몰려 들어왔다. 그들은 맨 앞줄에 다소곳이 앉아 있는 신임 인턴 다섯 명을 잠시 신기한 듯 바라보다가 금방 자기들끼리 농담을 주고받으며 우리 같은 풋내기들은 안중에도 없다는 듯 떠들어댔다. 그들 하나하나의 얼굴이 얼핏 친근하게도 느껴졌으나 또 한편으로는 전혀 낯설게만 느껴졌다.

한 사람 한 사람의 소속과 이름이 차례로 소개되었으나 나는 도무지 하나도 기억해낼 수가 없었다. 곧이어 다섯 명의 신임 인턴들이 소개되었다. 건장한 체격에 매부리코를 한 펜실베니아 출신 로스코 헤링이 먼저 소개되었다. 약간 여성적으로 생긴 꺽다리 해밀톤은 네브라스카주에서 공부했다고 한다. 큰 키에 검은 머리의 사팔뜨기 클로이드 슈발츠, 나와 홉킨스 대학 동창인 알렉 아이비, 그리고 나, 이렇게 다섯이 차례로 소개되었다. 우리는 이제 앞으로 12개월 동안 좋든 싫든 무릎을 맞대고 지내야 한다. 우리는 한 배를 탄 것이다.

앤드류 케이즈 박사가 우리가 알아야 할 모든 사항—병원의 조직, 병실의 위치, 임무, 당직표, 환자문제 등을 소상하게 설명해주었다. 8시가 다 될 때까지 오리엔테이션은 지루하게 계속되었다. 나는 정신집중이 되지 않아 건성으로 회의 진행을 지켜봤지만 단 한 가지 이제 그레이스톤 기념병원의, 아니 의사세계의 일원이 되어 앉아 있다는 의식만은 가슴 뿌듯하게 차오르고 있었다.

인턴—물론 그는 이름뿐인 의사다. 겨우 한 달 전에 의과 대학을 졸업하고 의학사(M. D) 학위를 받은 풋내기에 불과하다. 지금까지는 그저 밖에서 들여다보는 구경꾼에 불과했었다. 의과 대학에서의 우리의 역할은 다만 지식의 축적을 위한 관찰과 연구의 반복이었지 결정과 행동은 아니었다.

의과 대학 시절에 만났던 인턴들은 항상 아는 게 많아 보였고 우리가 도대체 무슨 처치를 해야 할까 하고 교과서를 더듬고 있을 때 그들은 능숙한 치료와 재빠른 결정으로 곤경에 빠진 환자를 살려내는 유능하고 해박한 친구들이었다.

이제 시간이 흘러 내가 인턴이 되었다. 스탭들은 우리에게 스스로 결정하여 진행하고 책임질 임무를 떠맡겼다. 우리는 모두 일을 실수 없이 처리해나가야 한다. 내가 과연 해낼 수 있을까? 의대 4년 동안 배운 것들이 한없이 작고 보잘것없게 여겨졌다. 긴장과 두려움으로 머리가 어지러울 지경이었다. 의대 시절의 온갖 추억이 주마등처럼 뇌리를 스쳐 지나갔다.

"이제까지 우리 병원을 거쳐 나간 많은 인턴들 중 여러분이 가장 훌륭한 분들이 될 것으로 믿어 의심치 않습니다."

케이즈 박사의 입에 발린 말을 끝으로 회의는 끝이 났다.

복도로 올라오자 회의가 끝난 것을 벌써 알고 교환원들의 페이징이 요란스럽게 울려 나오기 시작했다.

"슬레터 박사님, 슬레터 박사님. 메도우 선생님, 메도우 선생님. 브록 선생님, 브록 선생님……"

그리고 다음엔 놀랍게도 내 이름이 두 번이나 불려졌다. 잠시 나는 어찌할 바를 몰라 망연히 복도 한쪽 구석에 서 있다가 지나가는 한 레지던트 선생에게 물었다.

"호출되면 어떻게 해야 합니까?"

"빨리 전화기를 들고 이유를 물어보시오."

전화기를 들자 교환원은 아주 다급하다는 듯이 말했다.

"선생님, 402호실에 신환이 들어왔습니다. 케이즈 박사님 담당환자로 페니실린 부작용으로 입원했습니다. 빨리 가보세요."

나는 급히 엘리베이터를 타고 4층으로 올라갔다. 마침내 내 인턴생활이 시작된 것이다. 기쁘기도 하고 두렵기도 한 도대체 뭔지 모를 흥분의 덩어리가 가슴속에서 방망이질 치고 있었다.

"이제 넌 의사가 된 거야. 정신 차려, 이 친구야. 넌 그레이스톤 기념병원의 인턴이라구!"

대학에서 배운 '페니실린 쇼크환자 처치법'을 생각해내려고 애를 써봤으나 잘 생각이 나질 않았다. 그래도 여유는 잃지 말아야지, 의사답게 처신해야지…….

그러나 환자를 대하는 순간 모든 것은 수포로 돌아가고 말았다. 두드러기 때문에 가려워 죽겠다는 듯 여기저기 마구 긁어대는 그에게 내가 도대체 무슨 일을 할 수 있단 말인가?

"케이즈 박사님이 보름 전에 페니실린을 놔줬는데 갑자기 온몸에 이렇게 크고 붉은 반점이 돋고 호흡마저 가빠지는군요."

그는 제발 좀 가렵지만 않게 해달라고 내게 애원했다. 그러나 차트에는 환자에 대한 병력이나 처치명령 등 가장 기본적인 기록조차 돼 있지 않았다. 나는 한참을 맥없이 서 있다가 겨우 한마디 해주었다.

"얼마나 가려우십니까?"

지금 생각해도 참으로 우습고 어이없는 나의 말을 듣고 환자는 보면 모르겠냐는 듯이 화난 표정으로 노려보았다. 나는 곧 케이즈 박사가 약을 처방해줄 것이라고 안심시키고는 다시 한 번 페니실린 부작용 환자에게 해줘야 할 일들을 곰곰 생각해봤다.

환자의 맥박은 심하게 뛰고 있고 호흡은 몹시 가쁘다. 아드레날린이 어떨까? 그러나 부작용이 두려웠다. 문득 코티손이 떠올랐지만 그것마저도 용량은 생각나지 않고 주의사항과 부작용만 생각나 그만두었다. 궁여지책으로 케이즈 박사의 클리닉에 전화를 걸었으나 그는 없었다.

"젠장할 것! 도대체 이게 무슨 꼴인가. 페니실린 쇼크환자 처치는 기초 중의 기초 아닌가 말이다. 인턴 첫날부터 이거 완전히 떡이 되는군."

할 수 없이 복도로 뛰어나가 지나가는 스탭 한 사람을 붙들고 사정 얘기를 했다. 그가 방긋이 웃으며 대답해줬다.

"베나드릴을 처방하고 아드레날린 5미님만 주사하시오. 케이즈 박사가 올 때까지 코티손은 보류하는 게 좋을 것 같군요."

간호사에게 오더(처치명령)를 써주고 다음엔 무슨 일을 해야 할지 몰라 잠시 망설이는 순간, 어떤 사람이 불쑥 나타나 악수를 청하며 자기 소개를 했다.

"제 1내과 레지던트 피터 카레이입니다."

이마가 약간 벗겨지고 머리는 박박 깎은 것이 흡사 생쥐같이 생긴 사람이었다. 첫인상이 좋지 못했다. 제 1내과 레지던트라면 내가 앞으로 근무할 과의 전공의, 내 직속상관인 셈이다. 나는 무엇보다도 페니실린 쇼크환자가 걱정되어 그간의 경과를 그에게 자세히 말해주었다.

"베나드릴과 아드레날린이라면 잘 하셨군요. 어디, 같이 가서 경과를 좀 봅시다."

그는 웃으며 402호실로 향했다.

환자를 주의 깊게 살펴본 피터 카레이 선생은 침착하게 말했다.

"페니실린 쇼크가 틀림없군. 앞으로 당신은 페니실린을 맞게 될 때면 꼭 페니실린 알레르기가 있다고 말해야 합니다. 잘하면 일주일 이내에 회복될 겁니다."

내가 1시간 걸려서 했던 작업을 그는 단 5분도 안 돼 해치운 셈이다. 놀라운 일이었다. 간호사실에 돌아와서도 그는 내게 타이르듯 말해주었다.

"코티손을 처방 안 한 건 정말 잘한 일이오. 케이즈 박사께서 그걸 처방할거요. 그리고 앞으로 내과 근무를 하게 되면 무엇보다도 신중하고 침착한 태도가 필요합니다. 내가 힘이 되어 드릴 테니까 잘 해봅시다."

그때 마침 카레이 선생을 부르는 페이징이 있어 그는 입원환자 몇 명을 회진해야 하니 점심식사 후에 다시 만나자고 말하면서 급히 자리를 떴다. 곧이어 간호사들이 나를 알아보고 여러 가지 일들을 설명해주었다. 인턴과 간호사는 실과 바늘의 관계이면서도 개와 고양이의 관계이기도 하다. 대학 시절부터 이런 점을 알고 있었기 때문에 콧대를 꺾기 위해서라도 자못 여유를 보이며 점잔을 빼야 했으나 나는 경황 중에 아주 바보 같은 표정으로 서 있었던 것 같다.

얼마 있다가 길레스 선생이 와서 203호실 환자에게 척수천자(脊髓穿刺;척추에 속이 빈 주사침을 찔러 척수 액을 뽑아내는 처치)를 하라고 말하며 221호실 환자에게 IV(정맥주사)를 실시하라고 지시했다. 간호사들이 주사하려고 무진 애를 썼으나 혈관을 찾을 수 없어 결국 실패했다는 것이다.

환자는 전날 밤 내내 수액주사를 맞았다고 했다. 의사의 지시에 따라 아침에 뽑았다가 다시 주사하려고 하는데 혈관이 보이지 않는다는 것이었다. 80세의 노파로 뇌일혈환자였는데 먹지를 못해 링거, 생리식염수, 포도당주사 등의 수액주사가 필요했다. 노파의 팔뚝엔 이미 20여 군데의 바늘자국이 보기 흉하게 퍼져 있었다. 나는 이 팔 저 팔을 토니켓(혈관을 찾기 위한 고무줄)으로 묶으며 혈관을 찾았으나 번번이 실패하였다. 등 뒤에선 간호사가 팔짱을 낀 채 실눈 웃음으로 지켜보고 있었다. '내가 못한 걸 네까짓 병아리가 해?' 하는 듯이. 2, 30분은 족히 걸렸을 것이다. 겨우 발의 정맥을 찾아내 주사할 수가 있었다. 나는 의기양양하게 간호사를 쳐다보았다. 그러나 그녀는 이미 그곳에 없었다.

땀을 닦을 사이도 없이 스피커에서는 또 나를 호출하는 소리가 들려왔다. 응급실에 두부열상(頭部裂傷;머리 피부가 찢어진 상태)환자가 와 있다는 것이었다. 급히 내려가 환자를 살펴보니 두피가 2인치 가량 찢어지고 출혈이 있었으나 다행히 혼수상태는 아니었다. 간호사가 환부를 닦아주어도 출혈은 계속되고 있었고, 찢어진 이마를 꿰매는데 거의 1시간이나 걸렸다. 서툴렀지만 꿰매긴 했고 다행히 출혈은 멈췄다. 환자는 수술을 받는 동안 쉬지 않고 쥐가 파먹은 것처럼 잘려 나간 머리카락에 대해 툴툴거리며 불평을 늘어놓았다.

그러나 그것으로 끝은 아니었다. 뇌손상 여부를 관찰하기 위해 입원을 결정해야 했다. 대학 때 두피열상으로 봉합수술을 받은 환자 하나가 집으로 돌아가던 중 거리에서 힘없이 쓰러져 사망했던 사건을 나는 뚜렷이 기억하고 있었다. 그때 의사는 두개골 골절을 발견해내지 못하였던 것이다. 더구나 이 환자는 벽돌상자에 맞았다고 하지 않는가? 간호사에게 두부(頭部) 엑스레이를 찍도록 지시하고 1시간가량 응급실에 앉혀놓고 관찰한 후 귀가시키되 내일 봉합한 상처부위를 담당의사에게 진찰받도록 하라고 말했다.

그때 또다시 나를 부르는 페이징이 있었다.

"휴, 할 일이 너무 많군. 내 몸이 열 개라면 모를까……."

교환원은 내게 길레스 선생의 회진이 9시에 있었는데 나를 세 번이나 찾았다고 일러주었다. 시계를 보니 10시 30분이었다. 내가 5층으로 달려갔을 때는 카레이 선생과 랜디 브룩 선생, 그 밖의 두세 명의 의사들이 길레스 선생과 함께 아침회진을 이미 끝낸 후였다.

길레스 선생은 키가 크고 안경을 낀 깡마른 사람으로 나중에 안 일이지만 간질환에 관한 한 우리 병원에서는 대가로 손꼽히고 있었다. 그는 나를 한번 힐끗 쳐다보고선 하던 얘기를 계속했다. 그에게 늦은 이유와 사과를 해야겠다고 생각했으나 화를 내면 어쩌나 하는 걱정이 앞섰다.

제기랄! 회진이 있는지조차도 모르고 있었다니……. 오리엔테이션 때 알려줬겠지만 엉뚱한 데 정신이 팔려 듣지를 못했던 것이다. 그가 아침 내내 눈코 뜰 새 없이 바빴던 내 사정을 이해해줄까? 근무 첫날부터 문제아로 찍히게 되는 건 아닌가 조바심이 났다. 그러나 그는 아무 말도, 섭섭할 정도로 아무런 말도 내게 하지 않았다. 피터 카레이 선생이 나를 불렀다.

"자, 우린 오늘 할 일이 많으니 우선 203호실로 가서 척수천자를 합시다. 전에 해본 경험이 있고?"

사실 난 대학 3학년 때 마취과 실습을 하면서 여러 번 해본 경험이 있었다. 교수로부터 아주 능숙하게 잘한다는 칭찬까지 받았었다. 그러나 잘한다고 나섰다가 실수하면 어쩌나 하는 생각이 들어,

"별로 많지 않은데요. 아무래도 미숙합니다. 선생님이 하시는 걸 옆에서 지켜보기만 하겠습니다."라고 대답했다.

척수천자를 하는 동안 그는 병원에 대해 이것저것 많은 얘기를 들려주었다. 그리고 오늘 오후에 새로 입원할 환자가 6명 정도 될 것이라고 귀띔해주었다. 내가 지레 겁을 먹고 좀 놀라는 태도를 보이자 그는 나를 안심시키려는 듯 히죽 웃으며 말했다.

"모름지기 의사는 환자가 많은 걸 기뻐해야 되지 않겠소? 따지고 보면 의사라는 직업은 퍽 아이러니하지. 남의 불행에 기대 먹고 사니까 말이요. 그런 의미에서 히포크라테스 선생이야말로 악당 중의 악당이라고나 할까?"

피터 카레이 선생의 말은 자못 자조적이었다.

점심식사를 하러 식당에 내려가니 아주 놀라운 일이 기다리고 있었다. 짓이긴 감자와 치킨, 아이스크림과 파이, 커피 한 잔—이것이 메뉴

의 전부였는데 그 값이 세금 포함 무려 88센트나 되는 것이었다. 내 월급이 얼만데 한 끼에 88센트짜리 점심을 먹나? 그렇다면 일주일에 5일 근무와 주말당직까지 합해 봉급의 3분의 1이 날아가는 셈이다. 죽여주는군. 인턴은 손가락만 빨고 살란 말인가? 생활의 기반도 마련해주지 않으면서 품위와 긍지를 강요하고 흔들리는 뿌리를 외면한 채 고된 일과를 재촉하는 그레이스톤 병원이야말로 악당의 소굴이 아닐 수 없다. 역겨움과 분노가 뒤섞여 목구멍까지 올라왔다. 내일부터는 샌드위치를 싸가지고 와야겠군. 차라리 땅콩버터와 젤리샌드위치를 먹고 한 달에 한 번 집에서 스테이크로 영양보충을 하는 게 낫겠다. 그럼, 저녁식사는 어떻게 하지? 더 비쌀 텐데…….

매사에 불만이 많은 로스코 헤링도 점심 값에 대해 말이 많았다. 그는 어디서 들었는지 식당이 밤 10시부터 새벽 2시까지 야식을 위해 문을 여는데 음식이 무료로 제공된다고 귀뜸해주었다.

"하지만 야식이라고 나오는 것이 차디찬 고기덩어리에다 빵과 버터, 우유와 스프가 고작이니 오죽하겠어? 기대는 않는 게 좋을걸."

그것이나마 어떻게 그냥 지나칠 수 있으랴? 저녁식사는 그것으로 때우는 수밖에. 헤링도 그럴 눈치였다. 궁색하게 되면 사람은 좀 치사해지나 보다. 밤 10시가 넘어서 고양이처럼 식당에 기어들어가 팔다 남은 스프를 먹고 있을 내 모습을 상상하니 우습기조차 했다. 비참하군. 비참해. 뭔지 모를 우울한 그림자가 내 발목을 잡아 흔들고 있었다.

점심식사를 마치고 2층으로 올라가 카레이 선생을 만났다. 약 20명쯤 되는 입원환자의 차트를 자세히 훑어보았다.

"환자들은 내가 자세히 볼 테니 옆에서 보기만 하세요. 환자들 앞에서 너무 긴장하지 말고."

피터 카레이 선생은 보기와는 달리 친절하면서도 자상한 면이 있었다.

오후 1시 30분부터 신환이 밀어닥치기 시작하여 모두 8명이나 되었다. 나는 네 번이나 호출을 당해 그때마다 1시간 넘게 그들에 매달려 입원을 위한 진찰과 처치를 해야만 했다. 밤 9시 30분이 돼서야 겨우 신환에 대한 일을 모두 마칠 수 있었다. 그동안에도 나는 응급실로부터 두 번이나 호출을 당했다. 제기랄! 끝이 없군. 인턴숙소에 침대는 있으나 마나인데 뭐 하러 갖다 놓았나? 기계라도 견디지 못할 것 같았다.

"이제야 우리 일이 좀 끝난 것 같군. 난 집에 가서 쉬어야겠소. 당신도 내려가 쉬시오. 그리고 혹시 밤 동안에 혼자 처리하지 못할 일이 생기면 곧 연락하시오."

피터 카레이 선생은 자기 집은 병원 건너편 하몬 아파트에 있다고 일러줬다.

"그리고 말이오, 취침하기 전에 병실을 한 번 돌아보는 게 좋을 겁니다."

나는 그가 말하는 뜻을 알아들을 수가 없었다. 하루 종일 병실을 돌았는데 또 무엇을 보란 말인가? 그는 알겠다는 듯 빙그레 웃었다.

"간호사들이 가끔 골탕을 먹인단 말이오. 오밤중까지 가만히 기다리고 있다가 수면제 처방이 안 나온 환자를 어떻게 하면 좋겠느냐고 물어오곤 하지."

그의 충고대로 병실을 돌아본 후에 헤링의 말이 사실인지 보려고 식당으로 내려갔다. 찬 고기덩어리하며 모든 게 그대로였다. 무척 피곤해서 입맛이 없었지만 닥치는 대로 우겨 넣어 배를 채웠다. 식당 안에는 나 혼자뿐이었다. 썰렁하고 음침한 밤 10시의 식당 구석에 쭈그리고 앉아 허겁지겁 식사를 하고 있는 내 모습은 아무리 생각해봐도 참으로 못 봐줄 고통스런 그림이었다.

완전히 녹초가 된 채 숙소로 내려와 샤워를 했다. 젠장, 물 값은 따로

안 받겠지. 퍽 기분 좋은 샤워였으나 그 망할 놈의 스피커는 그 사이를 못 참아서 두 번씩이나 호출을 해댔다. 결국 나는 미친 놈 널뛰듯 물벼락을 맞는 꼴이었다. 두 번의 호출 모두 카레이 선생 말대로 수면제 처방 문의였다. 아니, 수면제 한 알을 줘야 할지 어떨지를 물어볼 의사가 이 큰 병원 안에 나 혼자뿐이라니 나도 꽤 중요한 의사인 셈이군.

12시가 다 돼서야 잠자리에 들 수 있었다. 제1외과 인턴인 클로이드 슈발츠는 모든 게 다 귀찮다는 듯 수술복을 입은 채로 쭉 퍼져 있었다. 하루를 생각할 힘도, 돌이켜 생각해볼 그 무엇도 없이 나는 깊은 잠에 빠져 들어갔다. 인턴 첫날의 하루가 이렇게 끝이 났나?

그러나 새벽 1시부터 호출은 또다시 시작되었다. 1시부터 4시까지 내과병실이 있는 세 개의 층마다 최소한 두 번 이상은 나를 불러댔다. 어쩌면 그렇게 잠들 만하면 깨우고 잠들 만하면 깨우고 할 수 있을까? 밤번 간호사들은 내가 자기들 전화나 기다리고 앉아 있는 줄 아는 모양이다. 피터 카레이 선생이 지나가던 말처럼 일러주던 말이 문득 떠올랐다.

"신입 인턴이 첫날밤부터 호출을 받아 가지고 간호사에게 고분고분하면 더 골탕을 먹게 되니 요령껏 잘하라구!"

그때는 무슨 말인지 잘 몰랐으나 이제 생각해보니 하느님 말씀이다.

새벽 4시가 좀 넘어서 이젠 끝이겠지 하고 잠을 청하려는데 이번엔 스피커가 아니라 전화가 요란하게 걸려왔다. 밤 간호감독이었다. 퓰러 박사의 환자 하나가 급성 심부전증(心不全症)으로 인한 폐부종으로 입원했다는 것이었다. 퓰러 박사가 인턴이나 레지던트에게 환자를 보이라고 했다고 간호감독이 덧붙였다.

5층으로 올라가보니 간호사들이 인공호흡을 시키고 있었다. 가래가 끓어 색색거리는 거친 숨소리가 병실 가득히 울리고 있었다. 60세쯤 돼 보이는 노인으로 의식은 거의 없었고 얼굴은 잿빛이었다. 입술이 검붉게 탄 것이 얼른 봐도 폐부종 발작을 하고 있다는 것을 알 수 있었다. 폐로부터 흘러나오는 거품이 입가에 넘쳐 병실 바닥에까지 흐르고 있어 참혹한 광경이었다. 환자의 상태는 전형적인 폐부종환자의 모습, 그대로였다.

간호사가 흡입기를 콧구멍에 집어넣고 거품을 빼내려 했지만 그는 더욱 심하게 기침을 해대며 새파랗게 질렸다. 맥박은 1분에 140회나 뛰고 호흡은 더욱 가빠졌다. 나는 덜컥 겁이 났다. 간호사에게 빨리 카레이 선생에게 연락하라고 이르고 환자의 가슴을 청진했다. 가슴속에서는 마치 나이아가라 폭포의 굉음이 울려 퍼지는 것 같았다. 금방이라도 뚝 하고 숨이 끊어질 것처럼 보였다.

그러나 이렇게 위급한 환자를 앞에 놓고 소위 의사라는 내가 한 일이라곤 '거품을 충분히 빼내고 아미노필린 1앰플을 정맥주사 하라' 고 간호사에게 지시한 것이 고작이었다. 도대체 무엇을 어떻게 해야 할지 생각이 나지 않았고 생각이 난다 해도 이 위급한 상황에서 어떤 결정을 내린다는 것이 두려웠다. 이어 나는 환자의 코에 카테타(도관튜브)를 끼우고 산소탱크를 최대한으로 틀어놓았다. 이런 노력에도 불구하고 상태는 조금도, 정말로 조금도 호전되지 않았다.

카레이 선생이 얼마 뒤에 나타났다. 그는 이제까지의 경과를 대강 묻고는 몰핀 0.01 g 정도를 추가 처방하고 환자의 폐 깊숙이에서 많은 양의 거품을 점액, 검붉은 피 등과 함께 흡입튜브로 뽑아냈다. 그가 아주 능숙하게 그런 처치를 하고 있는 동안 내 역할은 고작 환자의 머리를 붙들고 서 있는 것뿐이었다. 아주 짧은 순간, 정말 이렇게 해서 의사가 되긴 되는 건가 하는 회의가 뇌리를 스쳤다.

환자는 튜브를 넣을 때 침대에서 떨어질 것처럼 마구 요동을 쳤으나 조금씩 혈색을 되찾아가고 상태도 호전돼가고 있었다. 더 이상 거품도 흘리지 않았다. 카레이 선생과 나는 간호사에게 환자 곁에서 더 관찰하라고 이르고 의무기록실로 내려가 퓰러 박사의 클리닉 파트너인 루이스 프랭클린 선생에게 전화를 걸어 환자의 용태에 대해 소상히 설명했다. 그러나 프랭클린 선생은 대수롭지 않은 일이라는 듯 우리가 잘 처리했으며 아침 8시까지는 디기탈리스(강심제의 일종) 투여를 보류하고 심전도(心電圖)를 촬영해서 관상동맥 이상 유무를 확인하라고만 말했다.

심전도 촬영 결과 다행히 별다른 이상은 보이지 않았다. 카레이 선생은 "1분에 130회 정도 무리하게 박동하는 심장이 스폰지처럼 축축한 폐에 혈액을 공급하려면 아무래도 심장근육에 산소부족현상이 일어나게 되지요." 라고 말해주었다.

우리는 약 1시간 30분 정도, 그러니까 새벽 5시 30분까지 꼬박 환자의 상태를 지켜보았다. 그가 상당히 호전되어가자 카레이 선생은 산소 카테타 대신 산소텐트를 사용해서 코와 목구멍이 건조해지지 않도록 해주자고 말했다.

이제 환자는 어느 정도 말을 할 수 있게 되었다.

"어제 저녁엔 아주 잘 잤어요. 그러다가 새벽 3시쯤인가 갑자기 숨쉬기가 어려워 깼습니다. 잠시 일어나 창가에 앉았는데 아무래도 안 되겠나 싶어 퓰러 박사에게 전화를 걸었지요."

아침 8시에 디기탈리스 정맥주사가 추가되어야 하고 또 계속 다른 약이 투여되어야 할 형편인데도 카레이 선생은 8시엔 몰핀이나 한 대 놔주고 아침회진 때까지 기다렸다가 스탭의 오더를 받자고 말했다. 두 시간 전, 금방이라도 죽어 넘어갈 것 같던 환자가 주사 몇 대와 흡입기 처치만으로 쉽게 회복될 수 있다는 사실이 내겐 놀랍게 보였다.

새벽 6시, 토요일 아침 6시가 되었다. 지금 눈을 붙여봤자 잠도 오지 않을 것 같아서 숙소에서 다시 샤워를 했다. 온몸이 땀으로 흠뻑 젖어 있었고 바지는 그 환자의 거품으로 온통 얼룩져 있었다.

내가 의사로서 흰 가운을 걸치고 일을 시작한 지 꼭 24시간이 되었다. 뭐가 뭔지 모르게 허덕거리며 지나간 인턴 첫날의 하루. 그토록 열망하던 자리에 서서 내가 한 일이 무엇인지 곰곰이 돌이켜 보았으나 오직 잠을 자고 싶다는 생각뿐이었다. 의사로서의 첫날을 보낸 감회가 고작 졸립다는 것 하나뿐이라는 건 너무 초라하다는 생각이 들었다.

7시에 식당으로 가서 조반으로 햄과 계란을 시켜 먹은 후 환자들을 둘러보고 교육회진에 참석하고 나니 10시가 가까워왔다. 카레이 선생과 나는 이번 주말에 비번이었다. 앤이 차로 데리러 온 것이 10시 15분쯤. 나는 완전히 녹초가 되어 있었다. 하지만 마음은 아주 가벼웠다. 차속에서 나는 머리가 텅 비어오는 생경스런 기쁨을 느끼며 나도 모르게 잠이 들었다. 인턴 첫날의 하루가 이렇게 끝이 났다. 그래, 난 이제 의사가 된 것이다.

어둠 속에서

7월 5일(화)

주말 당직이었던 알렉 아이비는 짐작했던 대로 완전히 녹초가 되어 있었다. 그는 환자들의 상태에 대해서 죽 읊어대고는 일요일을 어떻게 보냈느냐고 내게 물었다.

"온종일 잠만 잤다네."

사실 나는 토요일 저녁식사 이후 계속 잠만 잤다. 앤은 그런 내 모습이 안쓰러운지 될 수 있으면 내 신경을 건드리지 않으려고 애썼다. 우린 일요일에 새로 얻은 집의 도배와 페인트칠을 하기로 되어 있었다. 그러나 나는 도저히 움직일 수가 없었다. 알렉은 내게 대충 인계를 끝내더니 7월 4일 독립기념일 휴일을 즐기겠다고 부리나케 떠나버렸다. 인턴생활의 제2일째가 숨 가쁘게 다시 시작된 것이다.

카레이 선생과 나는 페니실린 부작용 환자인 켈러 씨부터 회진을 시작했다. 그는 많이 좋아지긴 했으나 3, 4일은 더 입원해 있어야 할 것 같았다. 폐부종환자는 디기탈리스 투여 덕분에 상태가 아주 좋아져서 이젠 1마일이라도 뛸 수 있겠다고 말할 정도였다.

    회진을 마치고 잠시 응급실 호출을 기다리는 동안에 다른 환자들의 차트를 들춰 보았다. 카레이 선생은 오후에 입원할 환자가 열다섯 명쯤은 될 거라고 말해 나를 다시 한 번 놀라게 했다. 또 밤을 새워야 하다니. 이렇게 적은 일손으로 지금까진 어떻게 병원이 운영되어 왔을까? 인턴들이 해낼 수 있는 것보다 훨씬 더 많은 일들이 곳곳에 도사리고 있었다. 그리고 그 위에 전혀 예상하지 못했던 사건들이 더욱 큰 몸짓으로 인턴들에게 달려오고 있었다. 과연 이 많은 일들을 내가 해낼 수 있을까? 막연하고 힘 빠지는 일이 아닐 수 없었다.

    월요일에 입원한 환자 중에 코라 베이커라는 마흔 살 된 부인이 있었다. 뼈만 앙상하게 남아 있는 그녀는 지난 몇 개월 동안 체중이 60파운드나 빠져 베개에 머리를 얹기조차 힘들다고 하소연했다. 진찰을 하는 동안에도 연신 숨을 몰아쉬며 유난히 큰 눈을 껌벅거리고 있었다. 어딘가 심하게 골병이 들어 있는 게 틀림이 없었지만 내 재주로서는 어디가 어떻게 잘못돼 있는지 알 길이 없었다. 대학 시절에 이런 경우가 바로 ETKM(Every Test Known to Man)이라고 하던 생각이 났다. 그녀에게 내가 무슨 도움을 줄 수 있으며 입원기록은 또 어떻게 작성해야 할지 도무지 감을 잡을 수가 없었다.

    카레이 선생은 "피터슨 박사는 자기 환자에게 늘 흉부 엑스레이와 혈액검사, 적혈구 침강속도측정, 위 엑스레이 등을 지시하더군. 그러니 그런 방향으로 오더를 내는 게 좋겠네." 하며 내가 엉뚱한 처치를 하지 않도록 해주었다.

저녁 내내 응급실에 두 명의 열상환자(피부가 찢어진 상처)가 들어와 바쁘게 지냈다. 야식을 먹고 난 후 각 병실을 돌아보면서 수면제 처방 따위로 시간마다 깨우는 이유에 대해 간호사들에게 따졌다. 그리고는 간호사들과 함께 환자들을 일일이 살펴보았다. 내가 만만히 당할 사람이 아니라는 걸 보여주고 싶었다. 그래서인지 몰라도 밤 동안 별다른 호출이 없었다. 단단히 성공을 거둔 셈이었다.

그러나 성공의 쾌감도 잠시뿐. 새벽 1시 30분쯤 올 것이 오고야 말았다. 플래그 선생이 저녁 8시 30분에 분만시킨 산모가 출혈이 심하니 빨리 와줘야겠다는 연락이 왔다. 플래그 선생은 지금 성 크리스토퍼 병원에서 쌍둥이를 분만시키고 있어서 당장 올 수가 없다고 했다.

침대를 박차고 일어나 바지를 주워 입으면서 생각해보았다. 분만한 지 6시간 후에 자궁출혈이 심한 산모에게 무슨 처치를 해야 하는가. 얼른 자궁수축제인 피토신과 에르코트가 떠올랐으나 젠장, 용량이 생각나지 않았다. 대학 때 인턴이 되면 자연히 알게 되니 용량은 너무 신경 쓰지 말라던 그 교수가 앞에 있다면 멱살이라도 잡아 흔들고 싶은 심정이었다.

'메르크 매뉴얼(Merck Mannual; 의학 참고서)'을 움켜쥐고 병실에 도착할 동안 여기서기 뒤적거리며 봤지만 어디에 그런 내용이 있는지 도저히 찾아낼 수가 없었다. 병실 문에 들어설 때까지도 잠이 덜 깬 채로 몽롱한 상태 그대로였다. 산모의 패드에 조금 묻은 피를 보고 놀란 소심한 간호사의 호출이라면 얼마나 좋을까, 그렇다면 정말이지 고마워서 키스라도 해주겠네.

그러나 환자는 샘솟듯 피를 쏟고 있었다. 얼굴은 백지장처럼 창백해 있고 맥박과 혈압은 잴 수조차 없었다. 절반은 정신 나간 사람처럼 숨을 할딱거리면서 침대에서 빠져나오려고 애를 쓰는 그녀의 모습은 언젠가 본 적이 있는 죽어가는 사람, 바로 그 모습이었다. 자궁은 당장이라도 터져버릴 것같이 풍선처럼 부풀어 올라 복부와 자궁을 분간할 수조차 없었다. 환자는 피를 흘리며 죽어가고 있는데 의사인 나는 환자의 손만 붙들고 떨고 서 있을 수밖에 없다니…….

그때였다. 간호사 하나가 불쑥, "선생님. 우선 발밑에 이걸 대주도록 하죠?"라고 말했다.

그것은 쇼크 블록(쇼크 상태 때 혈압을 올리기 위해 다리 밑에 받치는 기구)이었다. 간호사의 말은 내가 우선해야 할 일은 출혈에 대한 걱정이 아니라 쇼크 처치라는 것을 일깨워주는 천사의 음성이었다. 내가 왜 진작 그 생각을 못했을까?

"좋습니다. 블록을 쌓아 하체를 올려줍시다."

간호사들이 환자의 발을 약 20도쯤 경사지게 위로 올려놓았다. 그리고 나서 나는 환자의 배를 마사지하여 자궁이 수축되어 줄어들기를 기다렸다. 쇼크처치가 더 급하다. 쇼크처치를 어떻게 하더라……? 수많은 시간을 쇼크에 대해 공부해왔지만 그런 환자를 실제로 본 적도, 치료해본 적도 없어 도무지 생각이 나질 않았다. 아, 나는 정말이지 얼마나 아둔하고 바보 같은 의사란 말인가?

잠시 후 쇼크 블록을 얘기했던 그 간호사가 5% 포도당 1,000cc를 들고 와서는, "수혈을 위해서 환자의 피를 좀 뽑아주셔야겠습니다."라고 말함으로써 또 한 번 날 곤경에서 건져주었다. 그때까지 나는 수혈에 관해서는 전혀 생각을 못하고 있었다. 환자가 이렇게 피를 많이 흘리고 있는데도 말이다.

"그럽시다. 빨리 채혈하여 응급으로 혈액교차시험을 하고 혈액을 세 병만 수혈해주시오."

대용혈액인 덱스트란 생각도 났으나 사용하기가 좀 겁이 났다. 환자가 약간 호전되는 것 같아서 간호사에게 링거에 피토신을 함께 주사하라고 이르자 간호사가, "얼마나 넣을까요?" 하고 되물어왔다. 나는 얼떨결에, "자궁이 충분히 수축하도록 넣으면 될 게 아니오?"라고 퉁명스럽게 쏘아붙였다. 간호사가 대개 1앰플 정도를 넣는다고 말했다.

"좋아요. 그 정도만 넣으시오." 라고 대꾸했으나 솔직히 말해 나는 피토신 1앰플의 용량이 얼마인지조차도 제대로 모르고 있었다.

그때 마침 로마의 무사만큼이나 건장한 체격의 플래그 선생이 들어왔다. 환자의 상태와 나의 처치 결과 등을 다 듣고 나서 그는, "잘했소! 하지만 혈압상승제를 좀 투여하는 게 좋을 것 같군. 에피네프린이 좋겠지." 하며 즉시 처방을 내렸다. 잠시 후 그는 그제서야 나를 봤다는 듯이 웃지도 않고 내게 말했다.

"이거 정말 미안하오. 내가 당신을 괴롭혔구먼. 자, 이제 가서 좀 쉬시지요."

그러나 정말로 미안해서 하는 소리는 아닌 것 같았다.

병실을 나와 엘리베이터를 타러 가면서도 나는 흥분을 좀처럼 진정시키지 못하고 있었다. 복도는 무거운 침묵과 어둠 속에서 고요의 바다처럼 침재되어 있었다. 문득 이 어둠 속에 혼자 떨어져 있는 내 존재가 이국의 낯선 거리에 와 있는 집시 같았다. 엘리베이터를 기다리는 동안 간호사 하나가 슬리퍼 소리를 내며 느릿느릿 지나갔다. 병실 안쪽 어디에선가 환자의 신음소리가 나지막이 들려왔다. 인턴으로 부임한 첫날보다 병원이 훨씬 더 답답하게 느껴졌다.

병원 7층 꼭대기 이 어둠 속에 서 있는 나는 도대체 누구인가? 내가 이 환자들을 책임져야 한다는 사실이 천근의 무게로 내 머리를 짓누르며 성큼성큼 다가왔다. 두렵고 또 두려운 일이었다. 감당하기 어려운 두려움이었다. 내가 어떻게 그들을 책임질 수 있으며 그들은 나의 무엇에 기대어 생명을 구원받을 것인가?

　이번엔 간호사가 환자는 물론이고 나까지도 위기에서 구해주었지만 그 환자는 15분만 어물어물했어도 죽고 말았을 것이다. 삶과 죽음의 갈림길에서 내가 행한 의사로서의 처치로 그녀가 살아났다. 나는 누군가가 생과 사의 허허로운 벌판에서 생명의 구원을 요청할 때 아무런 조건 없이 두려움도 없이 그리고 주저하지도 말고 삶의 올바른 길을 제시할 수 있어야 한다.

　앞으로 내겐 뚫고나가야 할 곤경이 수없이 많을 텐데 제때에 나를 도와줄 동료가 있을지, 오늘처럼 나를 구원해줄 명석한 간호사가 또 있을지……. 그런 위기에 처해 있을 때 나를 도와줄 사람이 아무도 없다면 나는 어떤 결정과 행동으로 삶의 저 끝에서 손 흔드는 환자를 살려낼 것인가? 생각만 해도 아찔한 일이다.

　내 손목을 움켜쥐고 삶을 희원하는 환자에게 나는 그것을 줄 수 있어야 한다. 맥없이 꺼져가는 눈동자로 죽음을 거부하는 환자들의 등불이 되어야 하는 것이다. 하늘은 나처럼 곤경에 빠진 가련한 의사를 결코 외면하지는 않겠지……. 문득 홉킨스 의대를 졸업할 때 캠퍼스 뒤뜰의 히포크라테스 흉상 밑에서 행했던 '히포크라테스 선서'가 다시금 생각났다.

　나는 내 능력과 성력을 다하여 복리를 꾀하며 그에게 위해(危害)가 되는 일은 어떤 것이라도 피하도록 힘쓸 것이다. 사약(死藥)을 요청하는 자가 있더라도 누구에게도 주지 않을 것이며 그런 일은 암시하지도 않을 것이며……
　나는 순결과 경건으로써 나의 생애를 보낼 것이며 나의 의술을 실시할 것이다. 어떤 집에 가더라도 환자의 복리만을 위할 것이며……
　이 서약을 잘 지켜서 어기지 않으면 모든 사람들에게 영원히 존경을 받을 것이며 나의 생애와 나의 의술에 행운이 다가올 것이다……
나는 의신(醫神) 아폴로, 아스클레피우스, 건강신 히게이아, 온 질병을 다스리는 신 파나케아 및 모든 신 앞에서 이 서약과 규정을 나의 능력과 성력을 다해서 지킬 것을 맹세하노라.

숙소로 내려가자마자 세실(Cecil; 유명한 내과교과서)을 붙들고 1시간 반 동안 쇼크의 진단과 치료에 대해 미친 듯이 읽었다. 홉킨스 대학의 까다로운 시험 덕분에 쇼크에 관한 모든 것에 자신이 있던 나였지만 지금 다시 읽어보니 모든 게 다 생소하고 난해한 내용들뿐이었다. 결국 새벽 네 시가 돼서야 잠자리에 들었으나 조금도 잠을 이룰 수가 없었다. 풍선처럼 부풀어 올라 금방이라도 터져버릴 것 같은 그녀의 자궁이 눈앞에서 아른거리고 한없이 피를 쏟는 애처로운 모습이 새벽 내내 사라지질 않았다.

7월 6일(수)

입원기록을 작성하는 일에는 아직도 서툴지만 환자 앞에 서는 것은 이제 별로 겁나지 않는다. 하루하루 발전해가는가 보다. 카레이 선생에게 이 얘기를 했더니 아주 재미있다는 듯 웃었다. 그는 참 좋은 사람이다. 환자가 입원할 적마다 그를 귀찮게 하지만 조금도 싫은 내색을 하지 않는다. 피터 카레이 선생 밑에서 인턴생활을 하게 된 것은 정말 행운 중의 행운이다.

오늘 아침, 매주 수요일마다 열리는 케이즈 박사와 인턴 간의 조찬회합이 있었다. 이 시간은 케이즈 박사가 우리의 고충을 들어주고 우리가 불편해하는 문제들에 관해 허심탄회하게 대화를 나눔으로써 해결책을 모색하는 그런 모임이다.

우리는 이구동성으로 불만을 터뜨렸으나 케이즈 박사도 만만치 않은 사람이었다. 작달막한 키에 검은 머리, 그리고 두더치처럼 생긴 사나이. 날카로운 검은 눈에 테 없는 안경은 너무도 차가운 느낌을 주었다. 클리닉 의사들 중 유일한 총각인 그는 1년에 서너 번씩 아카풀코로 휴가를 떠나는 로맨틱한 면도 있으나, 구슬 같은 작은 눈으로 차갑게 쏘아보며 권위에 가득 찬 갈라지는 목소리로 대꾸하는 그 앞에서는 애당초부터 이런 모임이 좋은 결과를 가져올 것이라는 기대는 포기하는 게 좋았다.

우리는 모두 인턴의 절대수가 부족하다고 말했다. 케이즈 박사도 그 점에 대해서는 수긍하면서도 점차 여건이 나아질 것이라는 말만 되풀이했다. 병원 측에서도 우리가 과로하지 않도록 온 힘을 기울일 것이라고 했으나 우리들 중에 그 말을 액면 그대로 받아들이는 사람은 아무도 없었다.

나는 병실 간호사들이 수면제 처방 따위의 하찮은 일로 밤새도록 우리를 괴롭히고 있다고 말했다. 그러나 케이즈 박사는 전혀 몰랐다는 듯이, "아니야, 그렇지 않을걸. 밤 간호감독은 스스로 해결할 수 없을 때만 신중하게 자네들을 호출하기로 되어 있는데……." 라고 말했다. 우리가 그렇지 않다고 반박하자 그는 좀 당황한 듯 간호감독에게 다시 단단히 다짐을 받겠노라고 말하고 만일 그런 일이 또 일어나면 그때그때 주의시키겠다고 했다. 그러나 우리들도 그렇지만 그 자신도 그것이 잘 실행되리라고 생각지는 않는 것 같았다.

오늘 신환 중에는 케이즈 박사의 입원환자인 스펠링 씨가 있었다. 급성빈혈환자인데 입원 당시 그의 헤모그로빈(혈색소)치가 정상의 3분의 1밖에 되지 않는 5g이었다. 나는 당장 그가 수혈을 받아야 한다고 판단했으나 카레이 선생의 견해는 달랐다. 지금 수혈하면 케이즈 박사의 진단에 혹시 지장이 있을지 모르니 위액 검사와 골수천자를 먼저 하자는 것이었다. 나는 좀 의아했다. 지금 우리 앞에 누워 있는 환자는 무엇보다도 피가 부족하다. 지독하게 약해져 있는 환자를 두고 그에게 당장 필요한 것이 무엇인가 하는 점에 대해 어떻게 이견이 있을 수 있단 말인가? 물론 위액검사도 필요하고 골수천자 또한 해야 한다. 그러나 환자는 지금 숨이 차서 괴로워하고 있고 혈액소는 겨우 5g이 아닌가? 카레이 선생 자신이나 그의 환자가 그 지경이라도 그럴 수 있을까? 아무래도 카레이 선생이 부작용을 두려워한 나머지 책임을 회피하고 무사안일을 택하는 것 같아 기분이 좋지 않았다.

Intern X

가혹한 침묵

7월 8일(금)

금요일이다. 근무를 시작한 지 일주일밖에 지나지 않았다는 것이 믿기 힘들었다. 하루하루가 몹시 길게 느껴졌다. 당직 때는 병원 밖으로 나갈 수가 없기 때문에 하루가 다음날로 곧장 이어진다. 어젯밤처럼 밤새 일을 할 경우에는 오전 8시부터 다음날 오후 5시까지 근무를 해야 하니 하루 36시간 일을 하는 셈이다.

하지만 뭔가 조금씩 변해가고 있다. 일주일 전보다 덜 긴장했다. 신환을 보러 갈 때면 아직도 체한 것처럼 속이 거북스런 느낌을 갖지만 처음처럼 그렇게 당황하진 않았다.

오전 7시 30분에 미리 예정되었던 의학집담회가 있었다. 이 도시 안에서는 제일 큰 의사들의 모임으로 스탭과 전공의, 인턴, 모두가 참석하도록 되어 있었다. 그러나 피터 카레이 선생이 보이질 않고 피터슨 박사도 나타나지 않아서 어떻게 해야 할지 몰라 어정쩡한 가운데 집담회를 마쳤다.

네드 스턴 선생에 의해 진행된 집담회에서는 부신(副腎)의 만성부전으로 인한 에디슨씨 병을 소개함으로써 시작되었으나 대부분의 토론이 그 케이스와는 거리가 먼 얘기를 늘어놓은 메도우 선생에 의해 독점되었다.

스턴 선생은 체액의 균형에 관한 중요한 지식―이들 환자들은 체액과 전해질이 감소되는 질환이므로― 을 우리에게 복습시켜 주었다.

집담회가 끝난 후 곧바로 병실에 올라갔다. 피터슨 박사, 카레이 선생, 그리고 피터슨 박사의 클리닉 파트너인 키가 크고 갈색머리의 약골 해리 스미더스 선생과 함께 5층 로비에 잠시 앉아 궤양성 대장염에 대해 얘기를 나눴다. 피터슨 박사의 환자 중에는 그런 사람이 넷이나 있는데 그중에 사막 지방에서 광부로 일하는 75세의 노인이 특히 심한 상태였다. 그 나이에 궤양성 대장염을 갖는다는 것은 다소 특이한 경우다. 더구나 그 노인의 경우는 악성인데다가 돌봐줄 가족도 없고 병원비는 밀려 눈덩이처럼 불어났다. 외과의사들은 내과 치료만으로는 그의 병이 호전될 수 없다고 보고 대장절제를 강력히 권했다. 그렇게 되면 그는 아무도 없는 사막 한가운데서 대장조루술에 의해 배로 대변을 봐야 한다. 이런 저런 사정을 모르는 외과의사들은 수술을 안 하면 곧 죽게 된다고 말하면서 환자를 외과로 보내줄 것을 요구했다. 우리는 피터슨 박사의 클리닉으로 그를 데리고 가서 대장의 내부 궤양을 들여다볼 수 있는 직장경검사를 실시했다.

결과는 예상대로였다. 당장 수술을 해도 늦을 정도였다. 그러나 환자는 수술을 감당할 능력이 없었다. 이미 병원비가 산처럼 밀려 있는 것이다. 수술비를 댈 힘이 없는 것을 뻔히 알면서 수술을 결행해야 할 만큼 병원재단측은 자비롭지 않다. 그레이스톤은 자선병원이 아니었다.
 피터슨 박사와 스미더스 선생은 굳은 표정으로 담배만 피워댈 뿐, 별 말이 없었다. 불행의 그림자는 대개 또 다른 불행을 동반하여 찾아오는 것 같다. 일흔 다섯의 나이에 사막의 땡볕 아래서 광부 노릇이나 하는 이 노인에게는 마음 편히 생을 마무리할 자유조차 신으로부터 허락받지 못한 것이다.
 만일 이 노인이 병원비를 댈 능력이 있는 환자라면 여기 모여 있는 모든 사람의 태도는 분명 달라졌을 것이다. 겉으로는 삶에 대하여 별 미련이 없음을 나타내려 애쓰지만, 그는 초췌한 눈으로 자신의 운명을 한탄하고 있는 것 같았다.
 삶의 의미는 나이에 관계없이 그리고 빈부에 상관없이 소중한 것이다. 그러기에 그는 살아야 한다. 또 그것이 의사의 임무라고 나는 믿었다.
 "수술을 감당하기엔 환자의 체력이 너무 쇠잔해……."
 스미더스 선생이 씁쓰레 웃으며 혼잣말을 했다. 그것은 노인의 생명을 포기하겠다는 어떤 단호한 결의를 나타내는 변명의 말이기도 했다. 그러나 환자의 담당의사인 피터슨 박사는 여전히 말이 없었다. 나는 한편으로는 그의 여생을 위해서라면 대장조루술로 고통스런 삶을 계속하느니 차라리 내과적 치료에 의해 약간은 편안한 마지막 삶을 이어가는 것이 더 좋을 거라고 생각해봤다. 그러나 그것 둘 다 모두 이 노인에게는 참을 수 없는 고통을 가져오는 생활이 될 것이다.
 "일흔 다섯이면 살 만큼 살았으니까……."
 카레이 선생이 동의를 구하듯 주위를 돌아보며 웃었다. 그러나 아무도 따라 웃지 않았다. 그의 말은 스미더스 박사의 비정한 변명을 비꼬는 것 같기도 하고 의사세계의 비인간적 일면을 옹호하는 것 같기도

한, 의미를 알 수 없는 한마디였다.

  피터슨 박사는 끝까지 아무 말도 없었다. 참으로 놀랍도록 무서운 침묵, 한 생명의 존재를 무시하는 너무도 가혹한 방관이었다.

  오늘은 그렇게 많은 신환이 있지는 않았으나 이미 입원해 있는 환자를 돌볼 일이 까마득했다. 나는 아주 흥미 있는 증상이 없는 환자에 대해서는 잘 기억해내지 못한다. 그들에게 해줘야 할 일 이상의 큰 관심을 기울이지 못하는 것이다. 또 그들을 본 지 오래되면 처음의 증상만으로 편견을 갖게 된다. 너무 많은 환자가 있고 이들 개인에 대해서도 기억해야 할 사항들이 너무나 많다. 그들의 신상에 대해 소소한 사항까지 일일이 기억함으로써 그 환자의 치유에 도움을 줄 수 있어야 하는데 그렇지 못한 것은 경험부족 탓인가? 아니면 의사로서의 자질이 부족한 것일까? 그들은 나를 생명의 구원자로 기억하며 내게 기대고 있는데 나는 그들의 상태가 어떤지조차 제대로 기억하지 못하다니…….

  어젯밤 저녁회진 때 풀러 박사와 함께 그의 관상동맥(冠狀動脈) 환자 하나를 진찰했다. 간호사들 말에 의하면 그는 VIP만 회진하는 클리닉 외 대가 중 한 사람으로 심장병 전문의라고 한다. 플랭클린 선생은 풀러 박사의 젊은 파트너로 온갖 잡다한 일을 다 도맡아 하는 사람이었다. 카레이 선생은 만일 심장병 환자 때문에 저녁에 호출할 일이 생기면 풀러 박사 아니면 플랭클린 선생을 부르는 것이 좋을 것이라고 내게 일러줬다.

  알고 보니 회진에도 여러 종류가 있다. 비즈니스 회진(Business Round)은 인턴과 레지던트들만의 회진으로 환자들을 최소한 하루 한 번씩 돌아보는 것을 말한다. 차트에 경과기록을 쓰고 스탭의 지시사항

이행 여부를 확인하며 환자들을 위한 기타 업무를 진행시킨다. 이 회진은 정해진 시간 없이 필요한 때 하면 된다.

교육 회진(Teaching Round)의 경우에는 스탭들이 흥미롭다고 생각한 환자를 선택하여 보게 되는데 전 시간 동안 한 환자에 대해서만 집중 토론하게 된다. 말하자면 환자 한 사람이 교육적 견본, 즉 케이스 스터디의 대상이 되는 것이다.

대 회진(Grand Round)은 특별한 경우에 행하는 교육회진으로 과장급 이상의 스탭에 의해서 진행되며 외래의사, 전공의, 인턴 등 모든 의사가 참여한다.

우리 인턴들은 이런 여러 가지 회진의 기회를 통하여 보다 폭넓은 의술을 익히게 되고 깊은 통찰력과 더불어 의학적 힘을 축적해나간다.

담당해야 할 환자가 20~25명쯤 되니 자연히 고충도 많아졌다. 카레이 선생에게 기대고 인턴으로서의 책무를 소홀히 하는 경우가 많아진 게 요즘의 내 근무태도이다. 무엇을 해야 하고 주치의가 무엇을 원하는지조차도 제대로 파악하지 못하고 있으니 환자들이 내게 거는 기대에 대해서도 책임을 다하여 충족시켜주지 못한다. 한 번에 많은 환자를 보려고 덤빈다거나 어떤 결과를 얻으려고 하지 말아야겠다.

오늘 신환은 1명뿐이었다. 79세의 고혈압 환자인 카세이 씨가 그 사람인데 그리 심하지는 않고 좌측 팔과 다리에 부분적 마비가 있었다. 그러나 그에 대해 내가 할 일은 별로 없었다. 저염식과 주치의의 처치가 예상되는 검사를 지시한 게 고작이었다. 그에게 활동성 요로감염이 있는 것 같고 고혈압에 대한 치료 전력이 없어 신기능검사와 안과검사를 의뢰했다.

그런 다음 케이즈 박사의 빈혈환자인 스펠링 씨의 흉골 골수천자를 실시했다. 백혈병 여부를 판단하기 위한 이 검사는 가슴뼈 위에 있는 피부와 뼈껍질신경을 국소마취시켜 작은 톱니바늘로 뼈에 1mm의 구멍을 뚫은 다음, 주사기로 골수액을 뽑아내는 검사다. 이 흡입과정은 잠시 굉장한 통증을 주게 되는데 스펠링 씨도 심장이 터져버리는 줄 알았다고 말하면서 가슴이 뚫리는 게 아닌가 생각했다고 털어놓았다. 대학 때 그걸 할 때는 무척 서툴렀었다. 그러나 이번엔 별 실수 없이 해냈다. 옆에서 지켜보던 카레이 선생도 놀랐다는 듯 눈을 둥그렇게 뜨고 웃었다. 내가 하는 일에 신뢰와 칭찬을 받는다는 건 기분 좋은 일이다.

 그러나 불운하게도 나는 다른 검사를 하다가 그에게 큰 실망을 주었다. 척수천자를 하려고 입원한 젊은 흑인에게 진땀을 흘려야 했다. 그것은 의사로서의 검사처치가 아니라 발악이었다. 주치의가 그 환자에게 뭘 요구하는지 도무지 알 수가 없었다. 6개월 전에 두부골절이 있은 후 계속 두통이 있었다고 호소한 그는 내가 보기엔 매독까지 걸려 있는 것 같았다. 세 번이나 시도한 척수천자가 실패로 끝나자 환자는 뭐 이런 돌팔이가 있느냐는 표정으로 툴툴거렸다. 그때 마침 카레이 선생이 들어와 단번에 성공을 시켜서 위기는 넘겼지만 나의 낭패감은 이만저만이 아니었다. 아직 내가 모르는 묘수가 있는가 보다. 하루 종일 의기소침, 의기소침.

 첫 주말당직이 다가오고 있다. 무척 겁이 난다. 토요일 오전 8시부터 월요일 오후 5시까지 무려 57시간의 근무다. 또 무슨 돌발사고가 터져 날 괴롭힐 것인지. 알렉 아이비는 주말당직 때 몹시 혼이 난 모양이지만 자세한 얘기는 못 들어봤다. 제발 별다른 일 없이 지나갔으면 좋으련만 또 어떤 환자가 불쑥 나타나 나를 곤경에 몰아넣을지 무겁고 착잡한 심정이다.

4 죽음의 벼랑

의사들이 어떻게 죽어가는 환자들을 옆에 놔두고 바로 그들 얘기를 하면서 히히덕거릴 수가 있는가 하고 의아해할 것이다. 이런 것이 의사들의 비인간적이고 야비한 일면을 전적으로 나타내는 것이라고 힐난할지도 모른다. 하지만 정말로 괴롭고 두려운 문제에 직면하면 그 벽을 허물기 위해 오히려 소름끼치는 농담을 해대는 것, 극히 평범한 자기 최면적 심리요법일 뿐인 것이다.

주말당직

7월 11일(월)

지난 주말 동안 있었던 일들에 대해 녹음할 힘조차 없다. 이젠 병실 건물을 쳐다보기만 해도 넌덜머리가 난다. 피곤하고 피곤하고 또 피곤하다. 어디 세상에, 인턴은 끊임없이 기운이 샘솟고 언제 어디서라도 호출에 대비하여 명랑 쾌활해야 된다는 그런 법이라도 있단 말인가? 기계가 아닌 이상 이해하고 포용하는 데도 한계가 있는 것이다.

토요일 아침부터 월요일 저녁까지 57시간 내내 단 한시도 편할 순간이 없었다. 되도록이면 흥분하지 않으려고 했지만 도저히 참을 수가 없다. 지옥과 같은 병원 안에서 이리 끌려 다니고 저리 불려 다니면서 숱한 위기와 곤경에 빠져야 했다. 밤번 간호사들은 새벽 2시에 침대에서 나를 끌어내 환자를 봐달라고 했다. 병실에 올라가면 그 얄미운 간호사 왈,

"안녕하세요, 선생님."

하며 히죽히죽 웃어대며 내 눈치를 살핀다. 아직 잠이 덜 깬 몽롱한 상태로 다리를 질질 끌며 나타난 당신에게 안녕 어쩌고 하며 내숭스레 대하는 간호사를 당신은 어쩌겠는가? 아무튼 유구무언이다.

(요즘 와서도 이러한 밤번 간호사들의 행동은 변한 게 없다. 이 사실은 지금도 날 화나게 만든다. 병원세계에서는 오래도록 변하지 않는 구습들이 너무나 많다.)

클린 콜(Clean Call)과 더티 콜(Dirty Call)이라는 것이 있다. 클린 콜은 말 그대로 호출 받은 일이 어려움이나 긴장 없이 쉽게 처리할 수 있는 유쾌하고 흥미로운 경우지만 더티 콜은 한마디로 울화통이 터지는 경우다. 몇 시간 동안 환자 곁에 달라붙어 있어야 하고 초조하고 불안스럽게 만들며 육체적으로 고되게 한다.

토요일 오후 2시의 일은 더티 콜의 좋은 예다. 3층 간호사가 올라와서 래리 바울러 박사의 편도선 절제수술을 받은 환자를 좀 봐달라고 했다. 4살 난 여자아이로 바울러 박사한테 아침 7시 30분에 수술을 받았었는데 갑자기 피를 쏟으며 쇼크 상태에 빠졌다는 것이다.

내가 내려갔을 때는 거의 죽어가는 듯이 보였다. 극심한 혼수상태 속에서 출혈이 계속되고 있었다. 간호사에게 혈액검사와 교차시험을 지시하자 그녀는 아이의 혈관을 찾을 수가 없다며 나더러 해달라고 말했다. 나라고 뾰족한 수가 있나? 정맥을 찾기 위해 거의 30여 분 동안이나 여기저기를 더듬었으나 도저히 찾을 수가 없었다. 검사를 위해 피는 겨우 뽑았으나 이 불쌍한 아이는 겁에 질려 몸부림을 쳤다. 목에서의 피는 더욱 솟구쳤다. 나는 우선 아이 옆에서 사색이 되어 울부짖는 엄마를 밖으로 내보내고는 간호사들에게 외쳤다.

"자! 아이가 움직이지 않도록 꼭 붙들어요!"

간호사들이 아이 위에 올라타듯이 하며 한 팔을 꼭 붙들고 나서야 겨우 정맥을 찾을 수가 있었다. 그러나 링거를 막 꽂으려는 순간 갑자기 아이가 몸부림을 치면서 검붉은 피를 한 사발 토해냈다. 내 가운, 침대, 간호사복 어디고 온통 피투성이가 됐고 아이의 얼굴도 피범벅이 되어 얼룩져 있었다. 간호사들이 얼른 아이의 머리를 옆으로 돌려 폐 속으로 이물질이 들어가는 것을 막았다. 나는 온 신경을 집중하여 바늘이 정맥 속에 그대로 있도록 고정시켰다.

그때가 3시 30분. 마침 혈액은행으로부터 수혈할 피가 도착해서 한 병을 놓아주자 혈압이 급상승했다. 이런 와중에 바울러 박사가 나타났다. 작은 키에 신경질적으로 생긴 사람이었다. 암적색의 머리칼과 차갑도록 푸른 눈, 그리고 얼굴엔 온통 주근깨투성이인 그는 어딘가 비정한 면이 있는 사람처럼 보였다. 그는 다짜고짜 아이의 목구멍을 들여다보고는,

"맙소사! 아니, 선생! 애를 죽이려고 그래요. 수술방에 데리고 가서 몇 바늘 꿰매줬어야지 뭐하고 있었소?"

하며 나를 노려보았다.

그는 급히 마취과의사에게 연락하여 수술방으로 아이를 옮겼다. 두 시간 넘게 걸린 수술 동안에 나는 아찔한 생각에 몸을 떨어야 했다. 그렇다. 설사 내가 편도선 절제술의 경험이 없었다 해도 아이를 수술실로 데리고 갔어야 옳다. 목 가득히 채워져 있는 검붉은 피를 나도 보지 않았는가? 외과 레지던트라도 불러 상의했어야 했다. 그런데 내가 고작 생각한 것이라곤 환자가 쇼크 상태라는 것과 그놈의 빌어먹을 바늘이나 찌를 생각만 하고 있었으니……. 아이가 지금 죽었다고 한다면? 생각만 해도 소름이 끼치는 일이다.

환자의 어떤 상태에 대해 폭넓게 생각하고 그에 합당한 여러 가지 처

치와 검사를 고려하는 것이 의사로서의 기본적 자세요, 책임이기도 하다. 그런데도 나는 당장 눈앞에 보이는 사태를 어떻게 해보려고 발버둥쳤을 뿐이다. 수술부위가 터져 실밥이 목구멍에서 춤을 추는데 정맥주사 따위가 무슨 소용이 있단 말인가?

이런 것이 바로 더티 콜이다. 주말당직 동안 내리 다섯 번이나 더티 콜을 받았고 토요일 오후와 월요일 정오에는 신환을 무더기로 받았다. 이제는 그들에게서 무엇을 보았고 무엇을 했는지조차 도저히 기억해낼 수 없다. 그리고 기억하고 싶지도 않다, 아무것도.

7월 12일(화)

오늘 아침 교육 회진은 길레스 선생에 의해 진행되었다. 원래는 클리닉의 피부과 전문의인 피커링 박사가 하기로 돼 있었으나 휴가 중이어서 길레스 선생이 대신한 것이다. 그는 큰 키에 머리를 빡빡 깎고 무척 마른 체구를 가졌으나 유창한 언변으로 상대를 압도하는 자신감에 차 있는 사람이었다. 하워트 투커만 박사의 젊은 파트너로 클리닉에선 간장병 전문의였다.

피부과는 환자가 얼마 되질 않아 그들의 업무는 비교적 가볍다. 우리들은 어떤 노인의 수술 여부 확인을 위해 길레스 선생과 함께 병실로 갔다. 그는 거기서 숙련된 의사가 완전히 진찰을 끝내는 데 5~10분 정도밖에 걸리지 않는다는 것을 보여주었다. 나도 진찰을 해보긴 했으나 환자의 상태에 관한 어떤 확실한 결정을 내리지는 못했다.

회진이 끝난 후, 우리는 5층 휴게실에 다시 모여 우리가 발견했던 사실에 대해 토론했다. 어느 비뇨기과 레지던트가 전립선 절제수술 때 심장병으로 인한 수술 위험 여부를 길레스 선생에게 문의하자 그는 그리 우려할 바는 없다고 대답했다.

우리는 매일 교육 회진 끝에 이런 모임을 갖기로 했는데 인턴들에겐 큰 도움을 주는 회합이었다. 나로선 아직 발표할 것이 별로 없지만 언젠가는 토론의 중심인물이 될 수 있겠지.

오늘 입원한 두 명의 신환은 아주 흥미를 끄는 케이스였다. 한 사람은 수 년 동안 다발성경화증을 앓고 있는 노파로 길레스 선생의 환자였다. 내가 그 환자를 진찰하는 동안 길레스 선생은 그 병의 대표적 신체증후를 쉽게 판별할 수 있는 방법을 가르쳐주었다. 환자는 그리 심각한 정도는 아니었으나 매우 허약한 상태였고 어딘지 모르게 기가 죽어 있었다.

또 다른 환자는 원인불명의 복부통증을 호소하는 여자였다. 몇 년 전 담낭절제수술을 했으나 복통이 계속되고 다른 원인도 알 수 없는, 말하자면 진단상 어려움이 있는 환자였다. 나는 식도열공탈장(食道裂孔脫腸)이나 총수담관결석(總輸膽管結石)의 가능성을 생각해보았다. 그녀는 발가락을 꼬집으면 아우성을 치며 죽는 시늉을 했다. 하지만 보통 때는 아주 명랑해서 정말 환자인지조차 믿기 어려웠기 때문에 엄살인지 진짜로 아픈 건지 도무지 알 수가 없었다. 그녀의 심장통증에 대한 병력도 의심이 간다. 의사가 통증원인이 심장에 있다고 말하기 전에는 가슴에 통증을 느꼈고 그 후로는 과로를 피했다고 하는데 현재로서는 통증의 원인이 심장에 있는지 어떤지를 말할 수가 없다.

피터슨 박사의 궤양성대장염 환자를 또 한 사람 만났다. 카레이 선생은 그 환자가 전형적인 대장염 환자라고 지적했는데 깡마르고 자그마한 키에 큰 눈은 늘 우수에 젖어 금방이라도 눈물을 펑펑 쏟아놓을 것 같은 그런 여자였다. 내가 진찰하는 동안, 그녀는 한숨만 길게 내쉬며 신세 한탄을 해댔다. 그녀 자신이 너무도 쓸모없는 여자라느니, 겨우 서른셋인데 마흔이 훨씬 넘어 보인다느니(이건 사실이었다), 가슴이 볼품없이 펑퍼짐하다느니, 곧 퇴원할 수 있느냐, 퇴원해도 다시 돌아와야 된다는 걸 잘 알고 있다는 둥 밑도 끝도 없이 팔자타령을 늘어놓았다. 나는 재빨리 그곳을 빠져나왔다.

피터슨 박사가 이 여자를 4년간이나 줄곧 치료해왔지만 아무 진전이 없다고 한다. 상태가 금방 좋아졌다가도 다시 악화되고 한때는 완치되기도 했었으나 대신 위궤양이 생기기도 해서 피터슨 박사도 두 손을 들어버린 여자다. 그녀에겐 미안한 얘기지만 이런 증상은 죽을 때까지 계속될 것처럼 보였다. 육체 이전에 정신이 병들어 있기 때문이다.

7월 13일(수)

랜디 브록 선생은 알렉 아이비와 함께 제2내과를 맡고 있는 내과 레지던트다. 돌다리도 두드리고 건너는 지독하게 세심한 성격의 소유자인 그는 자신의 병실은 물론이고 담당 레지던트가 없는 병실까지도 맡고 나서는 퍽 성실한 사람이다. 제3내과 같은 곳은 다음달까지 레지던트가 배치되지 않아 스탭이 직접 오더를 쓰고 호출에 응하기도 하는 병실이어서 랜디 브록 선생과 내가 그 병실 환자까지 봐야만 했다. 제3내과 스탭들도 은근히 바라는 일이었다.

오늘 아침에 있었던 조찬집담회에서 케이즈 박사와 이 문제에 관해 얘기를 나눴으나 만족할 만한 결말은 없었다. 케이즈 박사는 언제나처럼 조만간 잘 해결될 것이라고 말할 뿐 신통한 해답을 제시하지 못했다. 후에 반 베르트 선생과도 이에 대해 얘기했다. 그는 클리닉의 젊은 의사로 거만하기 이를 데 없는 사람이었다. 그는 케이즈 박사의 말을 비웃으며 떠벌였다.

"미련하게 굴지들 말아요. 제3내과 스탭들은 당신들이 일을 거드는 한 계속 일을 맡길 거요. 아예 환자 옆에 가지도 말고 모르는 척하는 게 상책이지. 아, 그러면 꼼짝없이 자기들이 일을 할 수밖에 없잖겠소?"

그는 자기 말이 옳지 않느냐는 식으로 오만하게 좌중을 훑어보며 빙그레 웃었다. 그러나 다른 사람들은 몰라도 브록 선생과 나는 그의 말에 수긍할 수가 없었다. 그것은 의사로서의 양심 이전의 문제다. 그레이스톤 기념병원 안에 있는 의사 모두는 적어도 이 병원에서 질병과 싸우고 있는 환자들에게 건강과 행복을 되찾아줄 의무와 책임이 있는 것이다. 결국 우리들 중 누군가가 해야 할 일이고 그것이 우리의 직업 아닌가? 물론 그것이 어느 한쪽의 태만에서 오는 것이라면 용서할 수 없는 일이겠지만 그렇지 않다면 우리가 하는 수밖에……. 더구나 나는 아직도 초년병이고 앞으로도 계속 스탭들과 같이 지내야 할 판인데 더욱 그럴 수는 없는 일이다.

한 가지 반가운 소식이 생겼다. 병원 행정관계자들이 인턴의 봉급문제를 새로 결정했다. 봉급이 너무 싸다는 불평이 그들 귀에 들어갔나보다. 케이즈 박사는 이사회가 봉급을 현실화하기 위해 75불에서 125불로 인상하기로 결의했다고 알려줬다. 그러나 클로이드 슈발츠는 목에 가시라도 걸린 듯한 볼멘 목소리로 그 정도로는 아무 도움도 되지 않는 하나 마나 한 '현실화'라고 몹시 불평했다. 케이즈 박사는 묵묵히 그의 말을 듣고 있다가 이윽고 엷은 미소를 머금으며 말했다.

"이사회의 결정은 지난 7월 1일부터 소급 인상키로 하였습니다."

사실 지난 몇 주 동안 나는 땡전 한 푼 없이 생활해왔기 때문에 이번의 봉급인상은 천만다행이었다. 화물차에 이삿짐을 싣고 이곳에 왔을 때 호주머니엔 단 돈 300달러뿐이었다. 더구나 8월 1일 전에는 월급도 없으니 생활은 말이 아니었다. 집세는 월 65불 정도밖에 안 됐으나 주인이 1년 계약에 첫 달과 마지막 달의 월세를 선불로 요구해서 매우 당황했었다.

봉급인상이 된다는 바람에 세상이 온통 환해 보였다. 오늘 아침 회진을 마치고 실로 2주 만에 처음으로 용돈이 다 떨어진다는 안타까움 없이 이발을 할 수 있었다. 단돈 50달러가 사람의 기분을 이렇게 바꿔놓다니, 내 꼴도 어지간히 초라해졌다.

점심 때 신환 두 명이 입원했다. 그중에 브롬버그라는 여자는 의학적 관점에서 많은 문제를 가진 환자였다. 직장암에 걸려 있는 그녀는 자기가 입원한 원인이 치질이라고만 믿고 항문과 직장에 통증을 호소했다. 대개의 경우 의사는 암환자에게 병명을 솔직히 다 털어놓는 것을 원칙적으로 하지만 그렇다고 모든 걸 다 얘기하지는 않는다. 그녀는 6개월 전 대장을 12인치 절제했을 때 자기의 병이 모두 완치됐다고 믿고 지금도 치질뿐이라고 생각했다. 하지만 사실 치질은 아무 문제가 아니었다. 그녀는 통증을 잊기 위해 매일 밤 정상용량의 3배 가까운 세코날(수면제)을 먹어야 했고 몰핀을 1그레인 이상 맞아야 겨우 잠들 수가 있었다.

간호사들은 전번 입원했을 때 당했던 그녀에 대한 불쾌한 감정으로 그녀의 입원을 달갑게 생각하지 않고 있었다. 그런데 풀러 박사의 소견은 놀라운 것이었다.

"이제 그녀를 위해 할 수 있는 단 한 가지는 통증을 없애주는 일뿐이오. 진통제를 아끼지 말고 환자가 편안하게 지낼 수 있도록 신경을 써야 하오."

그녀가 얼마나 더 살지는 모르겠으나 배 가득히 퍼져 있는 암세포가 그녀의 목을 조르고 있는 것은 분명한 일이다. 이제 그녀에게는 죽음을 기다리라는 처방, 그것뿐. 제 아무리 명의가 와도 소용이 없게 된 것이다.

내가 그녀를 처음 보았을 때 무엇을 어떻게 해야 할지 도무지 알 수가 없었다. 그녀는 몰핀을 1시간에 1그레인씩이나 복용하고 있었다. 간이 복부의 반 이상을 꽉 메우고 있었고 극심한 통증이 그녀의 정신 상태를 갈기갈기 찢어놓고 있었다. 그녀는 그녀 자신이 생각하는 것보다 훨씬 더 처참한 지경에 빠져 있는 것처럼 보였다.

서서히 그러나 환자 자신은 느끼지 못할 정도로 급속히 마모되어 가는 한 생명을 코앞에 놔두고 소위 명의라고 알려진 풀러 박사의 처방이 진통제뿐이라니…… 진통제로는 죽음의 고통을 진정시킬 수가 없다. 그녀는 아무것도 모르고 있다. 황달로 인해 누렇게 떠버린 얼굴로 치질 걱정만 하고 있다. 어떻게 생각하면 자신이 지금 죽어가고 있다는 사실을 모르고 있는 것은 행복한 일인지도 모른다. 죽음으로부터의 자유…….

Intern X

결혼도 안 하고 임신하나요?

7월 19일(화)

하룻밤을 당직하고 나면 다음날까지 곧장 하루로 이어지는 것 같다. 목요일과 금요일 저녁이 당직이고 주말은 비번이어서, 목요일 아침 8시부터 토요일 오전 10시까지 약 50시간이 나의 하루가 되는 셈이다. 게다가 시간 나는 대로 새우잠을 자니 밤낮을 제대로 구분하지 못할 정도다.

스페링 씨는 심한 빈혈로 입원한 79세의 노인으로 할 만한 검사는 다 해봤어도 도대체가 허사였다. 검사결과는 모조리 음성이고 내가 했던 골수생검조차도 음성반응이었다. 적혈구와 헤모그로빈치가 여전히 3분의 1밖에 안 되었다. 여러 가지 가능성이 쏟아져 나왔다. 백혈병, 결핵, 악성빈혈―어차피 확실치 않은 마당이라 의사들마다 제각기 의심나는 병명을 둘러댔다. 케이즈 박사는 프레드 키더 선생에게 그 환자를 보도록 해봤지만 그렇다고 해서 무슨 묘수가 있을 리 만무했다.

그리고 폐부종 발작을 했던 카세이 씨는 흉부 엑스레이 결과 폐 한가운데에 0.5인치 정도 크기의 혹이 나타나 충격을 주었다. 암이 아닐까? 혹시 암세포가 뇌로 퍼져 발작을 일으킨 게 아닐까? 때때로 의사들은 아무 일도 일어나지 않기를 바라면서도 뭔가 꼭 일어나기를 기다리는 햄릿이 된다. 그것은 환자에게는 죄악과 같은 호기심이다.

금요일에 7월 1일부터 10일까지의 열흘분 첫 급료가 나왔다. 39달러 68센트—이 쥐꼬리만 한 봉급 때문에 한 치의 여유도 없이 긴장과 불안의 늪에서 생활해야 한다는 사실이 파도가 되어 내 가슴을 때렸다. 그리고 금요일 밤 내내 호출이 계속됨으로써 39달러 68센트가 결코 공짜가 아니라는 사실을 확인시켜주었다.

피터슨 박사는 코라 베이커 부인이 스프루우(Sprue; 위장 점막의 위축으로 인한 영양소의 흡수 부전으로 야기되는 만성 질환으로 빈혈을 동반하며 비타민B의 대량투여로 교정이 가능하다.)라고 진단하고 치료를 시작했다. 그녀는 아직도 뼈만 앙상히 남아 있긴 하지만 요 며칠 간의 치료로 아주 좋아진 것 같다고 말했다. 한편 직장암 환자인 브롬버그는 그렇게 몰핀을 사용했는데도 아무런 기미가 없어 병실에서 가장 큰 고민거리였다. 풀러 박사와 함께 그녀를 돌보고 있는 슬레터 박사는 오늘 신경외과의 칼 코넬 박사에게 환자의 통증을 줄이기 위한 신경절단수술 여부를 결정짓도록 부탁했으나 코넬 박사가 탐탁치 않은 반응을 보여 두 사람이 싸움에 가까운 논쟁을 벌였다. 슬레터 박사는 거의 날뛰듯 흥분해서 자기 혼자라도 수술을 하겠다고 말했다. 파랗게 질린 코넬 박사는 다짜고짜로 차트를 책상 위에 내던지고 나가버렸다.

7월 25일(월)

토요일 오후에, 플래그 박사의 환자인 10대 소녀가 출혈이 심하니 빨리 와줘야겠다는 연락을 받았었다. 플래그 박사가 아침에 진찰한 후 입원시킨 환자였는데 15세의 귀엽게 생긴 소녀였다. 예쁘게 빗은 검은 머리와 파란 눈을 가진 인형처럼 예쁜 그 소녀는 또래의 소녀들이 다 그렇듯 입원했다는 사실과 젊고 멋진 의사들의 방문을 받게 된다는 사실만으로 부푼 감정을 느끼고 있는 것 같았다.

소녀는 심하게 질(膣)출혈을 하고 있었다. 간호사는 두 겹의 패드를 대주었는데도 이미 축 젖어 있다고 말하고 2시간 전에 입원한 이래 그런 상태가 계속되고 있다고 설명해줬다.

"언제부터 이렇지?"

"멘스가 끝난 일주일 후에 갑자기 출혈이 시작됐어요."

소녀는 부끄러운 듯 얼굴을 붉히며 묻는 말에 대답을 했다. 참 예쁜 소녀라는 생각이 들었다.

나는 소녀의 질 출혈의 원인을 규명할 만한 어떤 병력도 밝혀낼 수가 없었다. 소녀는 비록 작은 소리로 머뭇거리긴 했지만 내 질문에 하나도 숨김없이 대답하는 것 같았다. 나이에 비해 오히려 너무 천진스럽게 보일 정도였다. 나는 잠시 머뭇거리다가 혹시 임신한 것처럼 생각되지 않느냐고 물었다. 그러자 소녀는 갑자기 눈을 둥그렇게 뜨고 되물었다.

"아니, 결혼하지 않고도 임신하나요?"

어이없다는 듯 웃기까지 하는 모습이 정말로 귀여웠다. 나는 오히려 쑥스러워져서,

"뭐 반드시 그렇다는 건 아니고 혹시 그런 게 아닐까 해서……"

하며 얼버무렸다. 소녀는 나를 똑바로 쳐다보더니 아주 단호하게 말

했다.

"천만의 말씀이에요!"

나는 이리저리 소녀를 진찰했으나 아무런 실마리를 찾지 못했다. 보면 볼수록 건강한 소녀로 보일 뿐이었다. 내가 간호사를 불러 질 진찰을 위해 소독장갑을 가져오라고 이르자 소녀는 약간 당황하는 눈치였지만 굳이 반대하지는 않았다.

등자가 달린 진찰대가 아닌 보통 침대에서 그런 진찰을 해보기는 처음이었다. 질은 피로 가득 차 있었다. 순진한 소녀를 상심시킬까봐 무척 신경을 쓰긴 했지만 결과적으로는 괴롭히는 게 되어 나는 몸 둘 바를 몰랐다. 이러지도 저러지도 못하고 안절부절못하는 동안 플래그 선생이 들어왔다. 그는 250파운드의 체중에 6피트 4인치의 거구로 흡사 대장간의 망치 같은 손을 가진 황소 같은 사람이었다.

그는 소독장갑을 끼고는 편도선이라도 만지는 것처럼 그 큰 손을 소녀의 자궁 속으로 밀어 넣었다. 소녀는 이를 악물고 아픔을 참고 있었다. 애처로운 모습이었다. 얼마 후 플래그 선생은 이미 응고돼버린 피를 한 주먹 가득히 꺼내어 간호사에게 건네주면서,

"당장 에르고트(자궁수축제)를 주사하고 마취과에 연락하시오. 이런 게 가득히 들어 있으니 더 긁어내야겠소."

하며 소녀의 얼굴을 힐끗 보았나. 소녀는 눈을 감은 채 아무 말도 없었다. 이때까지도 나는 뭐가 어떻게 돌아가는지 몰라 멍청히 서 있었다. 그러나 소녀는 유산된 2개월짜리 태아를 갖고 있었던 것이다. 결혼도 하지 않고 어떻게 임신을 할 수 있느냐고 천진스럽게 되묻던 15세의 소녀가 임신이라니? ……수술방에서 나는 플래그 선생이 긁어낸 핏덩어리를 볼 수 있었는데 반은 자궁 안에, 나머지는 자궁 밖에 걸쳐 있었다. 플래그 선생은 스폰지 겸자로 그것을 끌어낸 다음 소파수술로 보이

는 처치를 했다. 소녀는 병실로 돌아갈 때까지 더 이상 출혈은 하지 않았다.

나의 충격은 컸다. 나는 너무도 바보였다. 그런 식으로 출혈할 때, 그 원인은 단 한가지뿐이라는 사실을 까맣게 모르고 있었다. 그쯤은 의사가 아니라도 뻔히 알 수 있는 일 아닌가 말이다. 덕분에 나는 어떤 환자들은 금방 밝혀질 일임에도 불구하고 때론 뻔뻔하고 괘씸하게, 때론 참으로 진지하게 거짓말을 늘어놓으며 의사를 곤경에 빠뜨린다는 사실을 알게 된 셈이다.

일요일 밤 늦게 정말이지 곤란한 환자 하나가 입원했다. 병원에서 80마일 떨어진 곳의 목장에서 실려 온 3살 난 아이로 이름은 샤론 비블이었다. 얼굴이나 입술이 창백하기가 마치 유령 같았다. 체온은 40℃. 나는 그 아이를 보자마자 확실한 진단을 내릴 수가 있었다. 케이즈 박사도 그 아이가 백혈병이라고 말해 나의 판단을 확인시켜주었다.

그래도 우리는 보다 확실한 진단을 내리기 위해 채혈을 하고 아직은 의사와 싸울 기력이 있는 그 꼬마에게 바늘을 꽂느라고 진땀을 흘려야 했다. 다음 단계는 골수생검이고 그 다음은 오로지 하느님만이 아실 것이다. 3개월 전까지만 해도 아주 건강했다고 하는데 이렇게 빨리 진행되다니······. 아마 우리와 그 아이는 그리 오래 함께 있지는 못할 것 같다. 이제 겨우 3살 나이에 죽음의 신과 손을 마주잡았다는 것은 아무리 생각해봐도 애처로운 일이다.

Intern X

병실 속의 화약고

7월 27일(수)

지난 한 달을 돌아보면 끊임없는 피로의 연속이었다는 느낌뿐이다. 1개월 전 이곳에 온 이래 단 한 번도 맑은 정신으로 생활해본 기억이 없다. 남은 11개월이 지금보다 좋아지리라는 기대조차도 없이 과로의 고통 속에서 생활할 수밖에 없다는 사실이 나를 더욱 우울하게 했다.

말이 격일로 밤 비번, 격주로 주말 비번이지 단 한번도 7시 선에 퇴근해본 적이 없고 주말에는 너무 기진맥진해서 아무 일도 할 수가 없다. 당직일 때는 아침 8시부터 다음날 새벽 1~2시까지 일이 계속되는데 일이 차근차근 생기는 것이 아니고 항상 들쭉날쭉 미친 놈 뭐하듯 한꺼번에 터져버리니 내 능력보다 훨씬 많은 일들이 생기고 설상가상으로 거기에는 늘 방해가 뒤따른다. 새벽 2시부터 6시까지는 5~6차례의 호출이 어디선가 꼭 있게 마련이고 그러자니 6시부터 아침식사 때까지는 아무 일도 못하고 서성거리게 된다.

　케이즈 박사를 만나서 샤론 비블의 혈액검사를 체크했다. 역시 림프성백혈병이었다. 박사는 진단에 도움이 안 될 것이라면서 골수생검 검사로 아이를 괴롭히지 말라고 말했다. 치료는 코티손으로 시작해서 하루 이틀 간격으로 충전적혈구(充塡赤血球)를 수혈할 예정이다. 충전적혈구는 혈액을 원심분리하고 혈청을 빼낸 나머지로 가능한 한 소량으로 많은 적혈구를 수혈할 수 있게 만든 것이다. 그러나 그것이 과연 이 꼬마를 얼만큼 더 살게 해줄 수 있을까? 이제 우리는 이 작고 귀여운 아이와 함께 죽음의 지겨운 마지막 길을 걷기 시작한 것이다. 그 고통스럽고 외로운 마지막 길을.

8월 2일(화)

　새벽 5시 30분에 망가노라는 노인이 앰뷸런스로 병원에 실려 왔다. 반 베르트 선생의 환자로 앰뷸런스 뒤를 따라 몰려온 가족들로 미루어 보아 꽤 행세하는 집안의 가장으로 보였다. 반 베르트 선생은 내게 전화를 걸어서 이 노인이 밤중에 갑자기 뇌졸중을 일으켜 한쪽 편에 마비가 일어났으므로 단지 호흡만 잘 할 수 있도록 보살피고 간호사에게 특별간호를 부탁하라고 지시했다.

　처음엔 만사가 잘 풀려나가는 것 같았다. 우측 팔다리에 급성마비를 일으켰으나 의식은 있었고 왼쪽 얼굴로는 내게 엷은 미소를 보내며 감사를 표했다. 그러나 내가 진찰을 막 마치려는 순간 갑자기 크게 숨을 몰아쉬고는 왼손으로 가슴을 쥐어뜯으며 얼굴이 파랗게 질려 외쳤다.

"아이구, 아이구……."

어찌나 심하게 경련을 일으키는지 혹시 죽는 게 아닌가 생각될 정도였다. 나는 급히 간호사에게 몰핀과 산소공급을 지시했다. 노인은 계속 신음하면서 가슴을 움켜쥐고 있었다. 깡마르고 키도 작은 80세의 노인이 어디서 그런 큰 힘이 나오는지……. 그것은 죽음을 거부하는 인간의 마지막 힘인 것 같기도 했다. 아직 본 적은 없지만 이런 환자가 바로 관상동맥환자의 전형적인 케이스가 아닌가 여겨졌다.

30여 분이 지나서야 몰핀의 효과가 나타나서 겨우 안정이 되었고 산소 덕분에 혈색도 되찾게 되었다. 나는 간호사에게 응급심전도를 찍을 수 있는지 알아보라고 지시하고 반 베르트 선생의 집으로 전화를 걸었다.

그러나 선생은 집에 없었다. 벌써 1시간 반 전에 병원으로 떠났다는 것이었다. 교환원에게 알아봐도 병원에는 없었고 그가 잘 가는 성 크리스토퍼 병원에도 연락했지만 알 길이 없었다. 교환원은 계속 페이징을 해댔다. 그때 그가 항상 아침 7시쯤이면 식당에 아침식사를 하기 위해 나타난다는 생각이 들어 식당으로 달려 내려갔다. 그는 거기에 있었다. 지하층 스피커는 오전 8시까지는 꺼져 있기 때문에 20여 분 동안이나 거기 있었으면서도 페이징을 듣지 못한 것이다. 이와 같은 일은 급히 연락하려고 애쓸 때면 흔히 범하는 실수의 일종이다. 반 베르트 선생과 함께 병실에 다시 갔을 때 망가노 씨는 파랗게 질린 채 엄청난 발작을 일으키고 있었다. 심전도는 관상동맥의 심한 혈전증(血栓症 ; 혈관 속에서 혈액이 응고되는 질병)을 보여주고 있었다. 반 베르트 선생은 환자를 모로 눕히고 손으로 혀를 잡아당겼다. 그러자 환자의 얼굴은 핑크색으로 변했다. 그리고 코에 카테타를 집어넣자 기도에서 다량의 더러운 점액이 쏟아져 나왔다.

우리는 약 1시간 이상 씨름을 한 후에 특별간호사와 그의 아들에게 환자를 맡기고 의무기록실로 돌아왔다.

"괜찮을까요, 선생님?"

"글쎄…… 얼마 못 갈 것 같소. 하지만 우린 할 만큼 했소. 이젠 지켜보는 수밖엔 별 도리가 없겠지. 당신은 계속 몰핀을 주고 기도를 유지시켜 주시오. 난 IV 처방을 내야겠소."

잠시 후 나는 다른 신환 때문에 호출을 받았다. 5층에 새로 입원한 간염환자 때문이었다. 피터슨 박사가 주치의로 되어 있었으나 프레드 키더 선생이 환자와 함께 나타났다. 환자는 루스티 바네스라는 17세의 소년으로 준수하고 침착한 용모의 고등학생이었다.

2주 전쯤 감기를 심하게 앓았으나 학교에서 어떤 행사를 하는데 아프다고 하면 친구들이 끼워주지 않을까봐 굳이 그것을 숨겼다고 했다. 어제부터 신체적 이상이 나타나기 시작해서 오늘 아침엔 피부, 눈의 흰자위 등이 모두가 샛노랗게 변했고 소변은 커피색이 되었다고 하는데 입에서는 단내가 나고 상태도 심상치 않자 소년의 아버지가 프레드 키더 선생에게 연락하여 왕진을 청했던 것이다.

최소한 내가 알고 있는 간염의 지식에 비춰 볼 때 소년의 병력은 특이했다. 나는 오랫동안 소년의 병력에 대해 물었다. 특히 벤젠중독에 걸린 적이 있는지 물었으나 내가 알아볼 수 있는 표면적 증상은 전혀 없었다. 마침 피터슨 박사가 들어와 불안해하는 소년과 그의 부모를 안심시켰다.

루스티는 외아들이었다. 어머니는 매우 의지가 강한 여성으로 보였지만 아버지란 사람은 아들 키의 반밖에 안 되는 체구에 생쥐같이 생겨가지고 뭐가 어떻게 돌아가는지조차도 모르고 있는 것 같았다. 소년은 마땅히 격려되어야만 했는데 그의 아버지는 왜 자기 아들이 그런 취급을 받아야 하느냐고 따지고 들었다.

피터슨 박사는 사염화탄소(四鹽化炭素; 소화제, 십이지장충의 구제약, 곡물보존용 살충제로 쓰이는 에테르 냄새가 나는 무색 액체)나 다른 종류의 투약 처치 등에 대해서는 전혀 고려하지 않고 간염에 대한 기초적 간기능 검사만을 지시하면서도 부모들에게는 소년이 매우 위중한 상태라고 말했다. 박사가 쓸데없이 엄포를 놓는 게 아닌가 여겨질 정도였다. 내가 오전 11시쯤 소년을 봤을 때 그는 간호사들과 농담을 주고받으며 잡지를 뒤적이고 있었다. 약간 초췌한 얼굴과 온몸의 노란 빛을 빼고는 전혀 이상이 없는 것처럼 보였다.

8월 5일(금)

이제 바야흐로 남서부 특유의 여름철에 접어들었다. 낮에는 계란이라도 삶을 만큼 뜨겁고, 밤에는 기온이 급강하하여 한기를 느끼게 하는 날씨다. 우리 병원은 냉방이 너무 훌륭해서 복도의 이쪽 끝은 알래스카 빙하지대이고 저쪽 끝은 텍사스의 사막지방이다. 이런 걸 알면 아마도 아무도 이 병원에 입원하려 하지 않을 것이다. 대개의 병원이 그러하듯 일반적인 환경위생이나 보건시설에 소홀한 것은 여기서도 마찬가지다.

망가노 씨는 입원한 날을 무사히 넘겨 모든 사람을 기쁘게 했다. 비록 시간이 갈수록 하나씩 하나씩 잃어가고 있지만 아직 심장은 뛰고 있다. 더 이상 고통을 느끼진 않고 있고 가끔 가래를 덩어리로 뱉어낼 수도 있어서 흡입튜브를 사용할 필요도 없다.

눈에 보인다고 해서 매사를 그대로 믿을 수는 없다는 사실을 이제야 알겠다. 자주 보아왔지만 별 관심이 없었던 환자 중에 하티 스티븐스라는 작은 노파가 있다. 언제나 상냥하고 명랑한 그녀는 피터슨 박사의 환자다. 처음엔 위와 방광에 이상이 있다고 했으나 진찰 결과 악성고혈압으로 판명되었다. 혈압은 입원 당시 208/190이었고 마치 쇠망치로 얻어맞는 듯한 격렬한 두통과 날이 갈수록 약해지는 시력 등이 문제였는데 얼마 전까지만 해도 전혀 그런 걸 느끼지 못했다고 했다.

환자의 눈을 검안하고 나서 우리는 깜짝 놀랐다. 이런 눈을 가지고 어떻게 볼 수 있었을까? 망막은 출혈로 인한 반흔(瘢痕)으로 형체조차 없었다. 피터슨 박사는 페노바비탈과 로볼피아로 혈압을 내려보려 했으나 괜한 시간낭비였다. 마침내 피터슨 박사는 두 손 들어버리고 플랭클린 선생에게 환자를 의뢰하였다. 그는 혈압을 진정시키기 위해서 점점 더 강력한 무기를 사용해야겠다고 말했다.

아무튼 우리의 끈질긴 노력의 결과 드디어 두통은 멈췄고 혈압은 최소한 어느 정도 내려갔으며 혈중요소치(BUN)도 내려갔고 시력도 호전되는 등 만사가 멋지게 호전되는 듯이 보였다. 플랭클린 선생도 그녀 앞에서는 무척 기뻐하는 것 같았다. 그러나 그는 병실 밖으로 나오자마자 조심스럽게 중얼거렸다.

"너무 그렇게 좋아하지들 말라구! 경솔은 금물이야. 하티는 겉으로 보기엔 호전되는 것 같지만 사실은 지금 죽음의 벼랑 위에 서 있단 말이오."

이 사람은 때때로 우릴 놀라게 한다. 늘 졸린 듯한 얼굴로 곧잘 얼빠진 짓을 잘한다. 나는 그가 피터슨 박사의 미온적인 치료, 말하자면 계란으로 바위를 치겠다는 식의 그동안의 처치에 몹시 화가 나서 그런 얘기를 하는 줄로만 알았다. 그러나 그는 하티가 진행이 매우 빠른 악성 고혈압 환자이기 때문에 서둘러서 강력한 약으로 치료하지 않으면 금방이라도 숨이 넘어갈 것이라고 말하고, 보다 강력한 혈압강하제(혈압을 떨어뜨리는 약)인 프로토베라트린으로 혈압을 150정도로 내려 유지시키되 만일 수일 내로 떨어지지 않으면 더 강력한 약으로 바꾸도록 해야 한다고 주장했다.

"그렇게 한다 해도 겨우 1~2년이오. 만일 빨리 서둘지 않는다면 앞으로 보름도 견디지 못할 겁니다."

환자 자신은 회복되고 있다고 굳게 믿고 있는데 이런 얘기를 어떻게 할 수 있을까? 우리는 입을 다물고 있었다. 플랭클린 선생의 그 말을 듣고 난 다음부터는 왠지 그녀를 볼 때마다 섬뜩한 느낌을 떨칠 수가 없었다.

루스티의 간기능검사 결과가 우리를 경악케 했다. 그는 간염으로 인해 이미 혈액응고기전이 망가질 정도로 심한 간 손상이 있었다. 루스티는 차츰 쾌활하던 성격을 잃어가고 있고 입원 이래 계속해서 40°C를 넘나드는 체온을 보이고 있다. 카레이 선생은 수일 내지 수주 안에 간세포의 완전파괴가 있을 것이라고 말했다.

루스티는 건강했었다. 작년엔 고등학교 대표 농구선수로 주시합에서 우승도 했었다. 친구들한테도 인기가 있어 많은 급우들이 몰려와 그를 만나려고 아우성을 치는 바람에 돌려보내느라 무신 애를 먹어야 했다. 그들은 사랑하는 친구가, 그것도 그렇게 건강하던 루스티가 무서운 전염병에 걸려 있다는 사실을 좀체 믿으려 하지 않았다.

8월 8일(월)

지난 주말 우리 병실에는 두 개의 화약고가 도사리고 있었다. 망가노와 루스티라는 폭탄이었다. 망가노 씨는 토요일 오후에 잠시 반짝하다가 별 진전이 없었고 일요일에는 다시 악화되었다. 우리의 기대와는 달리 그는 조금씩 조금씩 나빠지고 있는 것이다.

그러나 진짜 문제는 루스티 바네스였다. 루스티는 간호사들이 침대에서 그냥 소변을 보도록 권해도 막무가내였다. 고열 때문에 힘이 들기도 하겠지만 누군가 옆에 있으면—고작 그의 부모와 왔다갔다하는 간호사들뿐이지만—소변을 참아버리고 굳이 일어나서 화장실로 가겠다고 고집하여 애를 먹였다. 마침내 소변을 볼 수조차 없게 됐는데도 우리에게 얘기하질 않고 혼자 초조해져서 경련을 일으키는 등 몸은 더욱 악화되고 있었다.

그래도 루스티는 스스로 지칠 때까지 버티고 있었다. 간호사가 소변기를 가져다주고 10분쯤 놔두면 그제서야 소변을 봤는데 이 짓을 하루에도 7~8차례나 계속하니 환자 자신은 물론이고 간호사들까지도 고생이 말이 아니었다.

루스티의 부모는 둘 다 아무 도움도 못 되었다. 손을 비벼대며 병원에서 최선을 다하고 있는 것을 잘 안다고 굽실거리다가도 금방 의사와 간호사들이 하는 것들을 전부 믿을 수 없다고 불평을 터뜨리며 소란을 피우고 자기들끼리도 아들 문제로 대판 싸움을 해댔다. 루스티가 처음 입원했을 때부터 아버지는 각종 검사와 치료, 투약 등을 사사건건 콩이야 팥이야 묻고 따졌다. 처음엔 자식 가진 부모로서 그러려니 했지만 날이 갈수록 극성이 심해져 아무도 제대로 일을 할 수가 없을 정도였다. 그 방 옆에만 지나가도 잡고 늘어지며 잔소리를 늘어놓았다.

'왜 우리 애에겐 수혈을 해주지 않죠?', '왜 이런 일은 일어나는데 저 일은 안 일어납니까?', '우리 애가 지금 맞는 주사가 혹시 다른 환자 것은 아닌지 좀 봐주세요.'……

루스티는 오전 7시부터 오후 3시까지, 저녁에는 밤 11시부터 다음날 아침 7시까지 특별간호사의 간호를 받고 오후 3시부터 11시까지는 부모가 대신 간호하도록 되어 있었다. 그러나 그들의 간호는 아예 안 하느니만 못해 보였다. 아버지는 사소한 일만 생겨도 허둥지둥 간호사실로 뛰어오고 어머니는 루스티가 항상 깨어서 말하도록 하는 것이 상책인 줄 알고 마냥 말을 걸어 대답하라고 성화였다. 결국 피터 카레이 선생과 나는 피터슨 박사에게 그들의 병실 출입을 제한하는 게 좋겠다고 말했다. 그러나 무슨 이유에서인지 박사는 그냥 놔두고 친절하게 대하라고만 말할 뿐이었다.

토요일에 나온 소년의 새로운 검사 결과는 더욱 심각했다. 입원하던 날의 그의 간기능은 75%가 훼손되어 간이 없는 것이나 다름없었다. 그런데 3일이 지난 지금에 와서도 그 75% 마비율은 조금도 변화가 없었다. 오히려 더욱 나빠진 상태였다. 지금까지는 계속 수액공급만으로 밸런스를 유지하고 있는데 전혀 마실 수가 없어서 계속해서 링거를 꽂아야 했고 수혈도 매일 1병씩 해야 했다.

카레이 선생과 나는 엎친 데 덮친 격으로 루스티에게 수혈하는 동안 뜻밖의 대실수를 저지르고 말았다. 카레이 선생이 팔을 붙들고 내가 혈관을 찾아 플라스틱 바늘을 꽂았다. 그런데 우리는 그만 토니켓 푸는 것을 잊어버린 것이다. 다행히 피 한 병이 다 들어갈 때까지 혈관 밖으로 새거나 팔이 붓는 불상사가 없던 것으로 보아 토니켓은 아주 느슨하게 매어져 있었던 모양이지만 소년이 수혈 중에 요동을 치며 괴로워했고 가끔 의식을 잃고 바늘을 빼내려고 했던 것은 토니켓이 상당히 자극을 줬기 때문인 것 같다.

내가 회진 도중 그를 보러 갔을 때 간호사가 마침 수혈한 혈액병을 뽑고 막 새 링거를 연결하려던 참이었다. 그때 카레이 선생이 내게 귀엣말을 했다.

"이봐, 팔에 밥줄(토니켓;인턴의 애용물이므로 비유함)이 아직도 묶여 있잖아."

이 말을 아버지가 놓칠 리가 없었다. 그는 마침 시트에 묻어 있던 피 몇 방울을 보고는 자기 아들이 피를 쏟았다고 노발대발하며 따지고 대들었다. 우리가 아무리 아무 이상이 없다고 설명해도 막무가내로 화를 내며 쉽사리 믿으려 하지 않았다. 우리가 얼마나 바보 같은 짓을 했는지 후회막급이었지만 극성스런 소년의 부모 앞에선 속수무책이었다. 밤 11시경 특별간호사가 출근하자마자 소년은 또 한 번 소란을 피우기 시작했다. 간호사가 침대 끝에 앉히고 소변을 보라고 하자 굳이 화장실로 가겠다고 링거 바늘을 뽑으려고 했다. 마치 성난 황소처럼 난리를 쳤으며 우리가 모두 달려들어 간신히 마룻바닥에 쓰러지는 것을 막을 수가 있었다. 결국 오더리(남자간호보조원)를 불러 요도 카테타를 끼워주었으나 이번엔 아프다고 이리저리 날뛰며 카테타를 잡아 빼려고 야단이었다. 우리는 할 수 없이 진정제 파라알데하이드를 항문으로 10cc 투여하고 일단 부모를 돌려보냈다. 루스티는 이내 죽은 듯이 잠이 들었다.

우리가 특별히 파라알데하이드를 사용한 까닭은 간에 아무 부담이 없는 진정제이기 때문이었다. 그러나 정오경에는 다시 루스티가 깨어나서 신음소리를 내고 몸부림을 치는 등 약효가 제대로 반응하지 않은 것 같아 결국 주사를 해야만 했다. 사실 주사처치는 좀 걱정스러웠다. 주사한 자리에서 출혈될 위험이 있고 통증과 불쾌감을 수반하기 때문이었다.

너무 분명하기 때문에 바로 해답을 얻지 못하는 경우가 가끔 있는데 루스티의 수수께끼가 바로 그것이다. 마치 새벽동이 트듯 갑자기 루스티를 에워싸고 있는 안개가 걷히고 실마리를 발견할 수 있었다는 것은 참으로 신기한 일이다.

　루스티의 너무도 이론에 맞지 않는 증상에 대해 이유를 밝혀내려고 애를 쓰다 혹시 파라알데하이드 사용이 오히려 해가 되고 있지 않은가 하는 생각이 들었다. 일요일 오후와 저녁 내내 루스티의 상태, 즉 약으로 인한 부작용과 점점 악화되어 혼수상태로 빠지는 루스티의 상태에 대해 골똘히 생각해봤다. 그러다 새벽 3시경 수면제 호출을 받고 돌아오다가, 문득 루스티의 간이 더 이상 제구실을 하지 못하는 게 아닌가 하는 생각이 들었다.

　소년은 지금 프로트롬빈치(혈액을 응고시키는 성분)가 거의 0에 가까워 비타민K를 아무리 투여해도 혈액응고기전은 점점 망가져갈 뿐이다. 아마 장, 방광, 뇌 등의 모세혈관이 출혈을 하고 있을 것이다. 그렇다면 그의 계속되는 혼수상태와 간헐적인 흥분은 혹시 신경계통 모세혈관의 출혈 결과가 아닐까? 간염을 일으킨 바이러스를 이겨낸다 해도 결국 그의 간은 완전히 망가진 상태일 것이라는 생각이 머리를 스쳤다. 이제야 모든 것은 명백해진 것이다.

　오늘 아침 카레이 선생을 만나 내 견해를 얘기했더니 그도 고개를 끄덕이며 동의했다.

　"모세혈관의 출혈이 거의 확실하게 진행 중이고 아마 그게 루스티의 흥분성의 원인일 것 같구먼."

　그는 소년의 예후가 매우 나쁜 이유도 거기에 있다고 덧붙였다. 루스티는 간기능 저하로 죽지 않으면 뇌출혈로 죽게 되는 것이다. 일요일에는 그가 좀 조용해졌는데 이것은 토요일 밤에 너무 지쳤기 때문일 것이리라. 월요일에도 역시 약에 대해 전혀 무반응인 채 루스티는 그의 모든 것을 하나씩 둘씩 잃어가고 있었다.

망가노 씨는 아직 간신히 연명해가고 있었다. 가족들은 그의 침대 곁에서 주기도문을 외며 조속한 회복을 간구하고 있었다. 토요일엔 물을 마실 정도로 다소 반응이 있었으나 일요일에는 그것마저도 해낼 수가 없었다. 이제 링거도 놓을 수 없을 정도로 혈관은 숨어버리고 프로트롬빈을 체크하기 위해 피를 뽑아낼 수조차 없었다. 카레이 선생은 항응고제 치료를 중단해버렸다. 그의 가슴은 아직도 청진을 해보면 밝게 들렸으나 도대체 어떤 조치를 취해야 될지 뾰족한 방법이 없었다.

밤 1시 30분쯤 5층에 고혈압 환자가 방금 입원했다는 연락이 왔다. 밤번 간호감독은 아직 별 문제는 없으니 서둘러 올라올 필요는 없다고 했으나 5분도 채 안 되어 환자가 가슴이 몹시 아프다고 하니 빨리 올라와 주었으면 좋겠다고 했다.

환자는 이미 유령처럼 잿빛이 되어 있었다. 혈압을 재던 간호사는 조금 전까지도 말을 하더니 갑자기 호흡이 끊겼다고 했다. 맥박을 만져보고 조금 흔들어 보았으나 반응이 없었다. 죽어버린 것일까? 그러나 그는 곧 한숨을 몰아쉬더니 이내 호흡을 계속하는 것이 아닌가? 참 알 수 없는 일이었다. 그에게서는 시궁창에서나 맡을 수 있는 메스꺼운 냄새가 풍겼다.

내가 심전도기를 가지러 아래층에 갔다 오자 오더리인 제리가 환자의 베개 밑에서 꺼냈다며 반쯤 찬 위스키병을 건네주었다. 심전도를 찍는 동안 그는 약간 정신이 들었는지 굉장히 아픈 통증을 가슴에 느꼈었다고 말했으나 결과는 정상이었다. 나는 그가 쉽게 호흡할 수 있도록 산소텐트를 지시하고 몰핀 1/6앰플을 주어 숙취에서 깨어나도록 해주었다. 그는 급성알코올중독과 협심증이 합병된 것으로 보였다. 그가 얼마나 오랫동안 병원에 입원해 있을지는 모르지만 속을 썩이는 인물이 될 것 같다.

월요일도 일요일 만큼이나 바빴다. 너무 바빠서 입원환자의 반 정도밖에 회진할 수가 없었다.

아침에 망가노 씨는 더욱 악화된 상태에서 겨우 숨만 쉬고 있을 뿐 거의 반응이 없었다. 길레스 선생은 그를 진찰하고 나서 흡입기로 기도에서 가래를 뽑아내는 작업을 계속하라고만 말했다. 불쌍하게도 망가노 노인은 이제 죽음의 길에 들어선 것 같았다. 우리가 흡입튜브로 무엇을 하려는지도 알지 못하면서 아픔을 참지 못해 거의 호흡이 멈추려 했으며, 튜브를 잡아 빼려고 내 가운의 소매를 찢어놓기도 했다.

일이 끝난 후 카레이 선생은 내게 의미 있는 악수를 청했다. 노인의 아들은 이런 우리를 말없이 지켜보며 아버지의 손을 붙잡고 서 있었다. 우리는 할 수 있는 일을 다 해왔다. 얼마 남지 않은 그의 생명을 위해서도 우리는 최선을 다할 것이다.

일요일 밤까지 카레이 선생과 나는 둘 다 몹시 지쳐 있었으면서도 야식 때는 마주 앉아 마치 16세 사춘기 여학생들처럼 킬킬거렸다.

이런 얘기를 들으면 사람들은 퍽 의아해할 것이다. 어떻게 죽어가는 환자들을 바로 옆에 놔두고 바로 그들 얘기를 하면서 히히덕거릴 수가 있는가 하고 말이다. 혹 어떤 사람은 이런 것이 의사들의 비인간적이고 야비한 일면을 전적으로 나타내는 것이라고 힐난할는지도 모른다. 환자 가족들이 의사들의 이런 모습을 보게 되면 사실 야속한 마음까지 들 것이다. 그러나 그건 의사들의 세계를 제대로 이해하지 못하고 있어서이다.

늘 긴장과 육체적 피곤에 젖어 의사들은 어떤 심각한 상황 아래서 도

피하기 위한 방도의 하나로, 병적으로 유머를 찾으려 한다. 극한적인 상황에 빠진 환자의 상태에 내해 뒷구녕으로는 시끄럽게 비웃어대고, 전혀 가망 없는 환자를 살려보겠다고 발버둥치는 외과의사들의 헛수고를 코웃음치거나, 정말로 괴롭고 두려운 문제에 직면하면 그 벽을 허물기 위해 오히려 소름끼치는 농담을 해대는 것이 바로 그것이다.

다른 사람들이 앞뒤 모르고 이런 농담판에 불쑥 끼어들면 불쌍한 환자의 죽음에 대해 거리낌 없이 농을 해대는 걸 보고 경악과 분노를 금치 못하게 될 것이다. 그러나 의사들의 이런 유희(遊戱)가 오히려 단순하고 전혀 악의가 없는 것임을 알아야 한다. 이런 의사들의 행위는 카타르시스 이외엔 아무 의미가 없는 극히 평범한 자기 최면적 심리요법일 뿐인 것이다.

5 별은 어디서 떠오르는가?

이 어린 소년에게 죽음의 의미는 과연 무엇이란 말인가?

이것은 신의 횡포다. 숱한 인간들이 이렇게 순순히 죽어

가고 있다. 별처럼 많은 사람들이 그렇게 말없이 사라져

간다. 남은 사람들의 안타까움도, 가슴 찢어지는 아픔도,

목이 터지는 통곡도 뒤로 한 채 어디로 그렇게 의미 없이

사라지는가? 밤이 되면 죽어간 사람들은 별처럼 그렇게

떠오른 것일까?

Intern X

질병의 사슬

8월 10일(수)

수요일은 병원일이 비교적 한가한 날이다. 화요일이 가장 힘들고 월요일은 그 다음쯤 된다. 그러나 이번 수요일은 그렇지 않았다. 지난 토요일 정오 이후 이 병원은 숨 돌릴 겨를도 없이 환자가 몰려들고 있었다. 마치 오래전부터 작정이라도 했던 것처럼 말이다.

늘 느끼는 것이지만 병원에서 직접 근무하면서 새삼 놀라운 것은 이 세상엔 병든 사람이 참으로 많다는 것이다. 제각기 다 다른 질병의 사슬에 묶여 생의 고통을 뼈저리게 맛보는 사람들이 너무나 많다. 아마 건강하여 병원에 올 기회가 별로 없는 사람들에겐 의아하게 들릴지 모르지만 수많은 사람들이 때로는 원인조차 알 수 없는 몹쓸 병을 가지고 병원을 찾고, 지금 이 순간에도 그 질곡의 사슬을 벗지 못해 허무하게 죽어가고 있다. 그토록 발달했다는 현대 과학문명이 눈으로 볼 수조차 없는 미세한 병균 하나 제대로 막아내지 못한다는 건 불행이 아닐 수 없다. 전쟁이나 천재지변의 소용돌이 속에서 인간의 생명을 지키는 것도 중요하지만 바로 우리의 육체 속에서 우리 자신도 모르게 퍼져가는 병균을 무시하는 한 인간의 존재는 무의미해진다.

이젠 어느 정도 나도 냉정을 찾아가고 있다. 이것이 내가 가야 할 길이다라는 생각이 들자 새벽 2~3시의 페이징에도 관대해졌다. 그러나 그때마다 가슴이 털썩 주저앉는 느낌은 어쩔 수가 없다. 그리고 환자를 처음 대할 때마다 내 의학적 소양을 키워줄 그런 환자이기를 바라지만 대부분이 하찮은 병―물론 당사자들에겐 모두 심각한 병이고 나 또한 이런 일로 항상 긴장과 피곤을 느끼지만―일 때가 많다.

화요일, 드디어 내가 별 하나를 달았다. 망가노 씨가 오후에 사망한 것이다. 아들은 아침 내내 침대 주위를 서성거렸고 간호사에게 환자가 죽은 것 같다고 알린 사람도 그였다. 점심식사 중에 호출을 받고서 올라가보니 그는 의사나 간호사가 아무도 침대 옆에 붙어 있지 않았다는 사실에 몹시 화가 나 있는 눈치였다. 사후 부검도 허락하지 않았다.

의사 노릇을 하면서 처음으로 담당환자가 죽었는데도 난 별다른 느낌이 없었다. 망가노 씨의 경우 우리로서는 최선을 다했다. 다만 우리가 이미 망가노 씨에게 발작과 관상동맥의 이상이 반복된다는 사실을 알고 있었고, 또 한 번에 너무나 많은 이상이 발생했는데도 아무 손도 못 쓰고 그냥 죽어가도록 내버려둬야 했다는 사실은 괴로운 일이었다. 그러나 망가노 씨는 의지의 사나이였다. 의식이 있는 동안 끝까지 병마에 맞서 싸웠으며 80의 노구에도 불구하고 삶에 대한 신념을 버리지 않았다. 그는 결국 그 자신은 물론이고 우리 모두의 간구를 뒤로 한 채 떠나고 말았으나 그의 용기와 정신력은 오래 기억될 것이다.

루스티는 여전히 골칫거리였다. 전혀 호전될 기색이 없이 약에 대한 반응마저도 전혀 없었다. 산소텐트에 잠깐 머리를 디밀어도 어지러울 정도였다. 나는 처음에 그것이 4일 전에 투여한 파라알데하이드 냄새가 아닌가 했으나 이내 그것은 간부전 때 나타나는 특징적인 단 냄새, 즉 간환자의 전형적인 악취임을 알 수 있었다.

피터슨 박사가 시카고 학회에 참석했기 때문에 스미더스 선생이 루스티를 맡는데 그는 이 소년이 매우 어려운 상태에 빠져 있으며 자기가 본 어떤 환자보다도 황달과 악취가 심하다고 말했다. 그동안 칼로리와 수분의 공급을 위해 매일 10% 포도당을 포함해 $3l$ 의 수액을 혈관주사해서 체액의 밸런스를 철저히 유지시켰으며 비타민, 코티손, 오레오마이신 등도 써봤지만 그 어느 것도 소년의 회복에 도움을 주지 못하고 있다. 계속되는 혼미성 흥분과 요동 때문에 현상유지마저도 심각한 문제였다. 게다가 어느 정도 동정은 가지만 항상 골칫거리인 부모가 루스티 옆에 버티고 있었다.

그들은 마치 정신 나간 사람처럼 병실을 맴돌았고 어머니는 병실에 들어갈 때마다 아들에게 대답 좀 하라고 외치며 울먹였다. 아들이 정신이 들어 '엄마, 안녕하세요?' 라고만 하면 만사가 해결되는 것처럼 행동하고 있었다. 그러나 소년은 반응이 없었고 그럴수록 어머니는 더욱 몸부림치며 루스티를 불러댔다. 이런 것이 환자에게 좋은 영향을 줄 리가 없었다. 환자의 가족은 환자보다 더 신중하고 침착한 태도를 견지함으로써 환자를 안심시켜야 한다.

어젯밤 늦게 간호사가 내게 전화를 걸어와 루스티가 또다시 혈관주사 바늘을 뽑아버렸다고 알려왔다. 링거가 새어 팔이 심하게 부어올랐다는 것이다. 그때 카레이 선생은 30분 전에 이미 자러 들어갔고 나도 막 숙소로 내려갈 참이었다. 나는 바늘을 찌를 정맥조차 찾을 수 없는

데 계속 그를 괴롭히는 것도 결코 좋은 일은 아닌 것 같아서 카레이 선생에게 전화를 걸어 차라리 내일 아침에 컷다운(Cut down; 혈관 주사를 놓기 위해 정맥을 꺼내는 수술)을 의뢰하는 것이 어떻겠느냐고 제안했다. 카레이 선생도 거기에 동의하면서 오늘 밤에는 허벅지 근육에다 찔러 넣자고 말했다. 그러나 우리는 좀더 깊이 생각했어야 옳았다. 다음날 아침 스미더스 선생은 우리의 처치를 보고 머리끝까지 화가 나서 10% 포도당은 너무 고농도이기 때문에 그런 식으로 줘서는 안 된다고 말했다. 루스티는 조직상태가 나쁜데 다리 근육조직이 괴사(壞死)하지 않으면 다행인 줄 알라고 꾸짖었다. 그는 우리의 무식에 정말로 울화가 치민 모양이었으나 나는 내가 저지른 일이라 누구를 탓할 수만도 없었다. 토니켓 사건 이래 내가 두 번째로 루스티에게 저지른 실수였다.

이런 거듭되는 실수에도 루스티는 최소한 숨을 쉬고는 있었다. 외과의사가 다리에 컷다운을 하여 다리 심부정맥에 8인치의 폴리에틸렌 튜브를 달아놓았으나 루스티가 요동을 치는 바람에 정강이에 꽂혀 있던 튜브가 끊어져 다시 연결해야 하는 소동을 겪었다. 오늘 밤 또다시 그것을 망가뜨린다면 그 결과는 오직 하느님만이 아실 것이다.

루스티의 아버지는 여전히 말썽을 피웠다. 이런 사정을 우리에게 보고받은 스미더스 선생이 그에게 얘길 했는지 화요일 아침 카레이 선생과 내가 식당에서 커피를 마시는데 찾아와 사과 말을 늘어놓았다. 그러나 그때뿐, 그 다음날 밤 알렉에게 찾아가 키더 선생과 피터슨 박사가 어디 갔는지 물어서 키더 선생은 휴가 중이고 피터슨 박사는 학회참석 중이라고 했더니 그는,

"그럼 지금 우리 애를 돌보는 사람은 스미더스 선생 하나뿐이라는 말이오?"

하며 놀라더라는 거였다. 알렉이 스미더스 선생도 훌륭한 분이라고 하자 그는 벌컥 화를 내며,

"물론 그럴 테죠. 그러나 이 애를 처음 진찰하고 보살펴주던 키더 선생만큼 믿을 만한 의사는 이 병원에 없단 말이오! 아무도 우리에게 관심이나 성의가 없어요."

라고 말하더란다.

이런 얘길 전해 듣고 나는 좀 충격을 받았다. 사실 난 밤낮없이 루스티를 생각하고 있었다. 항상 같이 있을 수는 없다고 해도 소년을 살릴 수 있는 방법이 있다면 다 해주고 싶었다. 그런데도 소년의 부모가 우리가 하는 일을 전혀 믿지 않는다는 것은 나를 크게 낙심시켰다. 앞으로 어떻게 해야 할지 정말 모르겠다.

그러나 한편으로 생각해보면, 과연 우리가 한 일이 무엇이었던가? 고작 링거나 꽂아주고 막연한 기대로 전해질 따위나 주었던 참으로 무력한 우리들. 더구나 IV 하나 제대로 놔주질 못하지 않았던가? 최선을 다했어도 결과적으로는 루스티를 위해 보탬이 된 게 하나도 없는 지금 부모의 심정으로는 우리를 원망할 수밖에 없을 것이다. 관용과 이해, 인내와 포용.

가슴에 통증을 가진 남부에서 온 주정뱅이는 결국 심장병으로 판명됐다. 오늘 그는 퇴원해서 아들을 만나러 가거나 다른 일들을 보러 가야겠다고 말했다가 플랭클린 선생에게 단단히 꾸중을 들었다. 그에게 죽음과 도박을 하게 할 수는 없다고 플랭클린 선생은 말했다. 그러나 환자는 회진 때 그 문제를 내게 따지고 들었다. 이 교활한 늙은이는 병원을 몰래 빠져나가 술을 마시려고 안달을 하고 있었다. 고향에 아들이 있다는 얘기조차 믿을 수 없는 일이었다. 내게 아이들을 돌봐주도록 부

탁한 사람들의 이름을 여럿 대면서 연락 좀 해달라고 하길래 그러겠다고 했더니 그제서야 좀 진정되었나.

하티 스티븐스는 별 차도 없이 지내고 있었다. 악성 고혈압과 신부전 환자인 그녀에게 우리는 하루에 10달러나 나가는 혈압약을 복용시키고 있는데 플랭클린 선생은 이제 보다 값싸고도 효과적인 다른 약으로 대체시켜야겠다고 말했다.

그녀는 자신의 혈압을 스스로 컨트롤 못해 반드시 병원에 있어야만 했고 생명을 유지하기 위해서는 의사의 처방에 따라 계속 약을 복용해야만 했다. 처음 280까지 올라갔던 혈압이 지금은 180/200 사이에서 머물고 있는데 우리는 이것을 치료의 성과로 보고 있다. 약간의 구역질 이외에는 아주 편안해했고 명랑하고 행복해 보였다. 자신이 얼마나 나쁜 상태인지 전혀 모르고 있어 우리가 동정하는 눈치라도 보이면 오히려 우릴 올려다보면서,

"나는 아주 좋은데요? 곧 퇴원할 수 있을 것 같아요."

라고 말하곤 해서 더욱 동정이 갔다.

화요일에 반 베르트 선생이 피터 모레이라는 37세의 전직 IBM 회사 간부 한 사람을 입원시켰다. 그의 병은 좀 특이했다. 5년 전부터 급속히 진행된 근무력증(筋無力症) 때문에 왔는데 나는 이 병을 처음 봤지만 정말 몹쓸 병이라는 걸 한눈에 알 수 있었다. 계속적인 투약이 아니고서는 모든 골격근이 작용을 못해 몸은 이완되고 설 수도 앉을 수도 없는 상태에 빠지게 되며 호흡마저도 할 수 없게 되고 혀를 움직일 수조차 없게 되어 결국 질식사하게 되는 무서운 병이었다.

그런데 이런 증상을 야기시키는 신경과 근육의 결함을 일시적으로 교정시켜주는 약인 프로스티그민을 주고 나면 잠시 후에는 언제 그랬

냐는 식으로 원상회복이 된다. 그리고 정말 곤란한 것은 당뇨병과 마찬가지로 한 번 이 병에 걸리게 되면 평생 끌고 다녀야 하는 고질병이라는 사실이다. 진행이 다소 빠르고 늦은 차이만 있을 뿐, 점점 나빠진다는 사실엔 틀림이 없고 아직은 아무도 그 치료법을 모르고 있다.

모레이 씨의 경우 프로스티그민과 아트로핀의 사용으로 어느 정도 컨트롤되고는 있으나 그렇다고 만족할 만한 상황은 아니었다. 그는 의사의 지시에 따라 계속 용량을 늘려 이제는 말 한 마리라도 죽일 만큼의 많은 약을 낮에는 두 시간마다, 밤에는 중간에 한 번씩 먹어야 했다. 결국 그는 사람이 복용할 수 있는 최대용량까지 다다른 셈이다. 그는 또 동시에 같은 양의 아트로핀이나 벨라돈나도 복용해야 했는데 그것은 프로스티그민으로 인한 부작용으로 침을 너무 흘려서 침에 의한 기관지 질식이나 침이 턱으로 줄줄 흐르게 되는 것을 방지하기 위해서였다.

그는 다만 숨쉬고 먹기 위해서 어느 때는 프로스티그민 중독에 빠져 있기도 했다. 그래서 반 베르트 선생은 비슷한 작용을 하지만 보다 강력하고 지속성이 강하며 최대 안전용량과 중독용량이 별 차이가 없는 비(非) 프로스티그민제재를 써보기 위해 그를 입원시킨 것이었다.

모레이 씨의 모습은 참으로 비극적이었다. 이렇게 지적이며 호감을 주는 타입의 신사가 그런 끔찍한 병에 걸려 있다는 것은 모두를 위해서도 불행한 일이다. 그는 항상 약효가 제대로 반응하지 않을까봐 전전긍긍했다. 병 때문에 현재 거의 알거지가 다 되었다고 털어놓고 만일 반 베르트 선생이 말하는 새 약이 자기를 회복시키지 못하면 정말 큰일이라고 한숨을 쉬었다.

"지난 5년 동안 프로스티그민을 먹기 위해 매일 새벽 2시와 6시에 꼭 깨야만 했죠. 하지만 매번 그걸 잊고 잠에 빠지는 바람에 그때마다 약

기운이 떨어져 죽을 뻔한 적이 한두 번이 아닙니다."

그가 간호사들이 투약시간을 잊을 것 같다고 걱정을 해서 내가 2시에 깨워주겠다고 하자 안심하고 잠이 들었다. 오늘 낮엔 반 베르트 선생의 지시로 산책을 나갔다가 너무 지쳐서 거의 사색이 되어 돌아왔다.

나는 그가 입원할 때부터 어떤 연민 같은 안타까운 마음이 들어 그와 친해지고 싶었고 가능하다면 그를 돕고 싶은 마음이었다. 그도 내게 호감을 갖고 흉금을 털어놓으며 얘기를 해줘 우리는 오랜 지기처럼 지낼 수 있었다. 그런데 오늘 오후 그와 대화를 나누던 중 그의 속마음을 잠깐 읽을 수 있는 순간이 있었다. 클리닉의 신경외과의사인 코넬 박사가 우리 얘기에 끼어들자 모레이 씨는 언제 널 봤느냐는 식으로 고개를 돌려버리고는 코넬 박사에게만 매달리는 것이었다. 의식적으로 날 무시하고 박사가 진찰하면서 나를 참여시키려고 하자 기피하려는 태도가 역력하게 보일 정도였다.

나는 슬며시 그곳을 빠져나왔다. 이런 친구의 신뢰란 결국 당장 그의 손에 이익을 안겨다 줄 수 있는 사람에게만 간다는 것을 뼈저리게 느낄 수 있었다. 입맛이 씁쓸했다. 모레이는 다만 나를 풋내기 돌팔이로만 취급했던 것이고 코넬 박사가 훌륭한 신경외과의사라는 사실을 잘 알고 있었다는 얘기이다. 다만 너무 빨리, 눈에 띄게 돌변함으로써 그는 내 자존심을 뭉개버린 것이다.

하지만 그는 아마 코넬 박사보다 더 명성 있는 의사가 나타난다면 나에게처럼 코넬 박사를 무시해버리겠지……. 그러나 병의 치료라는 것이 지식과 경험, 그리고 기술만으로 완전할 것인가? 단순히 기계의 부속을 뜯어 고치는 일도 아니고 적어도 육체와 영혼의 복합체인 인간의 질병을 치료하는 데도 환자와 의사 간에 굳은 신뢰와 애정, 정성이 없이는 불완전한 것이다. 명성이라는 바람 앞에 등불처럼 꺼져버린 나의 자존심은 한동안 보금자리 잃은 들새처럼 허공을 맴돌았다.

오늘 오후 4시에 3명의 환자가 입원했는데 그중 14세의 다이안 랜톤은 플랭클린 선생의 환자로 좀 색다른 경우였다. 이 소녀는 1년 전 몸무게가 200파운드까지 나갔으나 다이어트로 6개월 동안 140파운드까지 줄였는데 아무런 출혈증상 없이 2개월 사이에 혈색소치가 14g에서 6g으로 떨어졌다. 지금 이 소녀는 루스티처럼 간환자의 악취 증상을 보이며, 온몸에 간질환 때 나타나는 현상, 즉 작은 모세혈관이 거미모양으로 늘어나는 현상을 보이고 있으면서도 황달증세는 없었다. 간과 비장이 만져지지는 않았지만 간부전이 있어 무척 위험한 정도인 것 같았다.

플랭클린 선생은 이 소녀가 너무 금식을 하여 영양실조에다 간경화증이 겹쳤거나 윌슨씨병이나 바이러스성간염의 가능성도 있다고 말했다. 만일 이 소녀가 간염이라면 가까이 있는 우리도 간염에 걸릴 위험이 있게 된다. 이런 일은 병원에서 다반사로 일어난다. 루스티를 보고 난 뒤 나는 이런 꺼림칙한 생각을 버릴 수가 없었다. 그러나 윌슨씨병이라면 다행히 전염병은 아니다.

"윌슨씨병은 간경변증을 수반하는 가족성 질환으로 당신 일생에 한 번 볼까 말까 한 희귀병이죠."

플랭클린 선생은 소녀가 윌슨씨병이 아니길 바란다면서 내게 말했다. 소녀의 간은 아무도 그 이유를 알지 못한 채 급속히 썩어가고 있었다. 이 소녀에게 간과 비장이 파괴되는 급성백혈병이 있을지도 모르겠다고 내가 플랭클린 선생에게 말했더니 그는 고개를 끄덕이며 골수생검을 해보자고 했다.

참으로 놀랍도록 비정한 질병의 사슬. 14살 소녀가 그 사슬에 묶여 지금 마지막 길을 가고 있다. 오늘 밤은 윌슨씨병을 알아보기 위해 밤을 새워야 할 것 같다.

    4층 병실의 간호사들과는 왠지 손발이 잘 안 맞는다. 지난 밤 케이즈 박사는 내게 그의 여자환자에게 충전적혈구 2병을 IV하도록 부탁하면서 간호사를 시키지 말고 나보고 직접 하라고 했다. 4층 수간호사인 우틀리가 준비해주고 내가 단번에 환자의 혈관에 주사바늘을 찌를 수가 있어 별문제가 없이 잘 되었다. 나는 간호사에게 IV가 터지지 않도록 각별히 주의하라고 이르고 숙소로 내려왔다.

    그런데 막 바지를 벗으려는데 우틀리에게서 전화가 왔다.

    "IV가 터졌구요, 피도 새어 나와 환자의 팔뚝에 거위알만 한 혹이 부풀어 올랐어요."

    다시 올라가보니 환자는 아프다고 야단인데 간호사는 멍청히 서 있기만 했다. 간호사가 IV를 체크하러 갔다가 잘못 건드린 게 분명했다. 환자는 다시는 내게 주사를 맞지 않겠다고 푸념을 늘어놓으며 상대도 하지 않았다. 모든 게 간호사 우틀리의 잘못인데도 나 혼자서 뒤집어쓰고만 것이다.

    제기랄! 조심성 없는 간호사는 이처럼 의사를 곤경에 빠뜨린다. 유능한 간호사들은 의사의 손과 발이 되어 주지만 그렇지 못한 간호사는 사람을 은근히 말려 죽이는 것이다.

Intern X

별은 어디서 떠오르는가?

8월 13일(토)

혈압이 한 때 280까지 올라갔던 하티 스티븐스는 얼마나 오래 지속될지는 모르지만―얼마 못 갈 것은 뻔한 일이다―좌우간 새로운 약 덕분에 다소 떨어지고 있다.

한편 그 심장병환자는 병실에서 술을 구하려고 안달이었는데 면회시간이면 뒷주머니에 술병을 감추고 고양이처럼 슬슬 눈치를 살피며 그를 찾아오는 면회자들을 만나러 가곤 했다. 플랭클린 선생은 단호하게 '면회사절'을 지시하고선 씩 웃으며 말했다.

"이것이 그를 병원에서 몰아낼 가장 확실한 방법이지."

젊고 침착하며 매사에 분명한 플랭클린 선생은 결국 그에게 죽음과 도박하게 만들 것 같다.

나는 스티븐스에게 주고 있는 새 혈압강하제에 대해 플랭클린 선생에게 몇 가지 물어 보았다. 만일 그녀의 혈압이 정상으로 내려가지 않으면 3개월을 넘기지 못할 것이기 때문이었다. 그는 담담하게 그러나 단호히 말했다.

"나는 약을 그렇게 믿지 않아요. 내 처방의 95% 정도는 10가지 안팎으로 다 해내고 있소. 그것들은 모두 약효가 인정된, 믿을 수 있는 약들이지. 그런데 어떤 의사들은 약을 무슨 여의주쯤으로 착각하고 환자들에게 아무 약이나 듬뿍 안겨준단 말이요. 그게 바로 외과의사들이 우리 내과를 공박하는 무기인데 십중팔구 그 말이 옳아요."

목요일 아침 회진 후에 루스티를 보러 갔다. 여전히 혼수상태. 회복될 기미는 전혀 없었다. 아직도 발로 차는 등 요동을 쳤으나 그렇다고 호전될 가능성은 보이지 않았다.

저녁때쯤 루스티의 특별간호사가 IV 꽂은 부위가 출혈하고 있다고 연락해왔다. 컷다운한 상처부위에서 새어나온 피는 탄력붕대를 다 적시고 그 위로 넘치고 있었다. 스미더스 선생은 소년을 좀 진정시키는 게 좋겠다고 하며 클로랄하이드레이트를 처방했다. 그러나 이미 정강이의 근육은 제구실을 못하고 있었다.

낮에는 소년의 어머니가 아들을 일으켜 세우려고 하며 울고 있는 것을 보았다. 그때 나는 간호사실에서 차트를 작성하고 있었는데 특별간호사에게 가서 말리라고 했더니 간호사는 오히려 눈물을 글썽이며 말했다.

"오늘 루스티 어머니의 생일이래요. 어머니는 오늘 루스티가 일어나 생일축하라도 해줄 걸로 믿고 있어요. 루스티가 불쌍하잖아요? 스미더스 선생이 루스티가 바이러스를 이겨낸다 해도 심한 간경변증을 갖게 될 것이라고 다 말해줬어요. 또 뇌출혈로 인해 식물인간이 될지도 모른다고 했지만 부모들은 그 말을 믿질 않아요. 너무 애처로워서 못 보겠어요……."

 루스티의 어머니는 루스티가 깨어나기만 하면 곧 건강이 회복되고 금방이라도 침대를 박차고 일어나 농구코트를 누비며 다시 우승이라도 해올 것이라고 믿고 있는 것이다. 아버지도 마찬가지여서 현실로부터 점점 멀어져가는 환상 속에 빠져 있었다. 그는 자기 아들이 금방 회복될 수 있으리라고 확신하고 있었다. 무슨 까닭인지 요즘은 날 보면 빙그레 웃으며 농담까지 했다.

 "좀 웃고 지냅시다!"

 목요일 밤 9시 30분쯤이었다. 루스티는 갑자기 분비물이 많아지고 가래 끓는 소리가 나기 시작했다. 나는 급히 흡입기를 가져오도록 지시하고 가슴을 청진했다. 비교적 맑게 들렸으나 잠시 후 호흡이 다시 거칠어져서 흡입기를 대주자 검붉은 피가 섞인 점액이 나왔다. 빨아내면 낼수록 더욱 그르렁거리며 괴로워할 뿐이었다. 튜브가 오히려 폐출혈이나 그밖의 부작용을 일으킬까봐 염려도 됐으나 만일 빨아내지 않으면 질식으로 더 빨리 죽을지도 모른다는 생각이 들어 튜브의 사용을 계속했다. 콧구멍을 통해 흡입기를 기관시에 십입하여 출혈한 피를 빨아냈더니 좀 깨끗해졌고 잠시 후엔 조용해졌다.

 루스티의 어머니는 계속 정신 나간 사람처럼 울부짖고 있었다. 간호사들이 그들 부부를 차트룸으로 데리고 가 커피를 주며 달랬으나 그들에게 말이 들릴 리가 만무하였다.

 "루스티, 일어나 이 녀석아. 너는 살아야 해!"

 어머니의 목소리는 병실 안까지 들려와 산산이 부서지고 있었다. 문득 나는 루스티가 어머니의 간절한 절규를 듣고 있을지도 모른다는 생각이 들었다. 아무도 모르게 비정한 사신(死神)과 싸우며 가슴을 쥐어뜯고 있을지도 모른다. 어머니보다 더 고통스럽게 그 사신과 맞부딪쳐 싸우고 있을 것이다. 그렇다. 루스티, 너는 살아야 한다. 살아서 어머니의 저 절규가 결코 헛되지 않도록 해야 한다. 어머니의 울음소리가 내 가슴에 다가와 비수로 찌르듯 아프게 했다.

소년과 함께 1시간쯤 매달려 있는데 카레이 선생이 들어왔고, 그때 마침 소년의 호흡이 간헐적으로 중단되면서 심한 호흡곤란상태로 빠져들어갔다. 우리는 베네트 밸브(Benette Valve ; 인공호흡기의 일종)를 사용하여 루스티의 호흡을 지속시키려 했지만 그것은 사실 하나의 미봉책에 지나지 않았다. 길어도 단지 몇 시간의 생명을 연장시킬 수 있을 뿐이다. 루스티는 이미 스스로는 전혀 숨을 쉴 수가 없어 옆에서 숨쉴 때마다 밸브를 자극시켜줘야만 했다. 간호사는 루스티가 어머니 생일날만은 넘겨야 한다고 울먹였다.

호흡이 약간 좋아지는 것 같아서 카레이 선생과 나는 잠시 휴식을 위해 밸브를 간호사에게 맡기고 로비로 나왔다. 부모들은 둘 다 어찌할 바를 몰라 안절부절이었다. 아버지는 그래도 냉정을 잃지 않으려는 듯 힘없이 말했다.

"만사가 잘될 거라 믿어요. 선생님들이 우리 루스티를 죽게 내버려두지 않을 거라 굳게 믿고 있습니다."

그는 울고 있었다. 분노와 허무와 절망으로 얼룩진 눈물이 얼굴 가득 흘러내렸다. 어떻게 그의 무너지는 마음을 헤아려 짐작할 수 있을 것인가? 그때였다. 갑자기 병실 안에서 '아!' 하는 탄성과 함께 우리를 부르는 간호사의 목소리기 들려왔다.

"카레이 선생님! 루스티가 눈을 떴어요. 뭔가 말을 하려고 해요!"

나는 온몸에 소름이 끼쳐오는 전율을 느끼며 병실로 뛰어 들어갔다.

카레이 선생도 너무 흥분한 나머지 얼굴이 백지장처럼 변해 있었다. 루스티의 부모들은 거의 정신이 나간 채로 "루스티, 루스티!" 하며 따라 들어왔다. 모두가 걱정에 떨고 있었다. 간호사가 침대 끝에 서서 루스티를 부르며 울고 있었다.

루스티의 얼굴은 참으로 평온해 보였다. 그 숱한 병마의 고통을 다 떨쳐버린 듯 엷은 미소까지 띤 채 그윽한 표정으로 어머니를 바라다보았다. 뭔가 말하고 싶은 눈치였다. 어머니는 루스티의 얼굴을 어루만지며 울지도 못했다.

루스티는 뭔가 혼신의 힘을 다하여 말하려고 했다. 나는 간호사에게 베네트 밸브를 좀더 세게 작동시키라고 이르고 스미더스 선생에게 연락해야 되지 않겠느냐고 카레이 선생에게 물었다. 그러나 그는 얼굴이 굳어진 채로 묵묵부답이었다.

바로 그 순간이었다.

우리는 분명히 들을 수 있었다. 아주 작은 목소리였지만 화살처럼 날아와 우리들 가슴에 와 꽂히는 말.

"해피…… 버스… 데이…… 투… 유… 마… 더……"

아! 루스티. 그는 루스티였다. 웃고 있는 루스티였다. 처음엔 어머니 자신도 무슨 말인지 몰라 어리둥절하다가 자기 아들의 목소리인 걸 알고는 다시 루스티를 부르며 울부짖었다. 루스티, 루스티가 살아난 걸까? 냉혹한 질병, 다 떨쳐버린 걸까?

그러나 그로부터 30여 분 동안 혈압은 자꾸 떨어지고 다시 루스티는 깊은 혼수상태에 빠져 들어갔다. 잠시 후 혈압마저 잴 수 없게 되고 맥박도 잡히지 않았다. 그리곤 이내 엷은 미소 그대로 숨을 거두었다. 열일곱의 소년 루스티가 이렇게 간 것이다. 새벽 12시 20분이었다.

"죄송합니다."

카레이 선생이 조용히 말하자 아버지는 애써 태연한 체하면서 멍하니 벽을 바라보고만 있었다. 어느새 두 뺨엔 눈물이 흐르고 있었다. 어머니는 복도로 뛰쳐나가 가슴을 치며 울부짖었다.
"루스티, 루스티! 대답을 좀 해봐, 이 녀석아! 루스티……."
간호사도, 카레이 선생도 눈물을 훔치고 있었다. 나도 온몸에 힘이 쭉 빠지며 흐르는 눈물을 주체할 수가 없었다. 부서지고 부서지는 가슴, 가슴들…….
건강하고 명랑했으며 총명했던 루스티가 열일곱의 꿈 많은 나이에 죽었다. 이 어린 소년에게 죽음의 의미는 과연 무엇이란 말인가? 신은 까닭 없이 인간을 시험하진 않는다는데 이 소년에 대한 죽음의 시험이 그 부모에게는 또 무슨 의미가 있는가? 이것은 신의 횡포다. 잔인하고 가혹한 일, 무경우, 무례, 야비한 신의 장난이다.
숱한 인간들이 이렇게 순순히 죽어가고 있다. 별처럼 많은 사람들이 그렇게 말없이 사라져간다. 남은 사람들의 안타까움도, 가슴 찢어지는 아픔도, 목이 터지는 통곡도 그리고 애절한 몸부림도 다 뒤로 한 채 어디로 그렇게 의미 없이 사라지는가? 밤이 되면 죽어간 사람들은 별처럼 그렇게 떠오른 것일까? 아스라히 먼 하늘 저편에 영원한 무(無)의 덧없음으로 산화해버리는 것인가?
루스티, 루스티! 가혹스런 운명에 짓밟힌 작은 별이 된 그는 어느 하늘 아래서 반짝이며 떠오를 것인가?
아버지는 초점 잃은 눈으로 창밖을 내다보고 있었다. 어머니는 여전히 넋 나간 사람처럼 루스티를 부르며 서성거렸다. 카레이 선생과 나는 할 말이 없었다. 잠시 후 카레이 선생이 아버지에게 커피 한 잔을 권하자 그는 조용히 웃으며 말했다.
"선생님들은 잘 모르실 겁니다. 내가 얼마나 선생님들과 커피 한 잔

같이 하길 원했는지를…… 이젠 우리 애 때문에 선생님들과 입씨름할 수도 없게 됐군요."

그는 다시 흐르는 눈물을 닦았다.

"루스티는 훌륭했습니다. 그리고 부모님들이 보여주신 그 자상했던 사랑, 참으로 감동적이었습니다."

카레이 선생은 조심스럽게 이런 말을 하며 그를 힐끗 쳐다보더니 다시 말문을 열었다.

"이해해주실지 몰라 말씀드리기 곤란합니다만 루스티의 시체를 부검할 수 있도록 허락해주셨으면 합니다."

사실 이런 말은 너무도 비정한 짓이다. 더구나 루스티의 부모에게는 잔인하기까지 한 제안이었다. 그러나 결과는 놀랍게도 OK였다. 어머니는 루스티 자신이 누구보다 그걸 원할 것이라고 말했다. 그리고 나서 아버지는 이젠 정신을 가다듬고 집에 가서 잠을 자야겠다며 수면제를 부탁했다. 그는 마지막으로,

"우리 루스티 같은 아이가 두 번 다시 나오지 않도록 하루 빨리 좋은 약이 나올 수 있기를 바랍니다."

라고 말했다.

이 날이 바로 소년이 입원한 지 꼭 10일째 되는 날이었다. 소년은 자기 어머니 생일날에서 20분이 지난 그 다음날 죽은 것이다. 그리고 내겐 두 번째의 별을 달게 해주고 떠났다. 인턴생활 한 달 반도 못 돼서 벌써 투스타라니 진급이 너무 빠른 게 아닌가 하는 생각이 들었다.

루스티의 아버지가 마지막으로 남긴 한마디는 오랫동안 지워지지 않은 채 내 가슴 속에서 파문을 일으켰다. 그 말은 우리에게 해줄 수 있는 그 어떤 말보다도 소중한 한마디였다.

소년이 입원하던 첫날, 키더 선생은 소년을 함께 진찰했던 피터슨 박

사나 스미더스 선생보다 덜 비관적인 소견을 갖고 있었던 것은 아니다. 그러나 피티슨 박사나 스미더스 선생이 한결같이

"우리가 해줄 수 있는 일은 많지 않습니다. 그는 아마 며칠 넘기지 못할 겁니다."

라고 말하는 대신,

"좋습니다. 만일 우리가 루스티 군을 2주일 동안만 살릴 수 있다면 우리는 그를 영원히 살릴 수 있다는 것을 잊지 마십시오."

라고 말했다.

물론 우리는 애초부터 소년을 2주 동안 살릴 수는 없었다. 키더 선생도 처음부터 그걸 잘 알고 있었다. 그의 말대로 만일 우리가 그렇게만 할 수 있었다면 그는 살았을지도 모른다. 프레드 키더 선생은 최소한 부모로부터 희망까지 앗아가지는 않았던 것이다.

사실, 따지고 보면 우리는 모두가 예외 없이 시한부 인생인 것이다. 40년, 50년, 70년밖에 더 못 산다는 것은 자명한데도 40년, 50년, 아니 천년만년 영원히 살 수 있을 것처럼 생각함으로써 아무 동요 없이 삶을 지속시킬 수가 있다. 수시로 절망적인 사태와 부딪쳐야만 하는 의사에게 희망을 갖고 또 줄 수 있는 기술이야말로 의술 이상으로 위대한 것이다. 키더 선생과 루스티의 아버지가 남긴 말들은 하나같이 감동적인 것이었다.

Intern X

의사의 실수

8월 18일(목)

월요일은 늘 무슨 특별한 이유 없이 기분이 좋지 않은 날이다. 다시 일을 시작해야 한다는 두려움을 갖게 되고 지난주의 피로가 완전히 풀리지 않은 상태에서 일해야 되기 때문인 것 같다.

월요일 10시쯤 프레드 키더 선생으로부터 전화가 왔다. 그는 울혈성 심부전과 오랜 천식을 가진 환자의 진찰을 부탁했다. 제리 다이크만이라는 노인으로 간호사는 그가 거품을 물고 거의 질식 상태에 빠져 있으며 심한 호흡곤란이 있는 등 중환으로 보인다고 말했다.

카레이 선생과 나는 환자의 상태로 보아 우선 몰핀으로 안정시켜야 되겠다고 판단하고 간호사에게 피하주사를 놓도록 지시했다. 그러나 몰핀주사 후에도 환자의 상태는 더욱 나빠질 뿐이었다. 작은 키에 대머리인 그는 흡사 간디를 연상케 하는 노인이었는데 숨을 할딱거리지는 않았으나 가슴에서는 그르렁거리는 소리가 들렸고 얼굴은 거의 잿빛이 되어 있었다.

가슴을 청진해보니 폐에 물이 차 있는 것 같았으나 카레이 선생은 자신 있게 천식이라고 말했다. 우리가 이처럼 진단 결과에 대해 토론하고 있는 동안 노인은 갑자기 숨을 멈춰버렸다. 아니, 죽어버린 걸까? 바로 옆에는 산소마스크가 준비되어 있었는데 우리가 그를 흔들자 숨을 두어 번 몰아쉬고는 다시 조용해졌다. 우리는 크게 당황했다. 그러나 곧바로 우리가 이 노인에게 무슨 짓을 했는가를 깨달을 수 있었다.

우리는 심부전증이 있는 줄 알고 몰핀을 주사했는데 그는 천식으로 인한 폐쇄성기관지염으로 심부전 따위는 문제도 되지 않았던 것이며 몰핀주사로 그나마 남아 있던 연약한 호흡반사마저도 완전히 망가뜨려 놓았던 것이다. 우리는 부주의와 실수로 생사람을 죽게 만든 셈이다. 카레이 선생은 새파랗게 질려 환자의 얼굴에 허둥지둥 산소마스크를 씌우고 인공호흡을 시켰다.

키더 선생은 나의 연락을 받자마자 무슨 일이 벌어졌는지 다 알겠다는 듯,

"맙소사! 당신들 사람 죽이려고 작당을 했군. 내가 거기 갈 때까지 환자를 숨쉬도록만 해놔!"

하며 곧장 뛰어왔다.

그는 우리는 거들떠보지도 않고 환자를 진찰해보더니,

"몰핀 기운이 다 떨어질 때까지 계속 호흡시키도록 하시오."

하며 베네트 밸브 사용을 지시했다.

우리는 제리 다이크만 노인의 산소마스크를 밸브에 연결시켜 호흡을 자극시켰다. 꼬박 3시간 동안을 4초마다 어김없이 밸브의 방아쇠를 당겨야 했는데 키더 선생은 그때까지도 화가 안 풀린 듯 우리를 노려보며

빈정댔다.

"당신들은 사람 살리는 의사가 아니라 생사람 잡는 선무당이야!"

그는 카레이 선생과 나를 꼴도 보기 싫다고 내쫓으며 대신 간호사에게 호흡을 시켜주라고 지시했다. 다이크만 노인은 아침 8시가 지나서야 겨우 혼자 호흡을 해낼 수 있게 되었는데 키더 선생은 병실을 나서면서 다시 빈정대는 투로 말했다.

"이 친구들아, 몰핀 너무 좋아하다가 신세 망친다구! 알겠어?"

그가 아니었으면, 그리고 베네트 밸브가 아니었으면 제리 다이크만 노인은 아마 저세상 사람이 돼버렸을 것이다. 우리의 실수는 경솔, 그 이상이었다. 그리고 그것은 결코 저질러서는 안 되지만, 까딱하면 흔하게 벌어질 수 있는 실수이기도 했다. 그리고 내게는, 생명을 다루는 의사에게는 아무리 작은 실수라도 결코 용납될 수 없다는 뼈아픈 교훈을 남겨주었다.

피터 카레이 선생이 2주 동안 신혼여행을 떠나는 바람에 제2내과의 수석(치프) 레지던트인 밀트 무서 선생과 함께 병실을 돌보게 되었다.

그는 큰 키에 깡마른 체구, 부리부리한 눈매와 낮은 코를 가진 사람으로 아주 느릿느릿한 말투로 쉴 새 없이 다른 의사들을 흉보다가도 막상 당사자가 나타나면 반가운 척 이름을 부르며 악수를 청하는 이중인격자다. 카레이 선생과는 그간 멋진 팀워크를 이뤄왔는데 무서 선생과는 어떨지 모르겠다.

오후 늦게 밤 간호감독인 미카엘슨 양으로부터 연락이 와서 외래일 반의인 호머 존슨 선생의 환자 하나를 보게 됐다. 일주일 전쯤 심장발작을 일으켰던 우드러프라는 여자로 오늘 저녁에 가슴 통증을 호소하며 호흡곤란이 나타났다는 것이다. 그녀는 소위 신앙의 힘으로 병을 고친다는 기독교 정신요법 신자였다.

주사를 거부하며 진통제 데메롤이 경구 처방되어 있는 그녀는 검사를 위한 주사마저도 완강히 거부하였다. 몇 마디 설득해보려 했지만 만사는 천지를 창조, 지배하시는 신의 뜻대로 될 뿐이고 인간은 오직 그 뜻을 따를 뿐이라며 오히려 나를 설득하려 들었다. 나는 만사가 신의 뜻이라면 이 주사 또한 신의 뜻에 따라 만들어진 것이 아니냐고 했더니 그게 인간이 만든거지 어떻게 신의 뜻이냐는 식의 강변을 늘어놓으며 흥분하는 바람에 알겠다며 진정을 시켰다.

젠장! 만사가 신의 뜻이라더니 그 '만사'에도 예외가 있는 모양이다. 신의 뜻을 아전인수 격으로만 받아들이는 탈선 신앙인의 한 표본이 아닌가 여겨졌다. 병실을 나와서 그녀의 경과기록 노트를 봤더니 '심술궂고 무례하며 불쾌한 성격의 소유자'라고 써 있었다.

그녀는 통증이 있었다는 병력조차도 인정하려들지 않았으나 통증과 호흡곤란이 있었다는 사실은 분명했다. 나는 곧 산소텐트를 씌워주도록 지시한 후 맥박을 재보았는데 1분에 무려 220회나 돼서 깜짝 놀랐다. 심장병환자에게는 이런 증상은 매우 위험한 것이다. 간호사가 산소텐트를 장치하는 동안 다시 심전도를 찍었는데 그것은 심한 심장병의 상태를 그대로 보여주고 있었다. 심장근육의 대부분이 망가져 있고 심장벽은 손상되어 극히 약해진 상태였다.

밀트 무서 선생은 이렇게 맥박이 빠른 이유가 흥분하기 쉬운, 손상받은 심실 때문인지 아니면 심한 심부전증을 나타내는 것인지 잘 알 수가 없다고 말했다. 우리는 자세한 원인을 규명하기 위해 내과교과서와 스튜아트의 '심장치료(Cardiac Therapy)'란 책을 뒤져보았으나 만족할 만한 해답을 찾지 못했다. 무서 선생은 환자에게 디지탈리스가 필요한 걸 인정은 하겠으나 며칠 동안 계속 퀴니딘(부정맥 치료제)을 복용한 상태에서 디지탈리스의 추가가 심장에 부담을 줄 우려가 있을지 모른다고 말했다.

"쓸데없는 짓이오, 그건. 그 영감은 아마 심부전증이 뭔지조차 모를 거요. 게다가 치료법은 더욱 깜깜할 테지. 무조건 예스, 예스 할 게 뻔합니다."

할 수 없이 플랭클린 선생에게 연락했더니 그는 디지탈리스 용량의 1/2을 정맥주사 하라고 말하며 주사 후 다시 연락하라고 했다. 그때까지 그 여자가 죽지 않고 살아 있는 것은 천운이었다. 환자도 이번에는 바늘을 거부하지 않았다. 방금 신께서 변의하신건가? 플랭클린 선생에게 다시 전화를 했더니 매시간 맥박을 체크하고 새벽 2시와 아침 8시에도 계속 그런 상태면 다시 주사하라고 말했다.

나는 그녀가 어떻게 될 것인지 짐작도 할 수 없었다. 맥박을 잴 때마다 점점 더 나빠지는 것 같았다. 새벽 2시에 올라가 두 번째 디지탈리스를 주사할 때 맥박은 겨우 160으로 떨어졌으나 혈압은 여전히 잡히지 않고 있었다. 얼굴은 창백하고 온갖 처치에도 무반응이라 이 여자가 결국은 죽는 게 아닌가 여겨졌다. 존슨 선생에게 연락할까 생각도 해봤으나 그런 얼간이한테 말해볼 수는 없는 일이었다.

다음날 아침 그 여자는 놀랍게도 그때까지 살아 있었다. 할렐루야! 신은 위대하시도다! 새벽 2시 이후 72회로 떨어진 맥박은 지금까지는 별다른 이상 없이 느리지만 강하게 쿵쿵거리며 잘 박동하고 있다. 고무줄처럼 질긴 목숨.

심장병은 더 이상 확대되지 않았다. 나는 우리가 너무 부작용을 우려한 나머지 디지탈리스 치료를 지체한 것이 아닌가 생각해봤다. 더구나 그 약을 사용하지 않았더라면 곧바로 죽게 됐을지도 모른다는 사실을 미처 알지 못했다. 그러나 그런 여러 사실에도 불구하고 최소한 내가 심전도를 찍을 생각을 했고 결과가 성공적이며 3년차 레지던트가 해낼 수 있을 정도의 큰일을 해냈다는 데 대해 스스로 만족과 자부심을 느꼈다.

소경이 소경을 인도하는 격이 될지도 모르지만 화요일 아침 그 환자를 알렉 아이비에게 인계할 때에는 여간 섭섭하지 않았다.

수요일 오후에 진짜 골치 아픈 여자를 만났다. 우편물을 찾으러 휴게실을 내려갔을 때 어떤 여자가 입원수속실에서 입에 담지 못할 욕설을 퍼붓고 추태를 부리며 소란을 피우고 있는 걸 목격했다. 나는 얼핏 그 여자가 내 담당이 안 되었으면 했는데 그런 행운은 내게 없었다.

5분쯤 후 4층 간호사가 방금 들어온 플랭클린 선생의 난폭한 여자 신환을 봐달라고 호출했다. 영락없이 발목이 잡힌 꼴이다. 내가 병실에 올라갔을 때도 그녀는 역시 병실이 떠나가라 울고불고 야단을 피우며 닥치는 대로 물건을 집어던지고 난리법석이었다.

쉰 살이 좀 넘어 보이는 그녀는 몸에선 심한 악취를 풍겼고, 자기 남편이 자기를 얼마나 때려대는지 아느냐고 소리 지르며 만사가 다 엉터리라고 떠들었다. 이런 병에는 의사로서도 무슨 신통한 처방이 없다. 나는 그저 간호사가 그녀를 얼른 진정시켜주기만을 기다리다가 적어도 당장 죽지는 않을 거라는 가장 확실한 진단을 내리고 슬그머니 병실을 빠져나왔다.

그녀를 보낸 의사는 도날드 맥더프 선생으로 50여 년 전에 의사면허를 따 지금까지 의사노릇을 하고 있는 고리타분한 80세의 전문의로 이 여자가 항상 배가 아프다며 왕진을 청했고 그럴 때마다 술에 취해 있었다고 말했다.

"언젠가는 밤중에 배가 몹시 아프다며 왕진을 요청해서 허겁지겁 달려갔더니 아, 글쎄 이 여자가 침대로 가자고 날 유혹하잖아. 그래, 거절했더니 오히려 자기를 강간하려 했다고 10,000달러를 요구하는 거야. 그때 무죄판결을 내린 재판관에게도 마구 공갈을 쳐대는 바람에 그 친구도 학을 뗐지. 자네도 조심하라구!"

나는 곧 진정제로 15cc의 파라알데하이드를 처방했고 그녀는 목요일 아침까지 푹 잠을 잤다. 목요일 아침에는 좀 정신이 들었는지 1년 전부터 위궤양을 앓아왔다고 자세히 들려주며 위장을 도려내는 듯한 고통이 있을 때는 정신적으로 몹시 참기 어려운 지경에 빠지는 걸 스스로 느낀다고 말했다.

수요일 저녁에는 코라 베이커 부인이 찾아왔다. 그녀는 내가 인턴을 시작한 첫 주에 죽음의 문턱까지 갔던 스프루우(Sprue) 환자였다. 지금은 지난 1개월 동안 집에서 요양을 해온 결과 완전히 새사람이 돼 있었다. 체중이 30파운드나 늘어 건강하게 보였고 그녀 자신도 건강에 자신이 있다고 말할 정도였다. 퇴원할 때는 뼈만 앙상했는데 이젠 병색은 찾아볼 수조차 없고 탄력 있는 피부를 자랑하기까지 했다. 피터슨 박사의 진찰을 받고는 병실 안의 옛 친구들과 악수를 하면서 반가워했다. 오랜 질병에서 벗어난 건강인의 기쁨은 저렇게도 큰 것인가 보다.

수요일 밤 늦게 알렉 아이비 담당환자 하나가 혈압이 160에서 90까지 갑자기 떨어지고 쇼크 상태에 빠졌다고 연락이 왔다. 나는 이 환자가 장출혈이나 다른 무슨 출혈이 있겠거니 생각했다. 차트에는 만성백혈병의 징후가 있어 관찰 중이라고 되어 있었다. 대변엔 피가 섞여 나오고 혈색소가 8.7g이었으며 골수생검은 내일로 예정돼 있었는데 혈압은 바닥까지 떨어져 있었다. 숨만 쉴 뿐이지 아무 반응이 없는 식물인간이나 다름이 없었다. 그는 오른팔 정맥에 21게이지(보통 굵기)의 바늘로 포도당주사를 맞고 있었다.

나는 간호사실로 돌아가 차트를 훑어보며 잠시 망설였다. 혈압이 이렇게 떨어져 있고 수혈할 피까지 준비돼 있지만 만일 지금 수혈을 한다면 내일 예정의 골수생검을 망칠지도 모를 일이었다. 진단이 늦어지고 환자 상태가 악화되면 모두 나를 탓하게 될 것이다.

그런데 차트를 보면 볼수록 나는 점점 미궁 속으로 빠져들어가는 것 같았다. 왜냐하면 차트에는 혈압기록이 없었고 IV오더도 없었다. 그런데도 그의 팔뚝에 매달려 있는 IV는 무엇인가? 간호사들도 잘 모르겠다고 대답하고 있었다. 10여 분 동안 안개 속을 더듬듯 생각해봐도 도대체 알 수가 없는 일이었다. 이거, 내가 귀신에 홀리기라도 했단 말인가?

그때 마침 무서 선생이 나타났다. 나는 그에게 어찌 된 일이냐고 물었다. 그러나 그는 나보다 더 모르고 있었다. 알렉 아이비가 작성한 경과기록을 그와 내가 다시 훑어보다가 깜짝 놀라고 말았다. 환자는 '대머리에 늙고 땅딸막한 68세'가 아닌가? 하지만 내가 침대에서 본 남자는 '장발에 보통 체격의 뮬러 씨'가 아니었던가?

우리는 병실로 달려가 보았다.

병실에 불을 켜고 침대의 이름판을 확인해보니 그는 카스노우스키라고 적혀 있었다. 간호사가 뮬러 씨의 혈압을 잰다는 것이 엉뚱한 사람의 혈압을 잰 것이 분명했다. 바로 옆 침대의 커튼을 열자 그곳에는 '늙고 땅딸막한 68세의 대머리 뮬러 씨'가 하마처럼 코를 골고 있었다. 그의 혈압은 150에서 80—조금도 쇼크 상태를 보이지 않고 있었다.

그는 새벽 1시에 얼간이 같은 의사 두 명과 간호사가 벌겋게 상기돼 몰려와서는 단잠을 깨우고 알 수 없는 난리를 피우는 것에 대해 몹시 짜증을 내며 투덜거렸다. 카스노우스키의 혈압은 수축기가 90이었고 지난 2주 동안 아무런 변화 없이 그런 상태가 계속되고 있다는 것이었다.

이런 소동은 선잠을 깬 의사가 별 생각 없이 환자를 보다가 아연실색, 얼마나 아둔해질 수 있는지를 보여주는 좋은 본보기였다.

6 생명의 불꽃

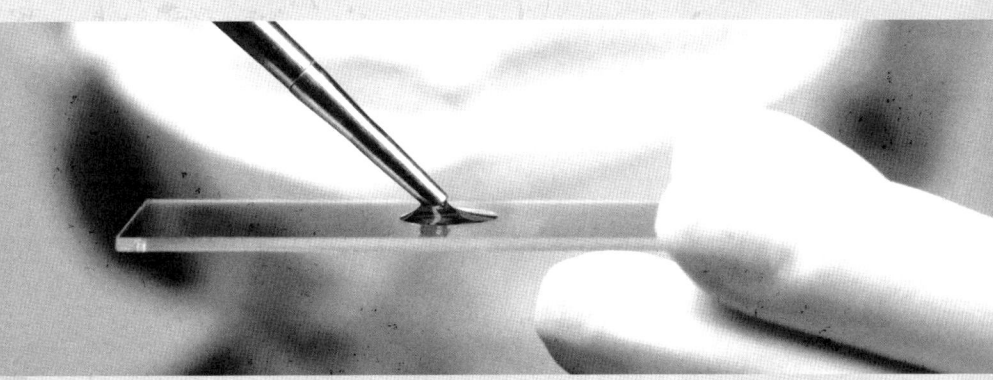

아무리 죽음의 늪에 빠져 가망이 없는 환자라 해도 의사는 최후의 순간까지 그에게 죽음 그것을 처방할 수는 없지 않을까? 의사는 신을 희롱할 수 없고, 결코 생을 포기해서는 안 되며 방관해서도 안 된다고 나는 믿는다. 그것은 배신인 것이다. 슬레터 박사가 신을 희롱했는지 아니면 신이 해야 할 참담한 작업을 대신했는지 정말 모르겠다. 이 모든 것을 오직 신만이 아시리라.

Intern X

생명의 불꽃

8월 19일(금)

    지방의 한 의사로부터 뇌종양이라는 진단을 받고 입원한 반혼수상태의 소년 하나가 있었다. 4주 전부터 오심과 구토 그리고 비정상적인 행동 등이 나타나 그 의사는 뇌종양의 일반적 증후로 보아 그렇게 진단을 내린 것 같았다.

    랜디 브록 선생과 알렉 아이비는 그 소년을 초진하고 '긴장형 정신분열증'이라는 그럴듯한 병명을 붙여놨다. 소년의 척수천자를 하면서 나 역시 그가 정신분열증 환자 같은 이상한 행동을 하는 것을 볼 수 있었다. 침대에 반듯이 누워서 초점 잃은 눈으로 천장만을 바라보고 있었고 말을 걸어봐도 대답이라곤 겨우 힘없이 '예, 아니오'라고 말할 뿐이었다.

    척수액의 압력이 정상인 걸 보면 뇌종양은 분명 아니고, 소년의 어머니를 보고 정신분열증이 확실하다는 걸 짐작할 수 있었다. 2명의 형제가 이미 정신병환자이고 누이 하나는 수 년 전에 수녀원으로 들어가버렸다는 것이다. 어머니의 학대가 오죽했으면 그러랴 하는 생각이 들자 이 여자야말로 악마라는 생각이 들었다.

8월 22일(월)

일요일 저녁 8시쯤 47세의 잭 켈리라는 피터슨 박사의 환자가 입원했다. 퍽 호감이 가는 용모로 입원시 초진단은 관상동맥질환이었다. 지난 한 달 동안 식사 후 가끔 가슴에 통증을 느꼈고 입원하기 전날엔 두 차례나 심한 발작을 일으켰었다고 한다.

피터슨 박사는 몰핀과 산소텐트를 지시하면서, 켈리 씨가 확실히 관상동맥질환인지 아닌지를 말할 수는 없지만 일반적으로 보이는 관상동맥질환의 병력이 아닌 것은 확실하다고 말했다. 또 그는 일단 관상동맥질환으로 보고 월요일에는 다시 심전도를 찍고 변화를 지켜보자고 했다. 그 사이 환자의 통증은 몰핀 효과 때문인지 말끔히 사라지고 별일 없어 보였다.

밤 10시에 식당으로 내려가 앤을 만나 점심식사 때 팔다 남은 것이 분명한 샌드위치를 씹었다. 제기랄! 이젠 샌드위치에 신물이 난다. 먹었다기보다 우겨 넣어 겨우 식사를 끝냈다.

11시에 앤은 집으로 돌아가고 나는 숙소로 내려갔다. 그리고는 1시간쯤 후 전화연락이 왔는데 잭 켈리가 죽었다는 것이다. 내가 병실로 올라갔을 때는 이미 밀트 무서 선생이 사망을 확인한 뒤였다. 그도 무슨 영문인지 도무지 모르겠다고 중얼거렸다. 산소탱크를 교환해주려고 병실에 들어가 보니 벌써 죽어 있더라는 것이다. 불과 1시간 전만 해도 비길 데 없이 행복해 보이고 왜 병원에 있는지조차 의아스럽던 사람이 죽다니?

새벽 2시 15분 병리레지던트와 함께 부검을 한 결과 역시 관상동맥에 이상이 있었다. 심장을 열기도 전에 관상동맥은 석회화되어 조그만 파이프처럼 만져졌다. 이것이 바로 전형적인 관상동맥질환의 증상 없이 발작이 일어난 환자가 첫 발작으로 인해 사망한 특이한 예다. 이런 경우는 관상동맥질환의 환자 중 겨우 3.5%에 불과한 희귀한 케이스인 것이다.

8월 24일(수)

화요일 아침 7시 30분에 브롬버그가 사망했다. 길고 험한 생사의 바다에서 정처 없이 표류하다가 결국은 침몰하고 만 브롬버그는 말기 암 환자가 어떻게 죽어가는가를 그대로 보여주는 처절한 표본이었다. 나는 브롬버그의 죽음을 보고 왜 의사들이 한사코 암을 싫어하는지를 어느 정도 이해하게 되었다.

47세의 중년 부인인 브롬버그는 직장암이었다. 슬레터 박사가 8개월 전에 절제해버리려다가 수술이 불가능하여 소장폐쇄부분만 제거하고 그냥 닫아버린 병력을 갖고 있었다. 그것이 1개월 반 전에 간으로 옮겨와 황달증상이 나타났고 최근엔 직장에 견디기 힘든 통증이 생겨 다시 입원하게 된 것이다.

그러나 몰핀을 아무리 다량으로 투여해도 통증은 더 이상 가라앉지 않았다. 결국 칼 코넬 박사는 하부척추의 신경지각 신경을 없애버리려는 일종의 영구척추마취 수술을 했다. 그러나 그 수술 결과로 통증은 없어졌으나 예상치 못한 다른 증상이 나타나기 시작했다.

첫째로 심한 구역질과 구토를 보였는데 우리는 그것들을 없애줄 아무런 방도를 찾지 못했다. 그녀는 너무도 허약해진 나머지 앉아 있는 것마저도 힘들어했다. 간호사들이 잠깐씩 일으켜 세워 의자에 앉도록 해줘도 곧 지쳐서 제풀에 쓰러지곤 했다. 내가 한 일주일 정도 못 보다가 그녀를 만났을 때는 그 사이의 변화에 놀랄 정도였다. 서서히 죽어가는 모습이 눈에 확연했다. 죽어가는 모습을 옆에서 지켜본다는 것보다 더 큰 고통은 없다. 죽음의 그림자에 조금씩 조금씩 시들어가는 한 인간의 생명을 지켜보면서 어떻게 삶에 대한 우아한 꿈을 간직할 수 있을 것인가?

게다가 브롬버그는 설사를 했다. 처음에는 하루 4~5회 정도에서 나중에는 15회씩이나 설사를 했지만 그것을 멈추게 할 뾰족한 대책이 우리에겐 없었다. 파레고릭도, 아편팅크도 아무 쓸모가 없었다. 그녀의 몸에서는 약 냄새가 끊이질 않았고 온종일 그 맛이 남게 되어 구역질 증세만 오히려 심해졌다.

설상가상으로 욕창(褥瘡)까지 발생해서 등이 빠른 속도로 썩어 들어가기 시작했다. 나는 이미 간호사들에게 그 점을 환기시키고 각별한 간호를 지시했으나 그와 같이 심한 설사에는 속수무책이었다. 화농성의 욕창은 그녀가 죽음의 길을 달려가듯 빠르게 그리고 치명적으로 퍼져 나가고 있었다.

항상 링거를 맞아야 했고 황달은 점점 심해져 갔으며 간기능마저도 제로에 가까워져서 이제 생명을 더 이상 연장할 방법이 없었다. 그녀는 마지막 생명의 불꽃을 마치 곡예사처럼 순간순간 아슬아슬하게 이어가고 있었다. 금방 꺼질듯 하다가도 간신히 되살아나는 연약한 생명의 불꽃, 여인은 끈질기게 죽음을 거부하며 버티고 또 버티었다.

그러나 마침내 올 것은 오고야 말했다. 간부전증으로 혼수상태에 빠진 채 설탕물과 소금물뿐인 링거주사로 목숨을 이어 나갔다. 결코 살아 있다고 할 수 없으면서도 죽은 것이 아닌 참담한 미로(迷路)에 빠져버린 것이다.

이렇게 되자 슬레터 박사는 놀랍게도 링거를 끊어버리라는 오더를 내렸다. 그것이 다였다. 이틀 후, 브롬버그는 숨을 거두었다. 생명의 불꽃은 영원히 꺼져버린 것이다. 만일 링거를 계속했더라면 얼만큼 더 생명을 연장할 수 있었을까? 아무도 단언할 수는 없지만 아마 일주일, 또는 2~3주가 고작이었을 것이다.

이러한 일을 현장에서 지켜본다는 것은 괴로운 일이 아닐 수 없었다. 그 당시 나는 슬레터 박사의 지시에 충격과도 같은 심한 갈등을 느꼈다. 아무리 죽음의 늪에 빠져 가망이 없는 환자라 해도 의사는 최후의 순간까지 그에게 죽음 그것을 처방할 수는 없지 않을까? 의사는 신을 희롱할 수 없고, 결코 생을 포기해서는 안 되며 방관해서도 안 된다고 나는 믿는다. 그것은 배신인 것이다.

그러나 나는 이번 일을 겪고 나서 크게 깨달았다. 안락사를 최악이라고 반대하는 사람들에게 브롬버그와 같은 환자를 특별 간호하는 영광을 누리게 하다면 이미 산송장이나 다름없는 환자를 며칠 더 살 수 있게 하는 것이 과연 축복받을 일인지, 그렇게 정당화될 수 있을지 여부가 분명해질 것이라고 생각했다. 슬레터 박사가 신을 희롱했는지 아니면 신이 해야 할 참담한 작업을 대신했는지 정말 모르겠다. 이 모든 것을 오직 신만이 아시리라.

화요일 오후 입원한 하서웨이 부인도 통증을 호소하는 말기 암환자였다. 그녀는 유방에 각각 암이 있었고 한쪽 난소에도 또 다른 암이 있어 제거수술을 받았으나 재발하여 여러 뼈와 중간 척추뼈 하나가 완전히 파괴당했다.

그 파괴된 척추는 끊임없는 통증을 느끼게 했다. 방사선 치료로 진행을 늦추고 호르몬요법도 받고 있지만 통증은 없어지지 않았다. 더구나 지난 2월에는 관상동맥질환이 있다가 겨우 자연 치유되었다.

현재 하서웨이 부인에게 제일 큰 문제는 통증을 없애기 위해 척수절단수술을 해야 하느냐는 것인데, 데메롤에 중독돼 있고 통증을 없애보려고 심지어 코브라의 독까지 먹어보는 등 안 해본 것이 없다고 했다. 그녀는 조금만 잘못 움직여도 금방 송곳으로 찌르는 듯한 경련성통증이 왔기 때문에 그저 꼼짝 않고 누워서 통증이 올 때마다 가슴을 쥐어뜯으며 울부짖었다.

통증은 이제 그녀의 정신까지도 파괴시켜 매사에 자제력을 잃고 허둥대게 만들었다. 나는 코넬 박사가 척수절단수술을 주저하는 이유를 알 수가 없었다. 그녀는 너무 오랫동안 이 무서운 병과 처절히 싸워온 끝에 지치고 지친 나머지 마침내 정신마저 상실되어가는 삶의 방랑자가 되어 여기 와 있는 것이다.

대학 때 어느 교수가 자주 얘기했던, 사람이 자기 자신이 암에 걸렸을 때 흔히 보여주는 놀라운 투쟁의 정신력을 하서웨이는 보여줬으나 결국 그녀는 무릎을 꿇고만 것이다. 그 교수는 우리에게 이렇게 말했었다.

"이 세상에서 가장 무서운 일이 뭔지 아는가? 그것은 강인하던 인간의 정신력이 인내와 극기의 극한에 이르러 힘없이 꺾이고 마는 것을 바라보는 것이라네. 그것이 바로 인간의 침몰이지."

하서웨이는 잠시 통증이 사라지면 곧 명랑해지고 삶을 향한 강렬한 욕망으로 활활 타올랐으나 통증이 다시 시작되면 차라리 자기를 빨리 죽여 달라고 울부짖는 처절한 모습으로 변하여 보는 사람의 마음을 아프게 했다. 그녀의 눈과 입은 그녀의 생명이 이제 얼마 남지 않았음을 보여주고 있었다. 척수절단수술이 확실히 도움을 줄 수 있는데도 그녀를 괴로움에 떨게 놔두는 것은 차라리 고문과도 같은 횡포라고 나는 생각했다. 이 환자의 마약중독을 우려해서 투커만 박사와 밀트 무서 선생이 이 문제를 가지고 재미있는 토론을 벌였다. 투커만 박사는 통증중독(Pain Addicts)과 환희중독(Pleasure Addicts) 사이에는 흥미로운 차이가 있다고 말했다.

통증을 없애기 위해 몰핀에 중독되면 그 요구량은 점점 증가하게 된다. 즉 통증을 없애기 위해 1~2그레인씩 증가시켜감으로써 결국 통증중독자가 돼버리는 것이다. 그러나 척수절단수술 같은 방법으로 통증을 야기하는 병소를 제거하여 통증이 없어지면 그 통증중독자는 아무 어려움 없이 몰핀을 끊을 수 있고, 그뿐만 아니라 아무 금단증상도 나타나지 않는다.

반면에 괴로움으로부터 탈출하여 단지 기쁨을 얻기 위해 마약을 사용한 환희중독자는 마약을 끊을 경우 아주 무서운 생리적 금단증상에 빠지게 된다. 또 통증중독의 경우에는 그 기간이 전혀 문제되지 않는다는 것이다. 다시 말해 이들 통증중독자들은 수 개월 동안 몰핀을 사용했어도 통증만 제거되면 몰핀을 계속 사용하고 싶은 욕구도 사라지고 사용 중단에 따른 금단증상도 없다.

(그 당시엔 나도 이 말이 옳은 것 같았는데 현재는 의심을 갖고 있다. 하서웨이에게 마약 중단으로 심리적 동요는 없어졌을지 모르나 마약 중단에 기인한 생리적 반응으로 생각되는 심한 구토와 설사를 했었다.)

스미더스 선생과 회진하는 동안 다이안 랜톤의 간기능검사 결과를 보고 8월 11일 이후 특별한 변화가 없다는 사실을 알았다. 여전한 황달로,

겉으로는 좀 나아진 듯 보이기도 했지만 간은 조금도 좋아지지 않았다. 스미더스 선생은 랜톤의 병이 단지 천천히 조금 음성적으로 진행될 뿐이지 결국은 루스티 바네스가 갔던 길을 따라갈 것이라고 말했다.

막상 다이안 랜톤을 보면 정말로 이 소녀가 죽어가는 것일까 하는 생각이 들 정도로 믿을 수 없었지만 전망이 몹시 흐린 것만은 확실했다. 오늘까지 17일 동안 절대안정을 취하고 있지만 증상에 대한 호전의 조짐은 전혀 없었다. 만약 간경화증이어서 간조직이 망가져 있다면 결국 그녀는 간부전증의 종말까지 루스티가 그랬던 것처럼 부질없는 생명을 이어가야만 할 것이다.

이 시점에서 우리는 환자를 위해 뭐 특별히 해줄 일이 없기 때문에 그냥 집으로 돌려보내야 할 것 같다. 하지만 소녀의 어머니에게 이 아이가 보기와는 다르게 얼마나 중병인가를 설명한다는 것은 무엇보다 난처한 일이다. 의사인 나조차도 믿기 어려운데 그 어머니가 이런 엄청난 사실을 믿을 까닭이 없다.

앤드류 케이즈 박사의 4살 난 백혈병 환자 샤론 비블이 퇴원했다. 케이즈 박사는 그간 수혈과 코티손 등으로 샤론 비블을 밀가루 반죽하듯 다져놓았다. 박사에게 샤론 비블이 얼마나 살 수 있을지를 물었더니 잠시 망설이다가 이렇게 말했다.

"글쎄, 1개월? 2개월? 어떤 의사도 그건 단정할 수 없지. 그 꼬마는 지금 하느님의 품 안에 있는 셈이야. 그러니까 결정도 하느님만이 하실 일이지!"

요즘은 환자가 많이 줄어서 입원환자가 22명뿐이다. 어느 정도 차분하게 그들을 돌볼 수가 있는데 오늘은 신환 한 사람이 내게 '서두르면 반드시 실수를 저지르는 법' 이라는 쓰디쓴 교훈을 몸으로 체험하게 해주었다.

사이딩 씨인 이 신환은 고혈압 말기 환자로 심장과 신장이 이미 오래전에 녹초가 되어 있었다. 심부전상태에 심한 빈혈까지 겹친 그를 반 베르트 박사가 진찰하고는,

"58세의 이 남자에게 해줄 일은 단 두 가지뿐이오, 우선 빈혈을 치료해서 고혈압 치료의 길을 터놓는 것이고, 다음으로는 신기능이 더 망가지기 전에 혈압을 떨어뜨리는 일이오."

라고 말했다.

신기능검사 결과 그는 놀랄 정도로 심한 요독증(尿毒症) 상태였으나 최소한 심부전증상은 없었다. 겉보기에도 그리 나쁘진 않아 박사는 헤모글로빈치 상승을 위해 피 한 병을 수혈하고 생리식염수를 혈관주사하라고 지시하고는 집으로 돌아갔다.

나는 이 환자에게는 수혈이 빠를수록 좋으리라는 생각으로 피를 되도록 빨리 주사하라고 지시했는데 피가 3분의 1쯤 들어갔을 때 돌연 환자에게 심부전증상이 나타나 심장박동수가 120회로 급상승하고 숨을 몰아쉬며 중태에 빠져버렸다.

나는 정신을 가다듬고 이럴 경우 어떻게 치료를 해야 할지 곰곰이 생각해보았다. 산소를 주고, 몰핀을 주사하고, 다리와 팔에 토니켓을 묶어 심장의 부담을 덜어주며, 폐로부터 물을 제거하고, 원활한 호흡을 위해 아미노필린(기관지 확장제)을 주자는 생각들이 차례차례 떠올랐다.

그러나 반 베르트 선생으로부터 이 환자에게 오래된 기관지폐쇄질환이 있다고 들었기에 산소가 그의 호흡을 오히려 억제할까봐 산소는 주지 않는 게 좋겠다는 생각이 들었다. 또 제리 다이크만 노인이 생각이 나서 몰핀도 그만두었다. 결국 토니켓을 묶고 아미노필린만 주었는데

증세는 계속 악화되어 갈 뿐이었다. 그때까지도 나는 피를 너무 빨리 주사함으로써 환자를 심부전상태로 몰아넣었다는 생각은 꿈에도 하지 못했기 때문에 피주사를 계속했다.

나는 환자상태가 악화되어 당황하고 있는 간호사들 앞에서 결코 비참한 꼴을 보이기 싫어서 짐짓 자신이 있는 것처럼 만용을 부려야 하는 이중의 고통을 느끼며 쓸데없이 시간을 허비하고 있었다. 환자가 점점 잿빛이 되어가고 숨은 더욱 거칠어져 나는 결국 간호사에게 밀트 선생을 불러달라고 부탁했다. 그가 금방 뛰어 올라와서 환자를 보더니 기겁을 하며 외쳤다.

"이봐, 도대체 뭘 하고 있소? 생사람 잡으려고 당신 작심했소?"

그리고 그는 먼저 피주사를 중단시키고 이어 몰핀을 1/6그레인 처방했으며 다음으로 환자의 얼굴에 산소마스크를 씌웠다. 전부 내가 걱정하여 일부러 그만두었던 처치들이었다. 그는 허겁지겁 반 베르트 선생을 부르러 뛰어나갔다.

모든 일은 삽시간에 일어났다. 환자가 심부전증상을 보이고 난 후 밀트 선생이 나타나기까지 걸린 시간은 불과 20분. 나는 심부전이 이렇게 빨리 일어나는지 잘 모르고 있었다. 사이딩 씨는 심부전증상의 경계에까지 올라 있다가 피가 너무 빨리 들어간 것이 부담이 되어 쇼크를 일으킨 것이었다. 인간의 생명이 한 얼간이 의사의 어이없는 실수에 의해 너무도 쉽게 허물어질 수도 있다는 걸 보여주는 뼈아픈 교훈이었다.

밀트 무서 선생은 아주 넌더리가 난 듯 담배를 뻑뻑 빨아대며 핀잔하듯 물었다.

"이런 상태에서는 무엇보다 먼저 몰핀을 줘야하지 않겠소?"

"제리 다이크만 생각이 나서 몰핀처치를 안 했던 겁니다."

"제리 다이크만은 심부전증이 아니었잖소?"

"네, 저도 압니다. 하지만 처음엔 그를 심부전증으로 생각하지 않았습니까?"

"하기야 그게 바로 진단의 어려움이죠. 그런 문제 때문에 우리 의사들이 곧잘 골탕을 먹고 있지."

밀트 무서 선생은 날 위로하려는 듯 시무룩하게 너무 기죽지 말라고 말했다. 카레이 선생과 나는 처음부터 제리 다이크만 오진하고 있었지만 사이딩 씨의 경우는 진단에 그리 큰 어려움도 없었는데 이 같은 실수를 저지른 것이다.

30분쯤 후 반 베르트 선생이 도착했을 때는 환자의 호흡은 호전되었고 아직 중태이긴 했지만 회복단계에 들어서 있었다. 그는 환자를 한 번 더 훑어보더니 몰핀을 추가 처방했다. 그는 내 실수담을 듣고 나서 고개를 가로저으며 말했다.

"이런 상태의 환자가 심부전증에 빠지면 아미노필린은 솜방망이에 불과하지. 무기는 오로지 몰핀뿐이요. 그것도 충분히 줘야만 해요. 베네트 밸브로 인공호흡을 시키는 것도 잊지 말아야 하고……."

밤늦게 그의 다리에서 토니켓을 풀자 점차 회복이 되었다. 이제 또 울혈성심부전환자를 만나면 다시는 진료과오는 저지르지 않을 것 같다. 그리고 이같이 급한 환자에게는 어떤 조치든 빨리 실행하고 결과는 나중에 걱정하라는 교훈도 아울러 배웠다. 나의 실수로 인해 환자는 반 베르트 선생을 비롯한 많은 의사들의 관심을 끌게 됐고 특별 진료도 더 자주 받게 되었으니 몇 년의 수명을 더 연장할 수 있게 될지 누가 아는가?

4층으로 올라가보니 지난 토요일 밤에 어깨가 아프다는 이유로 입원했던 아이가 별 뚜렷한 증상 없이 아직도 병원에 있다는 것을 알고 매우 놀랐다. 이 여자아이는 아주 영리한데다가 흡사 인형과도 같은 푸른 눈에 금발 머리, 그리고 뽀얀 볼을 가진 예쁜 아이였다. 세 살배기 이 어린아이가 병원에 오게 된 까닭은 금방 밝혀졌다.

이 아이기 처음 우리 병원에 왔을 때 아이의 부모는 둘 다 몹시 취해 있었다. 그들은 딸을 병원에 입원시켜놓고서 사흘이 지나도록 상태가 어떤지 와서 보기는커녕 전화 한 통화 없었다. 오늘 이 시간까지 부모들은 코빼기도 보이지 않은 채 아이는 병원에 그냥 남아 있다. 차라리 애가 병신이거나 불치병에 걸려 있다면 이해라도 하겠지만 이렇게 귀엽고 사랑스러운 세 살짜리 아기를 병원에 내팽개치다니…… 병원의 모든 사람들은 이런 식으로 자기 자식을 버린 부모들의 처사를 책망이라도 하듯 아이를 각별히 아껴주었다.

나도 처음엔 아이크 아이삭 선생이 아이를 입원시킨 것에 대해 불만이었으나 이제 생각해보니 그가 이 어린 생명을 위해 얼마나 친절한 일을 했는지 새삼 깨달았다. 속담에 포악한 부모가 안락한 고아원보다 낫다는 말도 있지만 이 아이를 볼 때마다 가끔 이 말도 틀렸다는 생각이 든다.

의사들의 세계

8월 25일(목)

　이제 바쁜 때는 다 지나가지 않았나 할 정도로 최근 2주 동안 병원이 조용하다. 이것은 곧 다시 바빠지리라는 것을 암시하는 전조가 될지도 모른다. 투커만 박사와 길레스 선생이 휴가를 끝냈으므로 이제 환자들을 몰고 올 것이 틀림없는 일이다.

　그레이스톤 병원을 드나드는 의사의 면모는 참으로 다양하다.

　아이크 아이삭 선생은 2명의 똑똑한 젊은 의사를 고용하여 이 도시에 4개의 대규모 사무실을 개업하고 있는 토박이 GP(일반의)로 클리닉 의사들은 숙련된 전문의도 아닌 그를 달갑지 않게 생각하고 있다. 곧잘 수술방에까지 시가를 물고 나타나 다른 의사를 격분시키는 그는 유대인으로 그들 사회에서는 성공한 인물로 평가받으며 신처럼 군림하고 있었다. 하지만 이 사실에 대해 클리닉 의사들은 코웃음을 치면서 언젠가 한 번 버릇을 고쳐주겠다고 별러 묘한 대조를 이루었다.

클리닉 의사들은 아이크 아이삭 선생에 대한 병원측의 특혜를 철회하라고 압력을 넣었으나 병원측은 그가 환자를 많이 끌어오기 때문에 매번 못들은 척할 뿐이었다. 의학적 관점에서 그의 일부 진료행위는 확실히 비판받아 마땅했으나 인턴이나 레지던트들은 분만수술, 골절수술 같은 그가 할 모든 것을 대신 시켜주는 바람에 그를 좋아할 수밖에 없었다.

때때로 '아이삭이 폭군이 되어 적어도 전 시민을 4등분해서 차례로 그레이스톤 병원으로 입원시켜버리려 한다'는 이상한 풍문이 나올 정도였지만 당사자인 아이삭 선생은 그런 소리에 껄껄 웃기만 했다.

루이스 플랭클린 선생은 내가 그의 환자들을 잘 보살핀다고 여기는지 나를 각별히 지도해준다. 처음에 난 그가 연약하고 줏대도 없는 엉터리라고 생각했었다. 어떤 일에나 결정적인 말은 결코 하지 않았고 환자의 예후에 관해서도 늘 함구하기 때문에 겁쟁이라는 생각도 들었으나 가만히 생각해보면 그는 우리 의사들이 잃지 말아야 할 신중한 태도를 보여줬을 뿐이다.

해리 스미더스 선생은 내가 그의 환자들에게 소름끼치는 실수 몇 가지를 저질렀는데도 여전히 나를 신뢰하고 있는 것 같다. 그는 묵묵히 앉아서 심사숙고하는 그런 사람으로 인턴이 묻지 않는 한 이렇다 저렇다 군말 없이 그냥 일을 해치워버리는 차가운 면도 있다. 그런가 하면 갑자기 함정이 있는 질문을 던져 우리를 궁지에 빠뜨리곤 슬그머니 돌아앉아 씩 웃는 얄미운 버릇이 있다. 그러나 그것은 반 베르트 선생이나 키더 선생처럼 심술궂은 생각에서가 아니라 뭔가 더 깊이 알 수 있도록 하기 위한 방법이라는 데서 존경의 마음을 갖게 한다.

클리닉 의사들 중 제일 매력 있는 사람은 아마 오빌 피터슨 박사일 것이다. 40대 후반인 그는 전혀 가식이 없는 몸에 밴 예의와 사교성 있는 학자풍의 태도로 우리를 압도한다. 환자와의 관계도 부드럽고 인턴들에게도 친절하여 자상한 선생님 같다는 느낌이 들었다.

프레드 키더 선생은 내가 보기엔 의사들 중 가장 어려운 사람이다. 그는 늘 흉보는 것인지 우스갯소리인지 모를 빈정대는 투의 말로 상대방에 대해 거리감을 느끼게 하고 또 내가 하는 일이 마음에 드는지 어떤지 도무지 의중을 드러내 보이지 않는다. 드러내놓고 비판하지는 않고 비비 꼬는 듯한 농담으로 곤경에 몰아넣는 비열한 수법을 곧잘 쓴다. 다른 사람들은 그가 유능하고 명석한 인물이라고 추켜세우기도 하지만 그게 의사에게 전부는 아니잖은가?

그는 또 아무리 우리가 주의 깊고 완전하게 치료하더라도 '항상' 꼭 했어야 할 빠뜨린 처치를 교묘히 찾아내어 지적해낸다. 스스로 이미 생각했어야 하는 것인데도 하지 못했던 것들이니 도통 어떻게 해볼 수도 없는 노릇이다.

(그러나 수년이 지난 지금에 와서는 그를 조금은 이해하게 되었다. 그는 의료계에서 가끔 찾아볼 수 있는 명석하고 고집스런 강박관념적 원론주의자인 것이다. 그는 자기 동료들에 대하여 적당히 깔보는 태도를 가짐으로써 만족을 느끼는 자기도취에 빠져 있기도 했다. 그러나 이런 여러 단점에도 불구하고 그가 우리나라의 현존하는 호흡기내과의사들 중에서 다섯 손가락 안에 드는 훌륭한 인물이라는 것은 아무도 부인하지 못한다.)

이 병원 안에서는 구성원 모두가 각자 나름대로의 세계를 충실히 구축하며 살아가고 있다. 의사들 서로의 개인적 직업적 관계는 너무도 밀접하고 강렬하여 좋든 싫든 그 세계를 벗어나 독불장군 식으로 살아갈 수는 없다. 그리고 나와 일하고 있는 이들 스탭들은 아무도 개인적인 사사로운 감정을 갖고 나를 대하지는 않았다. 내가 저지른 실수나 부주의에 대해 사사로운 앙심이나 치사한 속임수 따위로 나를 괴롭히지 않았고 인턴을 당연히 팀의 중요한 일원으로 인정해주었지 결코 성가신 존재라거나 쓸모없는 소모품으로 여기진 않았다.

현재 나는 내가 하는 일에 대해 큰 어려움은 느끼지 않고 있다. 능숙하게 처리하진 못하지만 어느 정도까지는 해낼 수 있다고 자부한다. 몹시 피곤할 때나 오후 5시쯤 일을 빨리 마치고 싶을 때 신환을 보기가 좀 어렵다는 것 말고는 다른 문제가 없다고 느낀다. 물론 분명한 나의 오진임이 드러날 경우나 아주 중환인 환자와 마주칠 때는 대단히 불안해지고 특히 내가 능히 해낼 수도 있었던 일을 제대로 하지 못했을 때는 한없이 의기소침해진다. 때때로 내 딴엔 꽤 훌륭한 처치를 했다고 자부하는데 누군가 와서 내가 빠뜨린 몇 가지 분명한 사실을 지적했을 때는 완전한 의사가 되는 길이 이렇게도 멀고 험한가 하여 내 자신의 여로(旅路)가 아득하게 느껴지기도 한다.

대체로 이제 나는 이 병원조직의 일원으로서의 의식과 책임을 갖게 되었고 필요한 일을 성실히 수행해내고 있다. 선임 의사들이 보다 큰 애정으로 나를 감싸주고 내가 하는 일에 대해서도 신임하여 더 많은 일을 맡기려 한다. 숱한 실수와 시행착오를 거치면서 하나의 '완전'을 추구해나가는 의사로서의 자질을 익혀가는 것이다. 그저 피상적으로만 알고 느껴왔던 우리 의사들의 세계를 보다 폭넓은 이해와 긍지를 가지고 대하게 되었으며 인간의 생명이 무엇 때문에 누구에게나 균등하게 소중한지에 대해서도 알게 되었다.

이제 겨우 두 달밖엔 안 됐지만, 한 사람의 의사로서 갖는 이 소중한 긍지는 내 삶의 지표로 곱게 간직해야 할 정신적 지주가 될 것이다.

Intern X

운명의 덫

8월 27일(토)

   사이딩 씨는 심부전 발작이 있었는데도 뚜렷한 변화 없이 계속 고혈압과 심부전증상을 보일 뿐이다가 목요일 저녁 갑자기 정신을 잃기 시작했다. 간호사는 그가 산소텐트를 갈가리 찢어놨다고 알려왔다. 이런 호출엔 의사로서는 사실 힘들어서 실효성 있게 해줄 일이 별로 없다. 말하자면 클린 콜인 셈이다.
   고작 파라알데하이드를 직장으로 주입토록 했다. 대부분의 진정제는 모두 몇 가지씩의 단점과 위험성을 안고 있는데 이 약은 특히 냄새가 지독해서 사용하기가 별로 유쾌하지 않다. 다행히 사이딩 씨는 잘 진정이 됐고 링거를 주사하자 놀랍게도 그는 토요일 아침까지 잘 견뎌나갔다.
   그러나 토요일 오후 늦게 다시 깨어나 진통을 참기 어려운 듯 IV를 잡아 빼고 시트를 찢어놓았다. 이제 그는 가망이 없는 것 같다. 얼마나 더 버텨낼지는 시간문제지만 오늘 회진 때까지는 그래도 여전히 생명을 부지해나가고 있다.

이미 죽어가는 사람에게 죽음의 의미는 그렇게 중요하지 않다. 죽음 그 자체를 의식하지 못하기 때문이다. 그러나 서서히 잠식되어 가는 생명의 영역 그 밖에서 쾌유를 비는 그의 가족들에겐 이보다 더 큰 고통이 없다. 환자 자신은 오히려 마지막 자기 생명의 불꽃을 방관자가 되어 바라보는데 그 가족들은 저미는 가슴으로 그 처절한 죽음에 동승해야 하는 것이다.

울혈성심부전 때문에 입원한 45세의 여자환자가 주목을 끌었다. 11세 때 류마티스열을 앓아 심장판막에 손상이 온 병력이 있는 이 여자는 5년 전부터는 홈집으로 협착이 생긴 판막 때문에 심부전증세가 나타날 때까지 류머티스열의 증상은 전혀 느끼지 않았다고 했다.

숨을 쉬기 위해 늘 똑바로 앉아 있어야 했고 다리는 풍선처럼 퉁퉁 부어올라 있었다. 그녀는 마치 서부영화에 나오는 악랄한 여자총잡이처럼 보였으나 알고 보니 무척 순박한 여자였다. 병력을 말하는 동안 내내 온화한 자세를 잃지 않았으며 겸손하게 대답해주었다.

그녀에 대한 심부전 치료가 시작됐고 다리에서 물을 빼내는 처치도 했지만 오늘 아침까지 별다른 진전이 없어 걱정이다. 밀트 선생은 심부전증에 대한 우려를 표명했으나 물을 배출시킬 만큼 충분히 소변을 볼 수도 없는 형편이다. 오늘 아침 10시에 주말 휴식을 위해 병원 문을 나설 때에도 이 환자에 대한 생각을 지워버릴 수가 없었다.

8월 30일(화)

슈발츠의 가족과 함께 유쾌한 주말을 보내고 월요일 오전 8시에 일은 다시 시작되었다.

카레이 선생은 신혼여행에서 돌아오는 길에 기차가 연착되는 바람에 회진에 지각했다. 2주 동안의 신혼여행을 끝내고 온 새신랑에게 딱하게도 무거운 짐을 안겨준 셈이지만 나는 환자들에 대한 설명을 죽 늘어놓았다. 사실상 그는 전혀 새로운 병원에 나온 거나 마찬가지였다. 낯모르는 환자가 35명이나 됐고 그가 2주 전에 떠날 때 있었던 환자는 겨우 한두 명에 불과했다.

밤중까지 10명의 신환이 밀려 들어왔다. 이들 신환자들을 회진하는 도중에 사이딩 씨의 침대에 가보니 그가 없었다. 간호사에게 어디 갔느냐고 물었으나 월요일 새벽 4시에 조용히 숨졌다고 대답했다.

병원이란 어찌 보면 죽음이 가장 값나가지 않는 곳이다. 죽음의 꽃이 여기저기 흐드러지게 마구 피어 죽음의 의미가 도무지 심각하거나 새롭지 않다. 죽음이 충격적이지 않다는 것은 그만큼 삶의 의미마저 퇴락했다는 것을 뜻할지도 모른다. 이처럼 끊임없이 죽어가는 사람들을 보면서 의사 자신도 차츰 자기의 삶을 상실해가는 걸까? 환자도, 의사도, 그 가족들도 모두 다 가혹한 운명의 덫에 걸려 상처받고 있는 것이다.

그 운명의 덫에 걸려 마침내 숨을 거둔 한 사람, 사이딩 씨의 부검 결과 콩팥이 도토리만큼 위축돼 있고 심낭염(心囊炎)도 있었다. 사인은 뻔했다. 악성고혈압 말기로 심부전과 신부전이 그의 목을 사정없이 졸랐던 것이다. 근본적인 병은 고혈압이었고 다른 병은 2차적인 것이었다.

우리는 사이딩 씨에 대해서 손도 못 대 보았다. 달리 묘방이 없었기 때문이다. 하티 스티븐스가 만일 약물치료를 빨리 받지 못했다면 조만간에 또 다른 사이딩 씨가 됐을 것이다. 우리는 지금 그녀의 혈압을 내려줌으로써 잠시 죽음의 사슬로부터 피신시켜주어 단지 몇 달, 길어야 1~2년의 안락하고 보람 있는 생활을 안겨주고 있을 뿐이다.

류마티스성 심장병과 심부전을 갖고 있는 여자환자는 월요일 아침에 보니 더 악화되어 콩팥기능이 정지하다시피 하여 수분배설도 제대로 안 되고 있었다. 창백한 얼굴에 열과 발한(發汗)이 있어 한눈에 그녀의 생명이 얼마 남지 않았음을 알 수 있었다. 정오쯤에는 밤을 넘기지 못할 것처럼 보였고 아급성세균성심내막염이 더욱 치명적으로 그녀에게 달려들었다.

풀러 박사는 오후 늦게 그녀를 산소텐트 속에 밀어 넣으면서,
"이건 날짜가 아니라 시간문제로군."
하면서 고개를 흔들었다.

우리의 한결같은 노력도 심부전증이라는 질병 하나를 이겨내지 못한단 말인가? 환자가 뻔히 죽어가는 걸 바라보면서도 속수무책 방관만 하고 있는 의사로서의 내 모습이 부끄럽기만 하다.

5층에 입원한 8세 된 당뇨병성 혼수환자 때문에 호출을 받았다. 스턴 선생의 환자로 당뇨병이 있는 줄 전혀 모르고 있다가 발병 전 2주 동안 미친 듯이 물을 마셔대며 음식을 먹으면서 계속 소변을 보고 그러면서도 체중은 10파운드나 줄어드는 심한 유년기형 당뇨병 증세를 보였다는 것이다.

이 병은 아주 위급한 내과적 응급질환이라고 할 수 있는데 만일 산성

증(酸性症)에 이르게 되면 어떤 처치를 해도 결국 죽고 마는 끔찍한 병이다. 불쌍한 아이는 자기의 병이 뭔지도 모르고 잠만 자고 있었다. 나는 내과적 측면에서 그 소년을 직접 지켜보고 싶었으나 계속 밀려드는 신환 때문에 생각대로 되지 않았다.

8월 31일(수)

투커만 박사와 길레스 선생이 최근에 입원시킨 환자 몇몇을 회진했는데 그중에는 뇌출혈로 수술을 고려하는 환자도 끼여 있었다. 신경외과의사들은 목을 수술하여 뇌출혈이 있는 쪽의 총경동맥(總頸動脈)을 묶자고 했다. 이건 마치 엄지발가락에 생긴 티눈을 제거하기 위해 다리를 잘라버리는 것과 다를 바 없었으나 그들은 수술을 하지 않으면 눈송이가 녹아내리듯 출혈이 계속될 것이라고 주장했다. 결국 그녀에겐 침대에서 죽느냐, 수술대 위에서 죽느냐 하는 비참한 양자택일의 운명만을 남기고 있는 셈이다.

제1내과병동에서의 마지막 날을 퍽 재미있는 코미디를 연출하며 보냈다. 스미더스 선생의 클리닉 사무실로 가서 직장경검사에 참여한 것인데 이 검사는 우리로 하여금 아주 우스꽝스러운 장면을 연출케 했다.
환자들 대부분은 다른 클리닉 의사들로부터 소개받고 오기 때문에 스미더스 선생을 잘 알아보지 못하는데 이 직장경검사라고 하는 것이 또한 환자들의 체면을 완전히 깎아버리는 것이어서 자주 폭소의 도가니로 몰아넣는 것이다.
램프가 달린 긴 금속튜브를 항문 깊숙이 집어넣고 큰창자의 하부 12인치에서 출혈부위, 궤양, 폴립(용종), 암의 유무까지 관찰할 수 있는 이 검사를 받으려면 환자가 L자형의 테이블 끝에 서서 구부리고 팔을 밑으로 한 채 바지를 벗어야 한다(여자의 경우는 스커트를 위로 올린다). 그때 간호사가 가운데가 마치 과녁처럼 생긴 직경 6인치의 구멍이 난 시트로 환자의 엉덩이를 감싸면 의사가 페달을 밟아 테이블이 앞으로 기울어지게 하고 환자의 머리는 끝으로 향하도록 하면 자연 항문이 위로 치켜 올라가게 된다. 이런 자세란 사실 거북하기 이를 데 없어서 사람들마다 싫어했다.

그런데 여기에는 희극적인 면이 있다. 스미더스 선생은 환자가 검사실로 들어오면 만나 뵙게 되어서 반갑다는 말과 함께 다짜고짜로 페달을 밟아 12인치나 되는 막대기를 집어넣는다. 검사가 다 끝난 뒤 땀을 뻘뻘 흘리면서 괴로운 표정으로 환자가 헐떡거리고 일어서면 그제서야 스미더스 선생은,

"훌륭합니다. 오늘 중으로 결과를 보내드리죠."

라고 말하는데, 환자들은 그제서야 그를 알아보고는 황급히 바지를 주워 입으면서,

"고맙습니다, 선생님. 당신을 만나 뵙게 되어 정말 기쁩니다."

라고 인사하면서 나간다.

좌우간 오늘은 우리가 스미더스 선생을 동행하게 되어 스토리가 약간 달라졌다. 첫 환자가 재미있게도 23세의 여성이었다. 우리가 검사실로 들어갔을 때는 이미 시트를 두르고 테이블을 기울일 준비가 되어 있었다. 그 여자는 우리를 올려다보더니 기겁을 하여 스커트를 내리고는,

"어머! 왜들 이렇게 떼지어 몰려오는 거죠?"

하며 몸을 움츠렸다. 그러나 박사는 태연하게,

"이 선생님들은 모두 저와 같이 항문병 전문가들이십니다. 자! 안심

하고 자세를 취해주세요."

하며 눈 하나 깜짝 않고 둘러댔다.

그녀는 잠시 머뭇거리다가 마지못해 다시 검사 자세로 돌아갔다. 내겐 직장경검사가 처음인데 그것도 새파란 여성의 괴상한 포즈 앞에서라니 희극적인 운명의 장난이었다. 스미더스 선생은 장갑을 끼고서 먼저 항문을 수지검사(손가락을 집어넣어 촉진하는 검사)하고 나를 돌아보며 말했다.

"이제 선생께서 이 환자의 괄약근의 긴장상태를 봐주시오. 그리고 25인치 위에서 만져지는 협착에 대해서도 내게 의견을 말해주시오."

나는 밀트 무서 선생과 함께 생전 처음 보는 여자의 항문에 협착이 있다는 나의 의견을 박사에게 의학적으로 개진하였다. 이어서 스미더스 선생은,

"자! 잠깐 동안 아가씨의 항문을 확장시키겠습니다."

라고 말하고는 내게 눈짓을 했다. 그녀는 스미더스 선생이 직접 직장경을 넣은 줄 알았으나 사실은 내가 검사를 했다. 나는 그녀의 창자 내부를 들여다보고 작은 폴립이 6인치 상부에 자리 잡고 있는 것을 밝혀냈다.

계속해서 들어오는 환자들에 대해 우리는 각각 직장경검사를 했고 모든 환자들은 세 명이나 되는 고명하신 항문병 전문가들이 자기들의 문제에 깊은 관심을 갖고 있다는 데 대해 무한한 감사를 표하고 상기된 얼굴로 검사실을 나갔다.

두 달 동안의 내과병동 근무가 끝났다. 내일부터는 산부인과병동에서 근무하게 되는데 내과에 비교해 어떨지 모르겠다. 완전하고 갑작스런 변화가 온 것처럼 느껴지고 내과병동의 근무가 한 5년쯤 지난 것으

로 생각된다. 아니다. 시간은 시작도 끝도 없는 것. 다만 그 속에서 내가 변해갈 뿐이다. 흘러가는 시간의 강물 속에서 나도 함께 흘러갈 뿐이다.

7 생존의 바다

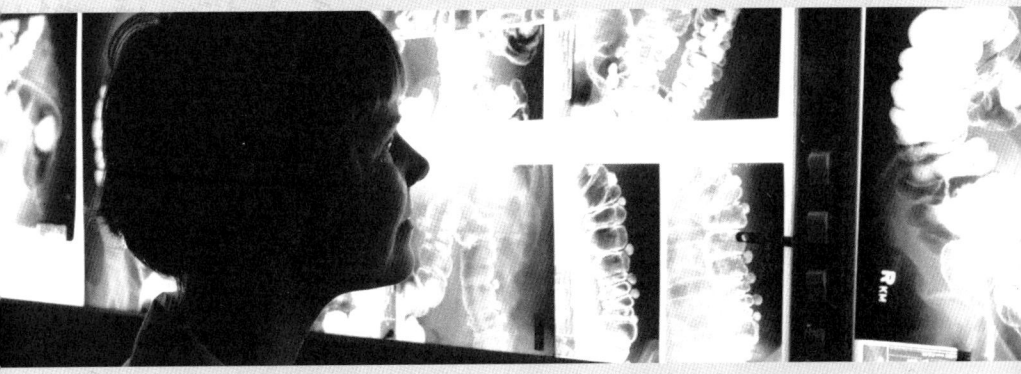

인턴의 역할이라는 게 고작 분만장의 파수꾼이 되어 피나 닦아주고 잔심부름이나 하는 소모품에 불과했다. 산모가 전신마취로 의식을 잃고 있고 남편은 대기실 어딘가에서 안절부절못하고 있을 때야말로 인턴이 분만을 직접 실습할 수 있는 절호의 기회다. 누가 분만을 시켰는지 산모나 보호자나 알 수가 없으므로 분만이 끝나면 그들은 특진의사에게 달려가 땡큐를 연발한다.

Intern X

빈곤과 풍요의 악순환

　그레이스톤 기념병원에서 인턴으로서의 산과 근무는 내게 별로 보람 있고 유익한 기간이 되지 못했다. 그때의 산과 근무가 왜 그렇게 좋지 않게 느껴졌었는지 지금에 와서는 조금 이해할 수 있지만 당시로서는 그리 큰 도움이 되지 않았던 것만은 확실하다.

　산과에서도 실습을 통해 배워나가는 것은 마찬가지이다. 물론 학생 때도 교과서와 강의, 노료, 모델과 모형, 그리고 분만장에서의 임상관찰 등으로 실습을 하지만 결국 의사는 아이를 직접 분만시켜봄으로써 분만기술을 배우게 된다. 무서우리만큼 순식간에 일어나는 분만과 그 응급사태를 실제로 보고 처치함으로써 모든 것을 배우고 익혀나가는 것이다.

　특진의사를 정하지 못하거나 입원비도 지불할 수 없는 환자들이 가는 자선병원에서는 직접실습이 비교적 용이하다. 이런 환자를 'House Patient!'라고 하는데 경험 많은 산과 전문의 지도하에 인턴과 레지던트가 책임을 맡아 분만시킨다. 말하자면 없는 집 자식들만 인턴 차지라는 얘기다. 그러나 당시 우리 병원에는 자선병동이 없었으므로 인턴의 역할이라는 게 고작 분만장의 파수꾼이 되어 피나 닦아주고 잔심부름이나 하는 따위의 소모품에 불과했다.

산모가 전신마취로 의식을 잃고 있고 남편은 대기실 어딘가에서 안절부절못하고 있을 때야말로 인턴이 분만을 직접 실습할 수 있는 절호의 기회다. 이때는 특진환자가 아니가 특특진환자라도 대개가 특진의사의 참관하에 인턴이 분만을 맡게 되고 지고의 의성(醫聖)이 되어 분만장을 누비게 된다. 누가 분만을 시켰는지 산모나 보호자나 알 수가 없으므로 분만이 끝나면 그들은 특진의사에게 달려가 땡큐를 연발한다.

그러나 산모에 대한 전신마취는 잠자는 상태의 산모가 잠자는 아이를 출산한다는 문제점이 있다. 아이는 세상에 나오자마자 스스로 우렁차게 고고의 성을 울리며 신고를 해야 하는데 잠자는 신생아는 자칫 비정상 판정을 받을 우려가 있기 때문이다. 그래서 요즘의 산과의사들은 가능한 한 '자연분만'을 시도하고 부득이한 경우에는 안상차단마취(鞍狀遮斷痲醉)나 척수미부마취(脊髓尾部痲醉) 등으로 정신이 멀쩡한 채 분만을 해낼 수 있도록 한다. 또 요즘은 웬만한 병원에서는 모든 남편들이 부인의 출산고통에 동참할 수 있도록 분만실에 들어오게 허용하고 있어 이제는 어떤 산모도 누가 무엇을 하는지에 대해 더 이상 바보 취급을 받지 않게 되었다.

그래서 인턴은 이제 그의 필수적인 수련기회를 빼앗긴 반면에, 특진의사들은 오히려 수술등이 밝게 빛나는 하얀 분만실에서 흥행성 짙은 쇼맨십을 십분 발휘함으로써 스포트라이트를 즐기는 법을 배웠다. 그는 건강한 아기, 건강한 산모와 함께 가능한 한 험상궂게 피투성이가 되어 나타나기만 하면 관객(?)들로부터 최대의 찬사와 존경을 받는다.

이제 그는 자기의 분만술을 정확하고 자세하게, 매혹적으로 극화시킬 수가 있다. 이런 제도는 산모나 산과의사들 모두 환영했다. 그리고 만일 수련의들이 싫어한다면 그건 그들이 이들의 세계를 너무나 모르는 것이다.

산부인과와 다른 과에는 진료상 분명한 차이가 있고 또 항상 있어왔다. 새로운 생명을 탄생시킨다는 의미와 이미 존재하는 생명에 대한 질병의 진료라는 의미는 의술 이상의 커다란 간격이 있는 것이다. 이 점이 바로 산부인과의사들의 긍지이며 다른 의사들이 침범할 수 없는 특권이다. 또한 산과의사들과 산모의 사이에는 특수한 관계가 성립된다. 다른 어떤 분야에서도 발견할 수 없는 이 신성한 관계는 산모와 의사 모두에게 있어 하나의 보이지 않는 끈이 되어 그들을 밀접하게 이어준다.

분만실에는 방관자의 자리는 없었으나 그레이스톤에서 인턴은 방관자였다. 하지만 나는 배워야 했고, 그 배움을 통하여 의사로서의 자질을 키워나가야 했다. 온갖 소외감과 문전박대의 괴로움 속에서 의사로서의 길을 가는 한 인턴의 몸부림을 다음 기록에서 살펴볼 수 있을 것이다.

9월 1일(목)

아무런 팡파르도 없이 이곳으로 교체 근무하게 되었다. 사실 우리에겐 이런 일들이 모두 중요한 사건이 되므로 파티를 열어준다거나, 최소한 새로운 근무를 활기와 생동감에 넘쳐 할 수 있도록 하루쯤 푹 쉬게 했다면 좋았을 것을……. 이런 특전은 도무지 없었다. 밤 사이의 지겨운 호출과 아침식사로 빵과 커피 한 잔, 이런 일상적인 궤도에서 단 한 치의 벗어남도 없이 산과로 가게 된 것이다.

7층 산과병동에는 간호사라고 하기엔 너무 뚱뚱한 하아디 양이 〈타임〉지를 뒤적이며 날 기다리고 있었다.

"어서 오세요. 같이 일하게 되어 기뻐요. 지금 당장은 하실 일이 아무것도 없어요. 커피나 한 잔 드시는 게 좋겠어요."

1시간이 지나도록 정말 할 일이 없었다. 이 병원에 온 이래로 평일 아침을 이렇게 한가롭게 보낸 적이 없기 때문에 그런 무료함이 오히려 나를 못 견디게 했다.

9시경에 굿펠로우 박사가 들어와 다정한 미소를 던지며 악수를 청했다. 산과의사들이 나에게 산과에 대한 오리엔테이션을 시켜주도록 요청해서 오는 길이라고 말했다.

"우리는 인턴들이 산과학을 배워야만 하고 산과 근무 중에 최소한 20~30명의 아이를 분만시켜봐야 한다고 생각하고 있소. 산과의사들은 대개 관대하고 사교성도 풍부하지만 의사와 환자와의 관계가 다른 과와는 좀 다르다는 걸 알아야 합니다."

그의 말은 퍽 부드럽고 인간적이었으며 신뢰가 가는 것이었다. 카레이 선생은 산과의사들이 약간 이기적이고 자만심이 강한 사람들이라고 말했었다.

"또 그들은 인턴에게 힘든 일을 시켜놓고, 막상 일이 끝나면 인턴 스스로 그들의 신뢰를 충분히 얻지 못하고 있구나 하는 느낌을 갖게 하지."

카레이 선생의 말은 이렇게 비관적이었으나 굿펠로우 박사는 마치 비단결같이 부드러운 목소리로 환자에게 '검은 것이라도 잘 보면 희다'고 설득시키면 응당 그런 것처럼 수긍할 수 있도록 만들 수 있는 사람으로 보였다. 카레이 선생은 산과 근무 중 기껏해야 10명 정도의 분만밖엔 받아보지 못할 것이라고 말했지만 굿펠로우 박사의 몇 마디 말은 아주 희망적으로 들렸다.

굿펠로우 박사와 벤 보그스 박사가 이 병원의 분만 중 60~80%를 맡고 있다고 들었는데 그렇다면 산과 근무는 전적으로 그들에게 달려 있는 셈이다. 굿펠로우 박사는 가까이 대하기가 힘든 50대의 중년으로 순백발에 신사적이고 준수한 외모를 가진 이 분야의 권위자다. 언젠가 반 베르트 선생이 굿펠로우 박사의 환자들이 그를 신의 화신으로 생각하더라고 하니까,

"나는 그렇게 생각하지 않지만 그들 견해가 옳을지도 모르지."

라고 받아넘기던 게 생각난다.

굿펠로우 박사와 얘기하면서 산과가 제1내과와는 여러 면에서 판이하다는 느낌을 가졌다. 우선 진단에 신경 쓸 필요가 없다. 분명한 진단 하에 분명한 목적을 가지고 입원하며 극히 예외적인 경우를 제외하고는 산모 대부분이 건강하다.

그리고 인턴의 임무라는 게 고작 분만을 돕는 일과 산과의사가 도착할 때까지 위기를 넘기는 일뿐이다. 그러나 당직날 밤에는 숙소가 아닌 산박실(産泊室; 산과 당직의사실)에서 자야 한다.

하아디 양의 말로는 한 달에 보통 120여 건의 분만이 있는데 일이 없을 때는 온종일 텅 빈 병실을 지켜야 하는가 하면 갑자기 10분 사이에 7~8명의 산모가 동시에 밀어닥치기도 한다고 했다. 그녀는 이런 상태를 '부와 빈곤의 극한성'이라고 표현했는데 내가 보기엔 '부와 빈곤의 어지러운 악순환'이 아닌가 여겨졌다.

9월 2일(금)

첫 달 이후의 힘들었던 근무가 늘 기억에 남아 있기 때문에 언제나 최악의 상태에 대비, 긴장하고 있는데 산과에서의 근무는 너무 한가했다. 일이 이렇게 가볍게 느껴지는 데는 나에게도 원인이 있는 것 같다. 처음보다 덜 당황하고 전화상으로도 일을 처리할 수 있기 때문에 한꺼번에 보다 많은 일을 해낼 수 있게 된 것이다.

그러나 '양자택일'의 곤경에 빠질 때도 있다. 태아가 밤 내내 빈들빈들 시간을 보내다가 드디어 신의 통고를 받고 나올 시간이 되면 아무리 급한 환자가 생겨도 보러 갈 수가 없게 된다. 그럴 때는 우선 전화로 간호사에게 내가 갈 수 있을 때까지 급한 불을 끌 수 있도록 방법을 일러주지만 응급이 진짜 응급일 경우에는 어느 쪽을 먼저 봐야 할지 양자택일의 기로에서 점을 잘 쳐야 한다.

토요일 저녁의 일이다. 3층으로부터 빨리 내려와서 심부전증으로 곧 죽을 것 같은 노인을 봐달라는 호출을 세 번이나 받았다. 마침 그때 나는 분만실로 옮기기도 전에 젠장! 복도의 수레침대(Cart)에서 아기를 분만시키고 있었다. 3층 간호사는 카레이 선생도 없고 슈발츠도 수술 중이어서 부득이 나라도 내려와야겠다며 발을 동동 굴렀다. 결국 아기 쪽을 포기하고 뛰어 내려가 보니 환자는 2주일 전부터 심부전증이 있었고 현재 고통스런 것이라곤 이틀 동안 대변을 못 보는 것뿐이었다.

그러나 이 문제는 가볍게 볼 것이 아니다. 만일 다음번에라도 똑같은 상황에 또 그런 일이거니 하고 늑장을 부렸다가 노인이 죽기라도 한다면 사람들은 나를 비난하여 몰아세울 게 뻔한 일이다. 도대체 어떻게 해야 한단 말인가?

산과에서는 인턴이 하는 일이라는 게 고작 산모에 대한 형식적인 입원처치와 분만과정의 참관뿐이다. 가끔 예기치 못한 합병증—예를 들면 진단되지 않았던 골반위분만(骨盤位分娩; 태아의 머리보다 골반이 먼저 나오는 분만)—을 찾아낼 경우도 있지만 대개는 있으나 마나 한 존재, 심지어는 거추장스러운 존재로 취급되기도 한다. 외래의사들은 인턴에게 소독처치나 시키고 분만이나 도와달라는 식으로 대하지만 돕는다는 것이 옆에 서서 본다는 의미 이외엔 아무것도 없으니 문제다.

굿펠로우 박사는 내가 곧 혼자서 아이도 받을 수 있게 되고 또 겸자(鉗子; 흔히 '감자'라고 함. 분만기구)를 마음대로 사용해보고 회음측절개술(會陰側切開術; 아기가 나오기 전에 회음부가 확장되어 찢어지는 것을 방지하기 위한 절개) 부위를 봉합하고 소파수술까지도 해볼 수 있을 것이라고 말했다. 글쎄다. 이것이 실현될 수 있을지는 두고 봐야 할 일이다.

주말 동안 몇 명의 산과의사들과 만나 얘기를 나누었다.

하워드 프린스 박사는 산과의사 중에서는 가장 유명한 사람이다. 그의 환자 중에는 의사 부인들이 많아서 사무실 세를 지불하는 데도 어려움이 있을 정도로 인기가 있다고 한다. 벤 보그스 박사는 굿펠로우 박사와는 대조적으로 거칠고 좀 음흉한 데가 있으며 땅딸막하고 매부리코를 가진 갈색 머리의 촌뜨기 타입이다.

해롤드 제이슨 선생은 더 알 수 없는 사람이다. 사람들은 그의 이름이 거론되기만 하면 무슨 이유에서인지 킥킥거리며 웃어댄다. 55세의 중늙은이로 제 딴엔 멋지게 빗어 넘긴 회색 머리에 수술 때는 전용 수술간호사를 대동하고 나타나기도 한다. 남의 말 잘하기로 소문이 난 밀트무서 선생은 언젠가, 제이슨 박사는 필요 유무에 상관없이 무조건 자궁을 떼어내는 걸 좋아하는 사람이라고 말한 적이 있었다.

금요일도 비교적 조용했다. 다만 오전 10시에 제이슨 선생의 산모만이 수술하기로 되어 있었다. 제이슨 선생은 내가 자기를 좀 도와주기를 원했다. 그런데 산모의 차트에는 'No Information'이라는 붉은 글씨가 크게 씌어 있었다. 이것은 아기의 출생은 물론 그녀가 이 병원에 입원했었다는 사실조차도 공식적으로 기록되지 않는다는 것을 의미하는데, 이는 대개 비합법적인 임신을 표시하며 이런 아기는 십중팔구 고아원으로 가게 마련이다.

그러나 무슨 일인지 산모와 함께 남편도 즐거운 표정으로 수술시간을 기다리고 있어 이상하기조차 했다. 이럴 경우는 대개 남자도 나타나지 않고 우울한 그림자가 병실을 가득 덮은 가운데 수술하는게 보통이다.

얼마 후에 안 일이지만 극비로 하고 있는 이유는 그녀의 신체구조의 이상 때문이었다. 산모는 각각 두 개의 질과 자궁경부(子宮頸部), 그리고 자궁까지도 이중으로 돼 있어 제이슨 선생은 제왕절개수술(帝王切開手術)을 예정하고 있었다. 그는 그렇게 함으로써 다른 의사들이 온갖 구실을 붙여 그녀를 진찰하려는 것을 방지하려 했던 것이다.

수술은 성공적이었고 아기도 건강했다. 나는 산모의 이중자궁을 볼 수 있었는데 격막(膈膜)에 의해 둘로 나뉘어진 그녀의 자궁은 윗부분에서는 완전히 열려진 상태였다. 수술 중에는 자궁경부나 질을 검사할 필요가 없고 그것에 관해 물어볼 좋은 방도도 없어 아랫부분의 구조가 어떤지는 알 수 없었다.

늘 그렇지만 제왕절개는 한마디로 피투성이 수술이라 절개 시작 5분 후 아기를 꺼내고 다시 원상복구시키는 데만 1시간 30분이 소요되었다.

오후엔 벤 보그스 박사와 유산 후 계속 출혈을 하고 있는 여자를 제2분만실에서 D&C(소파수술)를 했다. 그는 수술을 거의 끝내면서 내게 무딘 큐렛(Currette; 소파수술 때 사용하는 긁어내는 기구의 일종)을 주면서 자궁 내부를 그것으로 감지해보라고 했다. 오후에는 굿펠로우 박사와 또 다른 D&C를 했는데 그는 내게 날카로운 큐렛을 잡아보도록 해줬다.

D&C는 유산 후에 자궁을 깨끗이 해준다거나 또는 비정상적인 출혈의 진단을 위해서 하는 매우 필요한 작업인데 알고 보면 매우 간단한 수술이었다.

(여기서 간단하다는 말은 모든 일이 순조로울 때의 이야기다. 만일 잘못 될 때는 손에 폭탄을 쥐고 있는 것과 마찬가지다. 당시 나는 병원에서 얼마나 쉽게 그리고 자주 실수가 저질러질 수 있는지 잘 알지 못했다. 이제 나는 산과의사들이 인턴에게 이러한 D&C 기술을 가르치기 위해 얼마나 큰 고통을 감수해야 했는지 뒤늦게 깨닫고 동정을 느꼈다. 자궁의 출혈을 멎게 하기 위해 패킹(Packing; 지혈)을 하는데 몇몇 경망스런 인턴들이 날카로운 큐렛을 자궁 내부에서 마구 휘두르다가 복부를 관통하여 더 큰 출혈을 야기하는 경우가 왕왕 일어나기 때문에 산과의사들이 곤경에 빠질 수 있다.)

Intern X

분만실의 관람자

9월 5일(월)

새벽 4시 30분쯤 산부인과 밤번 간호사인 웨버 양이 산모 하나가 복도에서 분만을 하려 한다고 알려왔다. 간호사와 오더리가 옷을 입은 채 몸부림치고 있는 산모를 수레에 태워 분만실로 데리고 왔을 때 나는 스크럽(Scrub; 수술 전에 감염을 막기 위해 손을 소독비누와 브러쉬로 철저히 씻는 것)을 하러 밖으로 나왔다. 분만실에서 들려오는 산모의 소리로 보아 분만이 곧 임박했다는 걸 알 수 있었다. 그때 간호사 터틀 양이 얼굴을 내밀고 말했다.

"이 여자는 전에도 온 적이 있는데 전치태반(前置胎盤; 태반의 일부 혹은 전부가 정상위치보다 아래쪽인 자궁의 협부에 자리 잡은 상태)이었어요. 지금도 출혈이 굉장히 심해요."

스크럽을 멈추고 곧장 분만실로 달려가 보니 그곳은 온통 피바다였다. 산모의 옷과 수레, 마룻바닥 등은 모두 피에 흥건히 젖어 있었다. 산모는 이제 신음소리마저 멈추고 그저 하얗게 질려 할딱거리고 있을 뿐이었다. 혈압은 겨우 50 정도에서 잡히고 있었다. 도무지 이런 상황에서 무엇을 어떻게 해야 할지 알 수가 없었다.

"선생님, 쳐다만 보고 계실거에요?"

터틀 양이 나를 빤히 올려다보며 말했을 때에야 나는 겨우 정신이 들어,

"산모의 발밑에 쇼크블록을 쌓아주고 IV세트와 교차시험 튜브를 가져오시오."

이르고 산모의 옷을 벗겼다.

그러나 산모는 출산하려는 것이 아니었다. 다만 출혈을 계속하고 있을 뿐이었던 것이다. 혈관주사를 놓기 위해 정맥을 찾았으나 전혀 잡히지 않았다. 겨우 교차시험을 위해서 피를 약간 뽑았을 뿐 환자는 점점 혼수상태에 빠져들고 있었다.

"혈압을 더 이상 잴 수가 없어요."

웨버 양이 근심스런 표정으로 말했다. 나도 더 이상 정맥을 찾아낼 수가 없었다. 이대로 가다가는 몇 분 후면 환자가 죽을 게 뻔한 일이었다.

그때 마침 마취과 레지던트 패트 갈로 선생이 나타났다. 곧 분만이 있을 줄로 알고 누군가 그를 부른 것 같았다. 그는 환자를 한 번 훑어보더니 단 몇 초 만에 정맥을 찾아내고 포도당을 매달았다. 금방 혈압이 잡히고 한 병의 혈장(血漿; Blood Plasma)을 연결하자 상태는 이내 호전되기 시작했다. 얼마 후 오더리가 혈액은행에서 수혈할 피를 가져왔다.

갈로 선생은,

"전치태반으로 출혈을 하게 되면 쇼크를 동반하기 마련이죠."

라고 말하면서, 잠시 무슨 생각인가 하더니 갑자기 내게 다그쳐 물었다.

"혹시 자궁에 손가락을 집어넣거나 주위를 건드리지는 않았소?"

대학 때 나는 전치태반에 대한 무서운 얘기를 들은 적이 있다. 정상적인 경우 태반은 자궁내벽 높이 자리 잡는데 때때로 밑에 위치하게 되면 출구를 막기 때문에 아기가 만기가 돼도 나올 수가 없게 된다. 그러다 만삭이 되어 자궁경부가 확장되기 시작하면 태반이 출혈을 하고, 바로 이때 부주의한 인턴이 내진을 하면 환자는 대량 출혈을 하게 되어 멈추게 할 어떤 방법도 없는 것이다. 갈로 선생은 바로 이것을 염려한 것이다.

수혈을 하는 동안 출혈은 점차 줄어들고 환자는 점점 좋아지기 시작했다. 플래그 선생이 도착하여 주위의 피바다를 놀란 듯 바라보더니 급히 제왕절개수술을 준비하라고 일렀다. 수술실에 도착한 지 15분 만에 플래그 선생은 겨우 3.5파운드밖에 되지 않는 아기와 태반을 꺼냈다. 아기는 인큐베이터로 직행했지만 산모와 함께 비교적 건강한 편이었다.

그제서야 나는 좀 안심할 수가 있었다. 패트 갈로 선생이 조금이라도 늦었다면 과연 내가 이 일을 해낼 수 있었을까? 소름끼치는 일이다. 신의 가호에 감사드릴 뿐이다. 6시 30분이 좀 넘어서 수술은 성공적으로 끝이 났다.

산과 근무를 하고 15번 정도의 정상 분만이 있었지만 여태 한 번도 내 손으로 아기를 받아보지 못했다. 산과의사들은 인턴이 분만실의 관람자가 되어주길 원하고 있다. 산모가 분만대 위에 누워 걱정스러운 표정으로 의사를 바라보는 동안 그는 사람들이 자기를 경의의 눈으로 보아주길 원하고 그들 중 몇몇은 병원보다는 할리우드의 무대가 어울릴 정도로 능숙한 연기를 보여준다. 그들은 산모와 가족들이 자기를 경탄의 눈초리로 올려다보길 원하고 인턴도 역시 같이 보아주길 원하지만 이건 진실로 그들에게 이로울 게 없다고 느껴진다. 그렇다고 인턴에게 분만의 기회가 많아지는 것도 아니기 때문이다. 나는 이런 고리타분한 사고방식을 타파할 몇 가지 방안을 생각하고 있는데 그때마다 산과의사들이 전혀 인턴을 필요로 하지 않는다는 엄청난 벽에 부딪히고 만다.

인턴의 존재는 그들에게 있어 최악의 조건에서는 그들의 일꾼이 되지만 최상의 조건에서는 그들에게 소모품 정도의 존재, 말하자면 동네 북이나 마찬가지가 되는 것이다. 물론 인턴들의 산과 근무 성적이 필요하지 않다고는 말할 수 없다. 인턴도 산과의 모든 처치나 수술 등에 관람자가 아닌 동참자가 될 좀더 만족스러운 해결책이 있을 것이다. 그것을 찾아야겠다.

9월 7일(수)

제이슨 선생이 내게 '평면분만기술(Flat Table Technique)'을 아느냐고 물었다. 그는 이 기술이야말로 가장 훌륭한 분만방법이라고 말했다. 이것은 보통 하는 분만법인 등자 위에 발을 올려놓고 엉덩이를 공중에 쳐든 채로 눕혀서 분만시키는 대신 평평한 테이블 위에 산모를 눕혀 분만시키는 방법을 말한다. 제이슨 선생은 오늘 이 분만법을 시도해보시겠다고 말했다.

그러나 나는 이 방법에 대해 많은 의문을 가졌다. 환자의 무릎을 굽혀서 발뒷꿈치를 모아 옆으로 아기를 받는 기술이었는데 몹시 어색하게 보였다. 산모는 이미 여러 명의 아기를 낳아서 회음측절개술이나 겸자가 필요치 않았으나 몸에 익지 않은 탓인지 산모도 좀 힘들어하는 것 같았다.

리드의 분만법이라는 것도 있다. 이것은 리드(Grantley Dick Read)가 창안한 자연분만법의 하나로 신체운동과 호흡만으로 산통과 통증을 없애는 방법을 말한다. 이 방법은 척수미부마취가 유행하기 전에는 남서부 일대에서 많이 행해졌고 근래에 다시 관심이 높아졌다.

그러나 내가 보기에는 리드법이 상당히 널리 알려져 있음에도 듣던 것처럼 그렇게 만족스럽고 보람 있는 분만법은 아닌 것 같다. 대부분의 산모들은 자연분만의 경험도 없고 리드법을 택할 때 깊이 생각하지도 않았으므로 막상 분만시기가 되어 진통이 오면 이 방법이 생각보다 안락한 분만법이 아니라는 걸 알고는 잘못 짚었구나 싶어 돌연 포기를 선언하고 마취를 강력하게 요청하는 것이다.

리드의 견해는 산모가 분만 시에 의식을 가지고 어머니로서 아버지와 함께 참여한다는 데 의미가 있다는 것인데 물론 이 점에는 반론의 여지가 없겠으나 병원에서는 대부분의 의사가 의식이 깨어 있는 마취, 즉 안상차단마취나 척수미부마취를 가스마취 대신 사용하고 있으므로 리드법의 의미는 그만큼 찾아보기 힘들게 된 것이다.

척수미부마취는 프로카인을 척수 레벨 이하인 천골에 주사하여 자궁의 운동신경을 제외한 자궁과 질, 직장의 지각신경과 산도벽(아기가 나오는 길)의 운동신경을 마비시키는 방법이다. 이 마취를 적시에 하게 되면 자궁의 수축은 매우 정상적이면서도 산도가 아주 잘 늘어나 아기가 내려오면서 팽팽한 근육과 싸울 필요가 없고 산모는 의식이 있는 채로 힘을 줄 수 있으며 의사 머리 위의 반사경을 통해 태어난 아이를 남편과 손을 잡고서 볼 수 있고 통증으로 점철된 출산의 아픈 기억을 갖지 않아도 된다.

그러나 이 마취는 자궁 경부가 절반쯤 확장될 때까지 마취를 기다려야 한다는 단점이 있다. 좀 빨리 마취를 하게 되면 분만시간을 조절할 수가 없기 때문이다. 따라서 마취가 되기 전에도 약간의 산통이 있게 되는데 이것은 진짜 산통의 격렬한 아픔과는 비교도 안 되는 것이다.

척수미부마취는 고통 없는 분만이면서도 리드법의 모든 장점을 다 가지고 있으므로 결국 리드의 분만법이 자학적 만족감을 산모나 의사에게 주는 것이 아닌가 여겨졌다. 이론상으로는 리드법에는 통증이 없는 것으로 되어 있고 만일 조금이라도 통증이 오게 되면 의사는 다시 '언어마취'로 산모를 안정시키도록 되어 있다. 그러나 실제와 이론과는 늘 큰 차이가 있는 법이다.

지난 주말 밤에 내가 보그스 박사의 척수미부마취 분만을 돕고 있을 때 제2분만실에서는 볼드윈 선생이 리드법으로 분만을 시키고 있었는데 산모는 죽을 듯이 울부짖고 있었다. 그녀에게는 약간의 데메롤과 진정제 말고는 아무것도 사용하지 않았다고 한다.

터틀 양에게 리드법을 원한 산모 중 몇 명이나 끝까지 견뎌서 성공하느냐고 물었더니 셋 중 하나에 불과하고 나머지는 결국 분만이 임박해서는 마취를 원한다고 말했다. 그런데 실패한 산모들에겐 무엇보다 큰 문제가 있게 된다. 죄책감과 실망을 스스로 견뎌내기 어렵다는 것이다. 마치 담배를 끊기로 작심하고 한 열흘 버티다가 결국 못 끊고 첫 담배를 피울 때의 죄의식과 같은 것이리라.

(그후 나는 산모에 있어 진통은 자궁이나 골반 밑에서 오는 것이 아니라 산모의 머릿속에서 온다는 사실을 알았다. 이 일기가 기록된 다음에도 숱한 분만을 보았고 내 스스로도 분만을 받아본 결과 '공포'가 분만을 어렵게 하는 가장 중요한 요인인 것을 알게 된 것이다. 두려움을 가진 산모는 어떤 마취제를 사용하든 고통을 느낀다. 하지만 두려움을 갖지 않는 산모는 어떤 고통에도 쉽게 견딘다. 공포의 유무가 자연분만을 성공시키는 관건이 되는 것이다.)

어제 저녁 마침내 난생 처음으로 내 손으로 아기를 받아보았다. 굿펠로우 박사가 정오쯤 산통이 있는 어떤 산모에게 가스마취를 해서 분만 시에 재울 예정이라고 말했다. 그녀의 남편은 병원에 오지 않았고 산모도 분만 중에 깨어 있지 않길 원해서 굿펠로우 박사는 산모가 만사를 망각하기에 충분한 마취제—데메롤, 스코폴라민, 세코날—를 사용하여 반마취상태(Twilight Sleep)로 만들었다.

스코폴라민은 마약보다 더 약효가 세며 건망증까지 동반하는 약으로 통증에 대해서는 작용하지 않지만 아기가 태어나고 약작용이 없어진 다음에는 아무것도 기억나지 않고 편안하고 조용한 분만이었다고 느끼게끔 해주는 특성이 있다. 그러나 간호사들은 환자가 무의식 속에서도 몸부림치는 것은 마찬가지며 결국은 모두 잊어버리지만 횡설수설해대는 바람에 간호하기가 힘들어 이 방법을 싫어한다.

굿펠로우 박사는 내게 그 산모의 분만을 맡기겠다고 말하면서 자신의 특진환자를 내게 맡기는 척 갖은 생색을 다 내고 우습잖게 폼을 잡았으나 그건 별 문제가 아니었다. 박사가 옆에서 리드해주고 감독을 했으나 직접 손을 대지는 않았고 내게 겸자를 사용하게 하고 아기를 받은 다음 회음측절개술부위를 봉합하는 것 등을 자세히 가르쳐주었다. 회음측절개술부위를 봉합하는 데는 손재주가 별로 없어 서툴렀지만 그런대로 고르게 꿰매긴 했다.

의외로 아기가 비실비실했으나 곧 숨을 쉬기 시작하고 무척 건강해 보였다. 내가 분만을 시켰는지 알 턱이 없는 산모는 느낌이 어땠느냐고 묻자 아주 좋았다고 대답했다.

Intern X

가슴 아픈 에피소드

9월 9일(금)

산과에는 아무도 설명할 수 없는 몇 가지 수수께끼가 있다. 그중 하나는 분만이 밤에 폭주한다는 것이다. 낮에는 한 건 있을까 말까 하는데 한밤중부터 아침 7시까지엔 보통 3~4건이 있다. 또 하나는 분만이 동시에 일어난다는 사실이다. 아침에 서너 시간 간격으로 떨어져서 들어온 산모들이 밤 10시까지는 서로 진통이 달리 오다가도 갑자기 동시에 분만이 시작되어 5분 이내에 출산을 한다.

이것이 우연은 아닌 것이 지난주에도 여섯 번이나 이런 일이 있어 나를 곤경에 빠지게 했다. 산모들 간에 어떤 텔레파시가 작용하는지는 잘 모르지만 여하튼 시간 하나는 기가 막히게 맞추었다.

어제 저녁만 해도 굿펠로우 박사의 산모가 둘이 들어와 10분 간격으로 분만을 했다. 박사는 첫 산모를 제1분만실에서 분만시킨 후 곧장 제

2분만실에 달려와 또 분만을 받은 후 아무 일도 없었다는 듯 손을 툭툭 털고 아래층으로 내려갔다. 놀라운 인스턴트 출산이었다. 산과의사들에겐 산모와 함께 일일이 탄생의 기쁨을 나눌 시간도 없고 의미도 없는 셈이다.

금요일 밤에는 호출이 없었다. 꿈에 한 번 호출 받은 것 외에는 푹 잤다. 토요일 아침 일찍 벤 보그스 박사의 소파수술을 지켜봤는데 환자는 유산을 했다고 했지만 박사는 큐렛으로 어떤 조직성분도 발견하질 못해 난처해하는 것 같았다. 하릴없이 긁어대기를 10분쯤 하더니,

"아시다시피 이게 바로 우리에겐 설명하기 곤란한 소파수술이죠."

라고 말하며 계속 긁어댔다.

결국 조금 괴사된 것처럼 보이는 조직 하나를 끄집어내고 안심한 듯 웃었다.

"이 신기한 조직이 병리의사를 기쁘게 만들 겁니다."

산과의사들은 임산부에게 큐렛을 갖고 접근하기 전에 배출된 조직을 실제로 확인하기를 원할 뿐만 아니라 소파수술을 하기 전에 다른 산과의사들이 차트에 진찰의뢰서를 쓰게 하기를 좋아하며 또 '누군가'에게 관찰하도록 만든다.

(여기서의 '누군가'는 물론 병원병리조직위원회, Hospital Tissue Committee, 즉 병원에서 행해지는 소파수술에 대한 병리조사서를 재검토하는 의사들을 말한다. 한 번 병리보고서의 결과가 잘못 나오면 산부인과 과장이 시정을 요구하지만 두 번 계속되면 월례 병원 스탭미팅에서 공개비난을 받고 세 번째는 병원 스탭진에서 축출된다. 언젠가 보그스 박사는 이런 제도에 대해, "제기랄! 이런 방식대로라면 딸과 마누라에게만 소파수술을 해줘야 겠군." 하며 비아냥거린 적이 있다.)

9월 13일(화)

월요일 아침 10시에서 정오까지 4~5명의 산모가 분만을 했다. 그중 내가 출근할 때 입원한 플래그 선생의 산모는 꽤 난산인 편이었다. 산모의 나이는 놀랍게도 15세. 입원할 때 어머니인 듯한 중년부인과 10살을 갓 넘긴 듯한 소년이 함께 왔었다. 나는 그 소년이 산모의 동생일 것으로 짐작했으나 놀랍게도 그는 12세 된 남편이었다. 차트를 보고 이 꼬마부부들이 대단한 속도위반을 한 걸 알 수 있었다. 작년 12월에 임신을 했는데 결혼은 5월에 했으니 말이다.

산모는 진통이 오기 시작하면서 몹시 떨고 있었다. 계속해서 엄마를 불러대고 발을 동동 구르는 모습이 차라리 귀엽다고 할 정도였는데 한편 내가 당황하지 않을 수 없었던 것이 이 소녀는 대부분의 산모들이 가지는 분만에 대한 예비지식이 전혀 없었고 남편이란 소년도 정신 나간 사람처럼 어쩔 줄 몰라 하며 계속 훌쩍거리고 있었다. 소년은 처음 분만대기실에서 산모와 함께 있으면서 웃기도 하고 얘기도 나누더니 진통이 시작되자 산모보다 남편이 오히려 더 중환자가 되어 벌벌 떨고 있었다.

소녀의 어머니는 침대 옆에 앉아서 딸이 진통으로 얼굴이 일그러지고 소리를 지를 때마다 본능적으로 동정의 눈물을 쏟으면서 자기 딸이 이런 고통을 당하는 것은 모두 소년의 잘못이니 마땅히 남편인 소년도 고통을 받아야 한다며 악을 썼다. 12세의 꼬마 신랑은 그게 무슨 소린지조차도 알아듣지 못하고 그저 울고불고 법석을 떠는 산모가 걱정이 되는 듯 겁에 질려 있었다.

서투른 불장난으로 뜻하지 않게 임신을 했고, 그래서 부랴부랴 결혼식을 올렸던 이들은 임신이 무엇인지도 모르면서 아기를 낳아야 한다.

이제 아기가 태어나면 당장 양육해야 하고 진통 중의 아내 옆에서 땀을 흘리는 것보다 더 크고 무거운 책임인 부모로서의 임무가 그들 앞에 기다리고 있는 것이다.

산모는 다시 안정을 되찾아 조용히 사랑스런 남편의 손에 매달려 진통을 계속했다. 나는 산모보다 어린 남편의 어깨를 두드려줘야 했다. 12세의 남편은 비록 처음엔 백지장처럼 하얗게 질려 훌쩍거리긴 했으나 이내 산모에게 자기가 있으니 안심하라고 말하면서 줄곧 그녀와 함께하며 산모가 그에게 매달리는 만큼 강하게 아내를 감싸주었다. 그럴 때는 마치 30대의 신사가 보여주는 것처럼 의젓하고 당당했다. 나는 분만실에서의 부부간의 처신에 대해 때때로 재미있게 느껴왔으나 이번은 아주 달랐다. 전에는 분만을 사랑의 행동으로 보진 않았으나 이번 이 꼬마부부의 경우는 맹세코 거룩하고 엄숙한 사랑의 행동, 바로 그것이었다.

산모는 겁에 질린 채 7시쯤 분만을 했다. 척수미부마취로 통증을 느끼진 않았겠지만 플래그 선생이 다른 산모를 다루듯 마구 취급하는 게 유감이었다. 아기가 큰 소리로 울어 제치며 태어나자 플래그 선생은 마치 자기가 기적이라도 일으킨 것처럼 콧대를 세웠지만 사실 기적을 일으킨 사람은 그가 아니고 누구보다도 그 꼬마부부였다.

새벽 2시쯤 정말 불쌍한 산모가 들어왔다. 20세인 그 여인은 7살 때부터 당뇨병으로 고생을 해왔으며 두 번의 임신 모두 몇 개월 내에 유산을 했다. 지금도 임신 6개월 만에 다시 조기 진통이 오는 바람에 병원에 실려 오게 된 것이다.

그녀의 20년 인생은 말하자면 살아 있는 의학 백과사전이었다. 당뇨병성백내장, 고혈압, 단백뇨, 15세 이후 세 번의 당뇨병혼수 등 갖가지 당뇨병의 합병증을 갖고 있었다. 어제만 해도 일주일 동안 태동이 없다가 때 이른 조기 진통이 와 뭔가 심상치 않은 게 다가오고 있음을 예고했다.

굿펠로우 박사는 산모를 진찰한 후 머리를 흔들며 자리를 떴다. 결국 아기는 사산됐고 더구나 여러 가지 기형이 있었는데, 척추 밑에는 큰 낭종, 한 손에는 엄지가 둘, 발목에는 섬유 고리를 두르고 있어서 살아 있지 않은 게 다행이었다. 나중에 굿펠로우 박사와 네드 스턴 선생이 의사실에서 이 환자에 대해 얘기하는 것을 들었는데 산모는 임신하지 말라는 의사들의 권고를 묵살하고 또 임신을 했고 중절수술이나 난관을 묶으라고 해도 막무가내로 거부하더라는 것이다. 박사는 그녀가 아마 아기를 얻을 때까지는 계속 임신을 할 것이라고 말했고 스턴 선생도 현재의 당뇨병 증세로 보아 다음 임신에는 더 이상 견딜 수가 없을 것이라고 말했다.

"그 여자는 지금 죽어 있는 거나 다름없어요. 콩팥은 전부 망가져 있고 혈관도 막혀 있죠. 이런 상태에서 임신이란 지쳐 쓰러진 말에다 채찍질을 하는 셈이 되죠. 숨쉬고 있다는 것만도 기적이에요."

스턴 선생이 안쓰럽다는 듯 혀를 끌끌 찼다.

밤 10시 30분에 5층 간호사가 내과병동 513호실 도카스 씨가 다시 호흡에 지장이 있다는 연락을 해왔다. 도카스 씨는 콤프턴 박사와 스턴 선생의 환자로 심장병에다 오래된 당뇨병까지 겹친 우리 병원 전체에서 가장 골치 아픈 사람이다. 나는 전에 그를 본 적은 없지만 자주 얘기를 들어 알고 있었다.

때때로 주치의까지도 어찌할 수 없는 환자가 있는 법인데 이들을 흔히 '늙은 망아지'라고 부른다. 늙고 성미 고약해서 자기 고집대로 행동하는 비협조적인 환자로 매사에 불평불만에 차 있는 사람을 말한다. 도카스 씨는 스턴 선생의 표현을 빌면 '제발 퇴원해주기를 바라는 늙은 망아지'였다. 그의 당뇨병은 더 이상의 인슐린을 거부하기 때문에 컨트롤이 되지 않고 있으며 성깔마저 고약해서 병원의 모두가 다 골머리를 앓고 있었다.

어느 날인가는 새벽 3시에 산성증에 빠져서 병원을 발칵 뒤집어 놓았는데 막상 위험을 넘기자 그는 주치의, 간호사, 인턴 등 누구 할 것 없이 그들에게 욕지거리를 퍼부며 전투태세를 갖추었다. 물에 빠진 사람 건져 놓으니 보따리 내놓으라는 식으로 생떼를 쓰는 데는 모두가 두 손 들어야 했다. 그는 콤프턴 박사가 몸소 찾아와 주사를 맞도록 '간청'하지 않으면 인슐린을 거부했고 때로는 아침식사도 마룻바닥에 집어 던져버리곤 했다.

그는 또 고질병인 기관지염까지 갖고 있었는데 자신의 산소기구를 병실까지 갖다 놓고도 사용하라고 아무리 권유해도 버티고 있다가 결국 숨을 쉴 수 없게 되어 인턴과 간호사를 지치게 만들었다. 병원에 근무하는 사람치고 도카스 씨에 걸려 곤욕을 치르지 않은 사람이 없을 정도로 악명이 높았는데 엑스레이 기사가 장난을 쳤는지도 모르지만 폐에서 혹이 발견되어 일주일 전에는 리차드슨 선생이 수술로 가슴을 열어보기도 했었다.

현재 그는 수술 직후인데다가 제대로 치료가 안 된 당뇨병이 있고 숨을 쉴 수 없다고 호소하고 있는 것이다. 나는 그의 차트에서 일주일 내내 매일 밤마다 2~3차례씩은 인턴을 불러낸 기록을 볼 수 있었다. 이 작은 눈에 대머리며 땅귀신같이 생겨먹은 도카스 씨는 나를 보자마자,

"뭘 좀 어떻게 해주시오. 도무지 숨을 쉴 수가 없소."

하며 사정을 했다.

그러나 앞가슴을 청진해보니 양쪽 폐에서 공기 움직이는 소리가 뚜

렷이 들려왔고 그렇게 좋아 보이진 않았으나 아직도 뺨은 핑크빛이어서 도카스 씨의 애원이 반은 엄살처럼 보였다. 간호사 말로는 내게 연락한 후에도 계속 호출벨을 눌러대면서 '숨을 쉴 수가 없다', '편치 않다.' '토할 것 같다' 는 등의 호소를 해왔다는 것이었다. 그리고 초저녁 때엔 인슐린 쇼크증상이 조금 있었는데 간호사가 유사시를 위해 준비해둔 오렌지 주스를 마시라고 했지만 거부해서 설탕물을 먹으라고 했단다.

나는 그의 호흡곤란의 원인을 즉시 알아낼 수가 없었다. 그에게 다만 곧 좋아질 것이라고만 말하여 안심시키고 간호사에게 밤새 산소를 틀어놓으라고 지시했다. 세코날도 더 처방하고서 산과로 올라가 잠시 잠이 들었는데 12시 30분쯤 또 전화연락이 왔다. 도카스 씨가 숨을 쉴 수가 없어 야단인데 빨리 와줘야겠다는 것이었다. 나는 진정제 몇 알을 더 처방하기도 무엇해서 산소가 아직도 들어가고 있느냐고 물었다.

"아녜요. 1시간 전에 환자가 꺼버렸는걸요."

"그럼 당장 다시 틀어놓고 아직 쇼크증상이 남아 있는 것 같으면 설탕물을 더 먹이도록 하시요."

"환자를 보러 안 내려 오시겠어요?"

"1시간 전에 봤으니 더 볼 필요는 없을 거요. 간호사 혼자 처리하시오."

그리고 나서 새벽 2시 30분께 다시 간호사의 신경질적인 연락이 왔다.

"도카스 씨가 숨을 못 쉬겠다고 2분마다 한 번씩 벨을 눌러대니 어떻게 하면 좋겠어요?"

간호사의 호출에 잠은 깨었지만 환자를 보러 내려가기가 싫었다. 도카스 씨라면 뻔한 일이고 그간 간호사들한테도 애를 먹였으므로 그냥 버텨 빚을 갚는 것도 괜찮을 것 같았다.

"계속 관찰하고 세코날이나 더 주는 게 좋겠소."
"선생님이 처방했던 약은 다 거부했는데요?"
"그러면 그가 좋아하든 싫어하든 상관 말고 루미날 2그레인을 피하 주사 하시오! 그리고 나를 그만 좀 괴롭혀요!"

수화기를 내려놓고 잠을 청했으나 잠이 올 리 없었다. 뒤가 불안하고 조바심이 나서 견딜 수가 없었다. 내려가서 어떻게 되었나 볼까 하다가 '아니야, 아까 가서 볼 때도 괜찮았는데, 뭘' 하는 생각이 들었다.

병실로부터는 6시 15분까지 아무 연락이 없었다. 역시 엄살이었군. 간호사를 겁주는 데도 성공했구…… 그러나 그때 우드 양의 가볍고 유쾌한 목소리가 침대를 흔들었다.

"선생님, 도카스 씨가 방금 사망했어요! 513호실로 내려오시는 게 좋겠어요."

가슴이 털썩 주저앉고 등골에 식은땀이 흐르는 걸 느끼면서 허겁지겁 달려가 보니 도카스 씨는 확실히 '호흡이 멎어' 있었다. 죽어 있는 것이 확실했다. 밤번 간호사는 나를 잡아먹을 듯 노려보면서 말 한마디 없이 휙 나가버렸다. 다리에 힘이 쭉 빠졌다. 책상에 주저앉아 그의 차트를 보면서 젠장! 도대체 어젯밤 일을 어떻게 적어 넣을 것인가, 궁리하고 있는데 그 간호사는 다른 간호사들 앞에서 자신이 내게 이 불쌍하게 죽어가는 환자를 봐달라고 얼마나 간청했으며 내가 그녀에게 어떻게 대했나를 낱낱이 불어대고 있었다.

이런 소동 속에서 네드 스턴 선생에게 도카스 씨가 사망했다고 연락했더니,

"죽었어? 그래?"

라는 단 두 마디뿐, 별 반응을 보이지 않음으로써 일단 나를 안심시켰다. 그러나 나는 파도처럼 밀려오는 죄책감을 주체할 수가 없었다.

간호사가 3시 30분쯤 하다 하다 못해서 카레이 선생에게 연락했으나 그도 환자를 보러 오진 않고 데메롤만 처방했다는 차트를 보고 알 수 있었다. 그러나 그렇다고 해서 내 죄의식이 반감되지는 않았다.

나중에 안 일이지만 리차드슨 선생이 가슴을 열어보니 도카스 씨의 식도 위에서 복부 아래까지에는 광범한 폐암이 퍼져 전혀 손댈 수가 없을 정도였으며 앞으로 3~4개월 정도밖에는 수명이 남지 않았음을 알 수 있었다고 한다. 이런 사실을 듣고 한편으로는 위안도 되었으나 그렇다고 나의 태만을 변명할 길은 없었다. 내가 그때 바로 그에게 달려갔더라도 어쩔 수 없는 일이었겠지만 이렇게 큰 죄의식에 사로잡히지는 않을 것이다. 그는 마치 늑대가 나타났다고 너무 자주 거짓말을 하는 바람에 자기 운명의 묘혈 속에 스스로 빨려 들어간 목동과도 같은 처지가 된 것이다.

그러나 도카스 씨의 '늙은 망아지' 기질에 이런 모든 소란의 책임이 있다고 해도 나는 나대로 할 수 있는 최선을 다해야 옳았다. 태만했고 오만했으며 무엇보다도 의사로서의 책임을 회피했다. 환자의 상태가 어떠했건 간에 내게 도움을 청했던 환자를 외면하여 벌어진 이 가슴 아픈 소동을 통해 나는 너무도 많은 것을 배웠다.

(수 년이 지난 지금에 와서도 나는 이 뼈아픈 에피소드를 생생하게 기억하고 있다. 지금도 그렇지만 그때도 그 무엇보다 나를 괴롭힌 것은 나의 태만을 나무라는 소리가 한마디도 들리지 않았다는 것이다.

양심과 도덕을 외면한 듯한 이 사실에 대해 나는 왜 그 누구도 아무런 얘기가 없었는지를 이제는 조금 알 수 있을 것 같다. 이런 문제는 직접 겪어 스스로 배우는 방법 이외는 달리 해결책이 없다. 이것은 바로 의사라면 누구라도 가슴 깊이 새겨져 있는 나름대로의 '가슴 아픈 에피소드'인 것이다.

개업을 한 지 수 년이 지난 의사들에게 면할 수 없는 한 가지 두려움이 있다면 그것은 분노, 흥분, 태만, 이기심 등에 빠져 혹 사태판단을 그르치지 않을까 하는 것이다. 의사에게는 비록 99번쯤 판단을 잘해서 쓸데없는 오밤중의 호출, 불필요한 왕진, 간호사의 전화연락 등에 대해 별일 없이 안전하게 넘어갔더라도 항상 그를 기다리는 환자는 있고 정말 꼭 봐야 할 환자는 하나 있는 법이다.

99번의 의미 없는 호출 다음의 한 가지 꼭 응했어야 할 호출을 무시함으로써 막을 수도 있었던 죽음이라는 대가를 치르고 나서, 가슴에 못이 박히는 고통을 통해 배운 교훈은 일생 동안 결코 잊을 수가 없는 것이 된다.

그러기에 동료가 이런 경우를 당했을 때 먼저 나서서 돌을 던지려 하는 의사는 거의 없는 것이다.)

8 유치한 연극

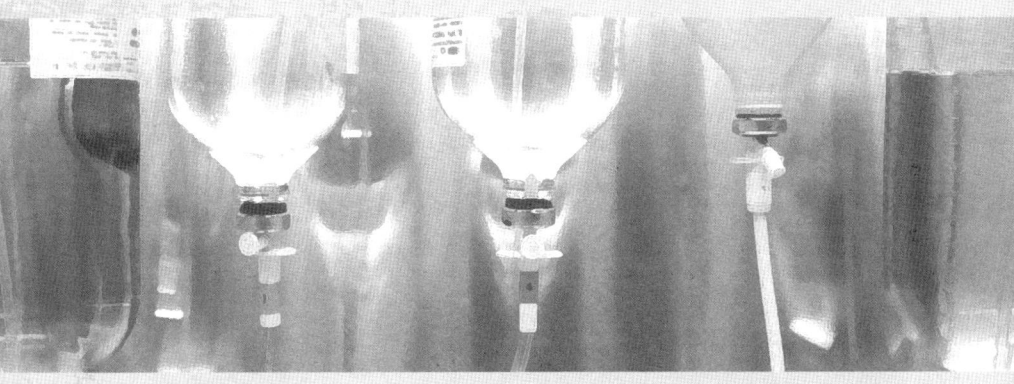

이런 경우가 바로 의사들에게는 치욕적인, 확진을 내리지 못하는 케이스이다. 결국 손으로 이곳저곳 더듬기만 하다가 환자는 저절로 회복되고 그걸 모르는 환자는 의사에게 병을 고쳐줘 고맙다고 머리를 조아리는 그런 경우다. 반 베르트 선생은 환자를 침대에서 휴식시키고 클로로마이신을 주라는 처방 이외엔 별다른 처치를 하지 않았다.

Intern X

유치한 연극

9월 15일 (목)

언젠가 볼드윈 선생이 밤늦게 분만을 마친 후 빨리 집으로 돌아가려는 데에만 정신이 팔려서 회음측절개술의 봉합을 시작도 않은 채 내게 지침기(指針器)를 건네주면서,

"남은 몇 바늘을 끝마치시오."

라고 말한 적이 있다.

나를 화나게 한 것은, 새벽 2시에는 집에 얼른 돌아가려고 바늘을 집어 던지면서 왜 대낮에는 주지 않느냐는 것이었다. 물론 새벽 2시나 대낮이나 일을 해볼 수 있다는 데는 별 차이가 없겠지만 일을 배우고 싶은 인턴의 의욕을 짓뭉개는 산과 스탭들의 태도에 대한 나의 실망은 컸다.

산과 근무 2주 동안에 겨우 두 아이밖에 받아보지 못했으니 여기에 보다 근본적인 문제가 있는 것이다. 이것은 결국 인턴에 대한 산과 스탭들의 신뢰 문제도 아니고, 인턴이 일을 망칠까봐서도 아니고, 그렇다고 환자가 일급 치료를 받지 못할까봐 조바심해서도 아닌 것 같다. 분만이 뭐 그렇게 대단한 수술이라고 자기들끼리만 쉬쉬하며 인턴을 뒤로 따돌리는지 알 수 없는 일이다.

솔직히 말해서 산과의사의 일이라는 게 다만 아기가 마루로 굴러 떨어지는 것을 막기 위해 그저 서 있기만 하면 99%는 건강한 산모와 아기를 얻을 수 있는 것 아닌가! 물론 가끔 곤란한 경우를 당하기도 하여, 그때그때 올바른 대처방법이 무엇인가를 정확하게 알고 또 그것을 처리할 만한 충분한 기술과 배짱이 있어야 하는 것은 나도 잘 안다. 그러나 굿펠로우 박사를 포함해서 모든 산과의사들은 산모들이 전신마취를 받아 의식이 전혀 없고 남편이 대기실에 있을 때는 인턴이 산모를 분만시켜도 별로 두려워하지 않는다는 걸 잘 알고 있다. 물론 산모가 의식이 있고 남편이 그 곁을 지키고 있을 때는 스탭들이 반드시 분만을 시키고 인턴은 단지 피나 닦아주며 멍청하게 서 있는 허수아비 노릇을 하래도 좋다.

내 판단이 좀 잘못된 것인지는 모르겠으나 산과의사들이 정말로 두려워하는 것은 인턴이 환자 앞에서 자기들의 기선을 제압하지 않을까 하는 우려, 혹은 분만비를 받아야 할 때 산모가 다른 의사가 분만을 시켰다고 항의를 할까봐 그러는 게 아닌가 여겨진다. 여하튼 척수미부마취의 등장이 인턴의 의욕과 일할 기회를 빼앗고 있으며 다른 방법이 발견되지 않는 한 마침내는 인턴은 분만실 밖으로 몰아내게 될 판이다.

그런데 유감스럽게도 척수미부마취가 환자의 안전과 편안을 위해서는 대부분의 분만에서 가장 좋다는 것에 문제가 있다. 굿펠로우 박사와 보그스 박사가 2년 전부터 이 방법을 소개하여 아내가 고통스럽게 몸부림치며 분만을 하지 않아도 되니까 남편을 분만장에 끌어들였다. 바로 이것이 산과의사들이 분만장에서 벌이는 연극의 유치찬란한 서막이었다. 산과의사는 이 연극의 스타가 되어 그가 하고 있는 일을 차근차근 설명하고 간혹 산모와 농담도 주고받으며 그 자신을 스스로 일류의 사로 만든다.

이 세상 어떤 산부인과의사라도 만일 굿펠로우 박사만큼 훌륭한 쇼맨십을 발휘할 수만 있다면 그는 충분히 관객들을 매료시킬 수 있을 것이다. 관객 대부분은 굿펠로우 박사를 별로 좋아하지 않으면서도 그의 연기가 너무나 화려하기 때문에 따르지 않을 수 없다. 진실로 그를 따를 수밖엔 다른 도리가 없다.

나는 다만 일을 하고 싶다는 소박한 욕심 때문에 갖가지 생각에 사로잡혀 있었다. 케이즈 박사를 비롯한 많은 스탭들에게 근무에 대한 불평을 아무리 늘어놓아도 소용이 없어 나는 마침내 내 스스로 이 소외된 슬픔을 이겨나가보리라고 결심하게 되었다.

대부분의 산모와 가족들은 사실 분만실에서 누가 무엇을 하는지조차 모르고 있다는 사실에 나는 관심을 두었다. 즉 의사가 거기에 함께 있고 건강하고 크게 울어 제치는 아기를 보여주기 위해 그들 앞에 들어올리기만 하면 그들은 더 이상 아무것도 요구하지 않는다. 산모는 일단 분만실에 들어오면 산과의사가 중요하다고 강조하는 것은 무엇이든지 소중하다고 여기고 그 외의 것은 무시할 것이다. 그들이 정말로 원하는 것은 그들이 믿는 의사가 함께 있어주고 건강한 아기를 얻는 것뿐이다. 그 이외에는 아무것도 바랄 게 없는 것이다.

드디어 나는 한 가지 묘안을 생각해냈다. 산모가 의식이 깨어 있는 상태에서는 산과의사가 그저 서서 인턴에게 모든 일을 떠맡길 수는 없겠지만, 늘 그래왔던 것처럼 인턴에게 이번 분만에는 이 과정을 하게 해주고 다른 분만에서는 또 다른 과정을 하게 해주는 식으로 한다면, 완전한 분만을 많이 받아보지는 못한다 해도 산과의사의 체면을 손상시키지도 않고 또 산모가 전혀 눈치 채지 못하게 인턴의 산과 근무 중 50~60명의 분만에 해당하는 일을 해볼 수 있을 것이다.

프린스 박사는 내 의견을 듣고 나서 잠시 파이프를 빨더니 이렇게 말했다.

"그것 참 왜 진작 그런 생각을 못 했는지 모르겠군. 어디, 좀더 신중히 검토해보기로 합시다."

그는 내 아이디어에 좀 놀랐는지 머리를 긁적이면서 사라졌다. 그러나 굿펠로우 박사는 몇 가지 자질구레한 반대를 늘어놓았다.

"정상 분만을 한 산모의 경우에도 많은 사람이 성교 때 상당한 통증을 회음부절개부위에 느끼는데 그게 불평거리가 안 될지 모르겠군. 그렇게 되면 산모들에게 설명하기가 곤란해지니까 말이요."

그러나 그런 얘기는 다만 반대를 위한 반대로 들린다고 내가 공박하자 박사는 웃으면서 그렇다고 대답했다.

"하지만 다음 월요일 저녁 산과 스탭미팅 때 그 아이디어를 소개해보지. 당신도 참석해서 질문에 답하는 게 좋겠어."

그동안 우리는 그 방법을 몇 번 시도해보기로 했다. 그리고 수요일 저녁 두 번째 분만 때 이 방법을 실제로 시도해보았다.

"선생, 겸자를 사용하시지요!"

굿펠로우 박사가 늘 그래 왔던 것처럼 내게 겸자를 건네주었다. 결과는 대성공이었다. 아무런 문제도 없었고 어느 누구도 눈 하나 깜짝하지 않았다. 산모도 항상 이런 식으로 분만수술을 하는 것으로 받아들였다. 굿펠로우 박사는 이런 결과에 약간 당황하는 것처럼 보였다. 나중에 그는,

"생각보다 잘 먹히는군. 왜 이런 생각을 아무도 못했을까?"

라고 말했다. 그러나 그것은 이제까지 어느 산과의사도 어떻게 하면 인턴에게 더 많은 일을 줄 수 있느냐에 대해 성의 있게 생각하지 않았기 때문이다.

목요일에는 환자가 너무 많이 들어오는 바람에 이 방법을 적용하지 못했는데 내 생전에 이렇게 많은 산모는 처음 보았다.

수요일 밤 늦게 굿펠로우 박사의 산모 두 명이 입원한 것을 비롯해서, 새벽 4시에 벤슨 박사의 산모가 분만하고 곧바로 2명의 산모가 들어와서 그들을 입원처치하고 5시에야 겨우 자러 들어갔는데 6시쯤 터틀 양이 문을 두드리면서 외쳤다.

"선생님, 산모가 일곱이나 새로 들어왔어요. 일어나세요!"

소스라치게 놀라 깨어보니 정말로 7명의 산모가 도처에 누워 있었고 그중 3명은 마루에라도 분만을 해야 할 판이었다. 그때부터 오후 2시까지 우리는 마치 단추공장에서 제품 생산해내듯 분만실이고, 복도 수레 위고, 어디에고 가릴 것 없이 닥치는 대로 아기를 받아내야만 했다. 오전 6시부터 오후 2시까지 8시간 동안 무려 11명의 신생아를 분만시킨 셈이다.

이런 외중에서 태어나는 아기라고 해서 조금도 소홀함이 있을 수 없겠지만 나중에는 새로 태어나는 아기가 다만 핏덩어리로만 보일 지경이었다. 탄생은 누구에게나 마땅히 거룩하고 축복받아야 할 일이긴 하지만 이런 경우에 태어나는 아기는 아무래도 축복이 소홀했다고 할 수밖에 없겠다.

이렇게 바쁜 가운데서도 굿펠로우 박사는 그 방법을 고수했다. 처음에는 태반을 꺼내도록 해줬고 두 번째는 회음측절개술을 봉합하도록 해줬다. 굿펠로우 박사는 대부분의 산모들이 10개월 동안 자기 몸속에서 태아를 감싸고 있던 태반을 보고 싶어 한다는 데 착안하여 태반과 탯줄을 대야에 넣어 분만대 위로 갔다. 그는 그것을 집어 올려 산모의 코앞에 대고는,

"자, 이게 바로 태반이라는 거요!"

하며 그것을 마구 흔들어댔다. 피가 뚝뚝 떨어지는 태반과 탯줄을 본 산모와 남편은 하얗게 질리면서 어떤 이는 토하려고까지 했다. 바로 이때 박사는 내게 지침기를 넘겨주면서,

"자, 선생, 회음측절개부위를 봉합하지 않고 뭘하고 있소? 그리고 간호사, 아기를 산모와 아빠에게 보여드려야지?"

라고 말했다. 말하자면 양동작전(陽動作戰)인 셈인데 나는 이 틈을 이용하여 어느 누구의 주목도 받지 않은 채 누가 와서 바늘을 빼앗아 갈까봐 허겁지겁 회음측절개부위를 꿰매댔다. 굿펠로우 박사는 이 방법이 아무 문제없이 잘되어가는 데 대해 정말 놀란 듯이 말했다.

"이 방법은 정말 잘될 것 같구면. 열쇠는 물론 환자의 불평 여부에 달려 있겠지만 문제의 해결책은 될 수 있겠소. 월요일까지 여러 케이스에 시도해보고 스탭미팅 때는 그 결과를 말해봅시다."

오늘 오후에 내가 일을 막 마치려고 할 때 하워드 맥클린토크 선생의 산모 하나가 들어왔다. 그는 이 도시 안에서 놀랄 만한 명성을 얻고 있는 젊은 GP다. 산모가 척수미부마취를 원해 곧 마취를 해줬는데 하워드 선생은 막 아이가 나올 판인데도 행방을 알 수가 없었다. 나는 더 이상 그를 기다릴 수 없다고 판단하고 간호사들에게 산모를 분만장으로 옮기라고 이르고 급히 스크럽을 했다. 잘못하다가는 침대 위에서 분만할 지경이었다.

그때 마침 하워드 선생이 나타나서 산모의 상태를 살펴보더니,

"아니, 왜 빨리 시작하지 않고 있는 겁니까? 날 기다리셨소?"

하면서 내게 겸자를 건네주고 의자도 가져다주었다. 나는 영문을 몰라 약간 어리둥절했으나 이내 그가 나를 레지던트로 잘못 알고 있는게 아닌가 생각했다. 어찌됐건 나는 처음부터 끝까지 완전한 분만을 받아보았고, 산모의 의식이 멀쩡한 상태에서 행한 나의 첫 번째 분만이었으므로 가슴 뿌듯한 만족감까지 느꼈다.

분만이 끝나고 그에게 감사의 말을 전하면서 그간 산과의사들한테 인턴이 늘 소외되어왔다는 것을 이야기했다. 그는 내 말을 다 듣고는 빙그레 웃으면서 대답했다.

"대부분의 산모는 누가 분만을 시켰는지조차도 모르지만 알려고도 하질 않아요. 내 말이 틀리면 10달러 내리다. 산과의사들은 아무것도 아닌 일에 너무 겁을 집어 먹고 어쭙잖게 군다니까요!"

9월 16일(금)

아침 8시 30분쯤 클리닉의 마취과 과장 부인인 모어하우스 여사가 분만하러 병원에 들어왔다. 그녀에게 세 번째 아기인데 전에는 분만이 빨리 일어났다고 했다. 정오쯤 되어 진통이 시작되고 자궁도 열리기 시작하자 모어하우스 선생은 마취과 레지던트를 불러 척수미부마취를 하도록 했다. 그러나 마취가 잘되지 않아 간호사들이 주치의에게 연락했으나 그의 행방은 묘연할 뿐이었다.

"오래 기다릴 형편이 아니오. 빨리 분만 준비를 합시다."

하며 모어하우스 선생이 재촉했다. 참으로 모를 일이지만 이럴 경우엔 대개 아이가 빨리 나와 의사들을 곤경에 빠뜨리곤 하는 법이다.

나는 서둘러 스크럽을 하고 대기했으나 모어하우스 선생이 분만시킬 것인지 어떤지는 알 수가 없었다. 산모가 분만대 위로 옮겨져 소독포로 씌워지고 준비가 완료되자 아기의 머리칼이 보이기 시작했다. 나는 할 수 없이 분만을 주도하지 않을 수 없었다. 겸자를 사용하거나 회음측절개술을 할 시간적 여유가 없었지만 나는 파열이 일어나지 않도록 잘 조절해 나갔다.

탯줄을 잘라 묶고 있을 때에야 주치의가 헐레벌떡 들어왔다. 나는 내가 마치 스탭이나 되는 것처럼 행동했던 것에 대해 무슨 말썽이나 나지 않을까 해서 눈치를 살폈으나 그곳에 모여 있는 사람 그 누구도 내가 분만을 주도한 것에 이의를 제기하거나 얘기하는 사람은 없었다.

후에 안 일이지만 산모는 전에도 이렇게 빨리 분만이 진행되어 아이가 거의 출산될 때까지 누가 아기를 받을 것인가로 딜레마에 빠져 있었다고 한다.

9월 19일(화)

저녁 늦게 페니실린 쇼크환자를 처치해주고 오는 도중 분만장에서 아주 희한한 광경을 볼 수 있었다.

평소에도 그랬지만 헨리 볼드윈 선생이 '리드 분만법'에 대한 광적인 애착을 갖고 있다는 걸 여실히 보여준 그 광경을 나는 마치 적의 진지 깊은 곳에 들어간 스파이처럼 가슴을 조이며 낱낱이 목격했다.

볼드윈 선생은 내가 내과병동에 가 있는 동안 분만실로 '리드 분만' 산모를 데리고 들어가서는 내게 도와달라고 연락하지도 않고 혼자 분만을 해내고 있었다. 내가 막 위층으로 올라와보니 분만실 쪽에서 날카로운 여인의 비명이 들려오고 있었다. 나는 갑작스레 들려오는 찢어질 듯한 비명소리에 놀라 황급히 달려가 도대체 무슨 일인가 하고 들여다 보았다.

아! 그것은 참으로 눈뜨고는 볼 수 없는 처참한 광경이었다. 내가 아는 볼드윈 선생과는 전혀 다른 모습을 보여주고 있었다. 흡사 '지킬 박사와 하이드'의 주인공처럼.

그는 내가 분만장 안으로 얼굴을 디민 것도 모르고 오직 산모에만 열중하고 있었다. 가운과 수술모자, 그리고 마스크에 감춰진 그의 몸뚱아리는 흥분으로 열이 달아올라 그 속에서 마치 파도처럼 넘실대고 있었다. 산모는 분만대 위에 누워 다리를 등자 위에 올려놓고 수축 때마다 아기의 머리를 밀어내기 위해 비명을 지르고 몸부림을 쳤다. 고통에 일그러진 얼굴로 제발 아프지 않게 해달라고 통사정을 하는데도 볼드윈 선생은 들은 체도 하지 않고 붉게 충혈된 눈을 번뜩이며 외쳤다.

"잘돼갑니다. 메리 부인. 숨을 크게 쉬세요! 별로 고통스럽지 않죠, 그렇죠? 자, 조금만 더, 조금만 더!"

산모는 더 이상 도저히 참을 수 없다는 듯 머리칼을 쥐어뜯으며 울부짖었으나 볼드윈 선생은 아래로 힘을 주라고만 외칠 뿐이었다. 그때 갑자기 산모가 숨을 몰아쉬며 외쳤다.

"오, 하느님! 날 좀 살려주세요……."

그 순간, 아기의 머리칼이 보이기 시작했고 간호사가 동시에 외쳤다.

"선생님, 아기가 나왔어요!"

볼드윈 선생은 아기의 머리를 당겨 분만을 시킨 후 탯줄을 묶었다. 산모는 완전히 탈진한 상태에서 흐느끼고 있는데도 볼드윈 선생은 만면에 웃음까지 띠며 만족한 듯 말했다.

"아주 좋습니다. 훌륭해요. 별로 고통스럽지 않았죠? 그렇죠? 잘 해내셨어요."

볼드윈 선생의 미소가 그렇게 흉측스럽게 보일 수가 없었다.

간호사도 겁에 질린 듯 벌벌 떨면서 간신히 아기를 붙들고 있었고 산모는 얼굴을 침대에 파묻고 계속 흐느끼고 있었다.

나는 구토가 나오는 것을 겨우 참으면서 의사실로 돌아왔다. 잠을 이룰 수가 없었다. 무엇 때문에 볼드윈 선생이 그렇게도 리드 분만법을 좋아하는지 도무지 이유를 알 수가 없었다. 정신의학적으로 산고의 고통이 크면 클수록 아기에게 더 큰 모성애를 느낀다고는 하지만 요즘 들어 마취 없이 출산하기를 원하는 산모는 거의 없다. 의사의 취향에 의해 원하지도 않는 자연분만을 강요해 어떤 효과를 얻어낼 수 있는 건지 알 수가 없었다. 단 하나 볼드윈 선생과 같이 격렬한 진통을 동반하는 자연분만법을 좋아하는 산과의사들에게는 사디즘적 만족감을 줄지는 모르겠다.

월요일 아침은 요란스럽게 시작되었다. 새벽 2시 30분에 우드 양이 누군가 5층 창문으로 자살을 기도했다는 뉴스를 가지고 나를 깨웠다. 참으로 이상한 일이다. 나는 그런 소식을 듣고도 별로 놀라지 않았다. 항상 그런 일이 있어왔던 것처럼 나는 천천히 옷을 갈아입고 현장으로 걸어갔다.

추락한 사람은 노인 환자로 파자마와 옷이 전부 넝마인형처럼 구겨져 있었고 그 옆에는 오더리가 겁에 질린 듯 벌벌 떨며 서 있었다. 죽지는 않았지만 오른쪽 귀에서 피가 흘러 나왔고 다리 하나는 비틀려 꺾여 있었다. 자세히 보니 머리 오른쪽 부분이 뭉개져 들어가 있었다. 추락하면서 머리를 정통으로 부딪친 것이 분명했다.

그는 고혈압 치료를 받고 있던 반 베르트 선생의 환자인데 간호사는 그가 늘 신세한탄을 하고 있었다고 말했다. 나는 우선 기도에서 피를 빨아내고 응급처치를 한 다음 반 베르트 선생에게 연락했는데 자초지종을 듣고 난 반 베르트 선생의 한마디는 퍽 간단명료했다.
"이런 빌어 먹을!"
그가 도착했을 때까지도 환자는 숨이 끊어지지 않은 상태에서 맥박과 혈압은 간신히 체크할 수 있는 정도였다.
"이런 환자가 내겐 벌써 세 번째라구!"
반 베르트 선생은 환자를 보는 순간 약간 자제력을 잃었는지 심한 욕설을 퍼부으며 씩씩거렸다.

9월 21일(수)

창문 밖으로 몸을 던졌던 노인은 의식 한 번 돌아오지 않은 채 그날 밤 늦게 숨을 거두었다. 신경외과의사는 마취와 수술이 오히려 부담이 되어 죽음을 재촉하게 될지도 모른다며 손을 대지도 않았으며 결국 환자는 그 누구의 도움도 받지 못한 채 사망한 것이다.

8시에 시작된 수술에서 굿펠로우 박사가 미국을 방문한 이탈리아 의사들에게 수술 견학을 시키는 바람에 그는 '미국의 위대한 산과의사'로써 연기를 하고 나는 들러리를 섰는데 약간 당황하여 덤벙거렸다. 가끔 연극이 엑스트라의 어이없는 실수로 엉망이 될 때가 있는데 오늘의 '굿펠로우 쇼'는 그 이탈리아 의사들에게 어떻게 보였는지 알 수가 없다.
오늘의 두 번째 수술도 한마디로 뒤죽박죽이었다. 산모는 이제 겨우 21세에 이미 세 번이나 제왕절개를 한 여자로 마취를 위해 분만실로 옮겨졌을 때 플로츠만 선생은 혹시 조숙분만인지도 모르겠다며 엑스레이실로 가보라고 했다. 그러나 사진을 찍고 올라와보니 필름이 제대로 보이지 않아 다시 엑스레이실로 보내야만 했다.

결국 수술이 시작된 것은 11시쯤이었는데 이번에는 또 척수마취가 말썽이었다. 수술을 시작하려 할 때 산모는 치골 3횡지까지 감각이 있었으나 더 이상 기다릴 수가 없었다. 나는 마취여부를 확인하기 위해 4~5차례 핀셋으로 피부를 집어봤는데 그래도 감각이 있어 절개할 부위에다 국소마취제 노보카인을 사용했다. 그런데 이번엔 산모가 힘이 든다며 불편을 호소해와 결국 가스마취를 하기로 했다.

빨리 서두르지 않으면 마룻바닥에다 아기를 낳을 판이어서 꾸물거릴 수가 없었으나, 막상 배를 열어보니 그 전의 수술 때문에 유착(癒着)이 심했다. 자궁의 밑 부분이 복벽(腹壁)에 심하게 붙어 있고 방광은 정상 위치보다 4인치나 올라가 있어 원하는 부위에서 자궁을 열 수가 없는 등 만사가 뒤틀렸다. 우여곡절 끝에 건강한 산모와 아기를 얻긴 했지만 모두들 피투성이로 엉망진창이라고 투덜댔다.

2주 전에 진단을 위해 입원했던 20세의 여자환자가 오늘 다시 병원에 들어왔다. 딕 리버스 선생의 환자로 오후만 되면 항상 열이 오르고 목, 겨드랑이, 사타구니 등의 임파선이 부어올라 임파선 조직검사를 했는데, 그때 정확한 진단을 내리지 못했었다. 지금도 40℃의 고열에 오한, 마른기침, 그리고 무엇보다도 불명열 때문에 몹시 쇠약한 상태로 침대에 누워 있다.

심장을 청진해보니 마치 급한 말발굽 소리와도 같은 둔탁한 리듬이 들려 나는 우선 류마티스성 열과 심부전증을 생각해봤다. 그러나 심장의 박동이 매우 빠르고 환자의 나이가 젊다는 사실에 집히는 것이 있어 얼굴에 발진이 일어난 적이 있느냐고 물어보았다.

그녀는 마치 족집게 무당에게 자신의 과거가 들통난 여자처럼 눈을 둥그렇게 뜨며 고개를 끄덕였다. 나는 다시 어깨에 힘을 주고 관절통이 있지 않느냐고 물었더니 그녀는 현재 손가락이 아파서 굽힐 수가 없으며 전에 무릎도 아팠었다고 대답했다.

그러면 그렇지! 그렇게도 증상이 불분명하고 진단이 어려워 여러 사람을 곤경에 몰아넣었던 이 환자의 병명이 홍반성낭창(紅班性狼瘡)이라는 사실을 바로 '내'가 발견하게 되었다! 나는 차트에 진단을 적고 다음에 해야 할 검사와 처치까지도 일일이 적어놓았다. 스스로 생각해봐도 대견하고 자랑스러워 저절로 콧노래가 나올 지경이었다. 콜럼버스의 마음이 이러했으리라.

나는 곧 피터 카레이 선생에게 달려가 나의 위대한 발견을 한바탕 자랑삼아 늘어놓았다. 그도 감격한 듯 고개를 끄덕이며 듣고 있더니 조심스럽게 말했다.

"자네 정말 훌륭하군. 하지만 그녀를 진단했던 거의 모든 사람들이 그렇게 생각했다네. 리버스 선생도 입원 시 초진단을 그렇게 내렸는데 다만 차트에 적어놓지 않았을 뿐이야."

이런 빌어먹을!

9월 24일(토)

목요일 밤 카레이 선생과 만났을 때 그 불명열이 있던 여자의 진단이 확실해졌다는 것을 알았다. 낭창(Lupus)에 대한 피검사 소견은 양성반응으로 나왔고 골수생검에도 낭창에서 흔히 보이는 이상한 세포들이 보였다고 한다. 이것은 류머티스성 열이나 류머티스성 관절염과 같은 계통인 교원질환(膠源疾患: 전신의 결합조직이 계통적으로 침해를 받는 하나의 질환군)의 하나로 코티손이 나오기 전에는 사망률이 매우 높은 질병이었으나 요즘에 와서는 어느 정도 컨트롤될 수 있다.

환자의 코와 뺨에 붉은 발진이 생겨 '붉은 이리 병'이라고도 부르는 이 어려운 병을 나도 진단할 수 있어 기뻤지만 예쁘고 멋진 여자에게 이런 비참한 질병의 진단을 내려야 한다는 것이 몹시 안타까웠다.

수요일 밤 입원한 마린 선생의 환자가 우리를 당황하게 만들었었다. 31세의 월레스라는 이 산모는 첫 번째 출산이었는데 밤 동안은 별다른 진행이 없더니 6~7시간 후 진통 시작과 함께 양수가 터져버려 마린 선생은 유도분만을 하기로 결정하고 피토신을 주사했다.

그러나 어떻게 된 일인지 하루 종일 여러 번 주사했으나 기미가 보이지 않아 결국 목요일 오후 늦게 우리는 피토신을 혈관으로 점적(點滴) 주사하기로 결정했다. 사실 이 같은 결정은 지친 말에 채찍질을 해대는 가혹한 일이었으나 다시 진통이 시작되어 자궁이 열리고 아기가 분만될 수 있을 정도는 되었다.

분만 중에 산모는 약간의 오한과 쇼크증상은 있었으나 비교적 출혈은 적은 편이었다. 절개부위를 꿰매고 다시 병실로 돌려보낼 때까지 출혈은 멈춰 있었으나 마린 선생은 세심한 관찰을 지시하고 무슨 일이 일어나면 자기를 부르라고 말했다. 그때가 정확히 5시경이었다.

밤 10시쯤까지도 산모에게 별다른 이상이 발견되지 않아 안심하고 있었는데 10시 30분쯤 7층 간호사에게서 연락이 왔다. 월레스 부인이 이상하다는 것이었다. 나는 처음에는 너무 출혈이 많아서이거나 아니면 분만이 너무 길었던 때문에 생긴 쇼크증상이거니 생각하고 간단히 진찰을 끝내고는 마린 선생에게 연락하였다.

그런데 마린 선생 반응은 웬일인지 자못 심각했다. 즉시 에르코트를 처방하여 자궁을 수축시키고 자궁이 밑으로 내려가도록 15분마다 배를 마사지하라고 말하고는 만일을 위해 수혈도 준비하라고 했다. 그때까지도 산모의 상태는 어딘가 특별히 나쁜 것은 아니었고 단지 혈압이 약간 낮고 출혈이 좀 있었으며 진찰하는 동안 내내 오한이 있을 뿐이었다.

나는 우선 교차시험을 위한 피를 뽑고 IV를 시작했다. 피가 도착했을 때까지도 환자에게 특별한 징후는 없었다. 나는 곧바로 수혈을 시작하고 우드 양을 불러 환자 옆에서 계속 관찰하도록 지시했다.

겨우겨우 환자는 밤을 넘겼다. 그러나 그녀는 잠을 한숨도 못 잤고 흥분과 피곤으로 인해 까칠해진 몸으로 벌벌 떨고 있었다. 마린 선생은 이런 증세가 너무 오래 끈 분만 때문인 것 같다고 말했으나 내게는 뭔가 좀 석연치가 않았다. 산모에게 이런 경우는 퍽 드물기 때문에 나는 우드 양에게 계속적인 관찰을 다시 지시했다.

금요일 하루 동안 병세가 약간 호전되는 것 같더니 토요일 새벽 5시에 연락이 다시 왔다. 환자의 체온이 40℃라는 것이었다.

"이봐! 간호사, 혹시 잘못 잰 것 아냐?"

월레스 부인은 기분은 괜찮다고 했으나 무척 상기되어 있었다. 간호사와 나는 환자의 열을 떨어뜨리기 위해 물로 몸을 씻어주었다. 어떤 방법으로든지 열을 잡아내려야 했던 것이다. 마린 선생 역시 열에 대해 몹시 당황해하면서 혈액의 세균배양과 페니실린 처치를 지시했다.

나는 문득 월레스 부인의 이런 상태가 혹시 산욕열(産褥熱)에서 유래된 게 아닌가 생각해봤다. 만약 그렇다면 내가 쇼크라고 판단했던 증상은 자궁감염증과 패혈증으로 인한 것이고 혈액 배양검사 결과는 틀림없이 연쇄상구균이나 포도상구균이 추출될 것이다. 더구나 산모에겐 산욕열에 걸릴 만한 전형적인 조건이 있었다. 양수가 너무 일찍 터졌고 오래 끌었던 피곤한 분만과정과 소독이 의심스러운 많은 진찰, 분만 후에 발생한 자궁무력증, 이에 따른 출혈과 쇼크가 그것이다.

    토요일 아침 11시, 내가 병원 문을 나설 때도 그녀의 체온은 여전히 39.4℃였다.

9월 27일(화)

    어제 아침 내가 출근했을 때 병원의 모든 식구들은 다른 어느 때와 마찬가지로 모두들 분주하게 일하고 있었다. 제이슨 박사는 10분 전에 분만을 받았고 굿펠로우 박사는 막 분만을 받는 중이었으며 2시간 이내에 분만에 들어갈 산모가 2명이 더 기다리고 있었다.

    그러나 이렇게 일상적이고 겉으로는 평온해 보이는 병원 분위기, 그 속에서도 참으로 가슴 아픈 뉴스가 깃발처럼 구석구석에서 나부끼고 있었다. 내가 토요일 퇴근하기 전에 처치를 했던 플래그 선생의 산모가 사망했다는 뉴스도 그중 하나였다.

    토요일 아침 9시쯤 튜퍼라는 산모를 진찰했었다. 그때 산모는 진통은 있었으나 그다지 활발하지는 않았다. 플래그 선생은 10시쯤 그녀를 진찰하고 나서 정오에 다시 올 테니 만일 그 안에 진행이 되면 양수를 터뜨리라고 지시했다. 그러나 그때쯤이면 내 근무가 끝났을 것이라고 말했더니 그는 잠시 망설이다가 그럼 자기가 하겠다고 말했었다.

    11시에 내가 떠날 때까지도 다른 문제는 없었다. 그러나 30분쯤 뒤 갑자기 심한 수축이 와서 간호사는 산모의 자궁이 파열될 것을 우려하여 플래그 선생에게 연락을 취했다고 한다. 여기서 한 가지 이야기해두고 넘어가야 할 것은 산과 간호사들은 분만 중인 산모의 상태에 대해 익히 알고 있는지라 굉장히 급한 경우를 제외하곤 별로 동요하지 않는다는 점이다.

플래그 선생도 이것을 아는지라 연락을 받은 즉시 병실로 내려왔는데 산모는 그때 거의 계속적인 강한 자궁수축과 심한 호흡곤란을 나타내고 있었다. 마취과의사가 척수미부마취를 더 추가시키려고 내려왔을 때 갑자기 산모의 호흡이 중단되고 혈압이 뚝 떨어졌다. 쇼크에 빠져버린 것이다.

바로 그때 태아의 심장소리가 멈추었고 플래그 선생은 즉시 분만실로 옮겨 분만을 시켰다. 그리고 곧이어 산모는 급성심부전과 폐부종 상태에 빠져 1시쯤 심장마비로 사망하고 말았다. 플래그 선생이 산모의 호흡곤란이 심할 때 급히 프레드 키더 선생에게 연락했는데 사망 직전 도착하여 가슴을 열고 심장마사지를 시도했으나 결국 아무 소용없이 죽고 말았던 것이다.

산모의 갑작스럽고 어이없는 죽음은 또 한 사람을 쇼크로 빠뜨렸다. 그는 바로 플래그 선생이었다. 그는 산모가 양수색전증(羊水塞栓症; 양수가 혈관이나 임파관 속으로 흘러들어가 관내에서 막혀 관강(管腔)이 폐쇄되어 일어나는 증상)을 갖고 있다고 판단했었다. 이 병은 나도 전에 들어본 적도 없는 희귀병인데 임신 말기에 일어나며 1만 명 중 하나 꼴로 일어나는 재난이라고 한다.

사후 부검 결과는 우리 모두에게 더 큰 충격을 주었다. 태반의 가장자리가 내부에서 찢어져 태아 주위의 양수가 태반으로 흘러들었고, 이 자극으로 인해 강한 수축이 왔으며, 다시 수축하는 압력으로 양수, 머리카락, 아기 피부의 밀납 같은 가칠(假漆), 그리고 많은 더러운 이물질이 산모의 핏속으로 덩어리져 들어가 폐에 틀어박혔으며, 바로 이것이 그녀를 심부전증과 폐부종에 빠뜨린 원인이 된 것이었다.

도저히 믿을 수 없는 이 사건은 병원의 모든 사람들에게도 큰 충격을 주었다. 더구나 수 년 동안 최초로 이 병원에서 발생한 산모의 죽음이라는데 더 큰 놀라움과 충격을 주었다. 플래그 선생은 불운했다. 만일 주치의가 굿펠로우 박사였다면 아무도 말을 하지 않았을 것이다. 그러나 플래그 선생은 산과 전문의가 아닌 GP였으므로 모두들 한마디씩 해댔다.

"왜 마땅히 필요했던 처치가 취해지지 않았는가?"

"도대체 사고의 정확한 원인이 뭔가?"

"혹시 플래그 선생이 태만했던 건 아닌가?"

그 일은 너무도 갑작스럽게 일어나서 아무도 끝이 어떻게 되었는지 알지 못했고 플래그 선생 자신도 환자가 거의 죽을 때까지도 도대체 뭐가 어떻게 된 건지 알지 못한 것이 사실이었다. 그는 이것을 모두 인정하긴 했지만 그렇다고 난처해진 입장이 좋아질 리도 없었다.

월요일 외과집담회가 끝난 후에도 그 일에 대한 토론은 계속되었다. 나는 플래그 선생에게 폐부종을 생각했으면서도 혈장을 주사한 이유가 무엇인지 물었다. 그는 풀이 죽은 목소리로 침통하게 말했다.

"혈압이 떨어져 쇼크라고 생각한 것 이외에는 어떤 상태인지 도무지 판단이 안 서더군……."

누군가가 내게 그 환자와 같이 폐부종이 의심되는 경우엔 어찌해야 하느냐고 물었다.

"우선 몰핀을 주고 그 다음엔 팔과 다리에 토니켓을 묶은 다음 디키탈리스를 주어야죠. 그리고 나서 아미노피린을 주어야겠죠."

나의 이런 설명에 그때까지 묵묵히 앉아 있던 프레드 키더 선생은 고개를 갸웃거리며 말했다.

"선생의 의견은 참 훌륭합니다. 그렇지만 이 환자의 경우엔 그 어느 것도 15분 정도만 더 끌 수 있었을 뿐 별 차이는 없었을 겁니다."

외과의사들은 어찌됐건 결국 그녀가 생명을 구할 수 있는 단 한 가지 방법이 있었다면 심한 수축이 시작됐던 첫 30분 이내에 당장 마취 없이 침대 위에서라도 즉석 제왕절개를 했어야 했다고들 했다. 그러나 어떤 의사도 그 당시의 정상을 참작해서 이 사건을 관대히 보아주려 하지 않았다. 일이 다 끝나고 버스가 떠난 뒤에 그들은 '그것보다는 이렇게 했어야 했는데……' 식의 얘기만 할 뿐이었다. 다음 산과 스탭미팅에서 이 사건이 어떻게 논의될지 흥미 있는 일이다.

병원에서의 입원환자 사망은 공개회합에서 분석되고 치료에 대한 시비를 각자 나름대로 이야기한다. 그런데 이 회합은 때때로 가혹할 정도로 비판적이어서 지난 5월엔 누군가 자궁파열환자를 잘못 다뤄 심하게 당했던 경우가 있다고 한다. 환자가 죽지는 않았지만 담당의사는 스탭미팅에서 견책되는 곤혹을 치러야 했다.

이런 견책보고서는 외과와 산과의 총책임자인 나탄 슬레터 박사의 손을 거쳐 병원집행위원회에 넘겨진다. 집행위원회는 이를 다시 검토하여 심할 경우에 산과병동에서의 축출을 결의할 수도 있다. 일반의에겐 병원 산과에서의 특권을 박탈하게 되면 산과 케이스의 환자를 보는 게 금지되므로 당장 환자의 3분의 1이 줄어드는 것을 의미하는 것이다.

진료과오에 대한 자체적인 응징의 수단으로 설치된 이런 기구가 있다는 것을 아는 사람은 흔하지 않다. 그러나 여기에도 문제는 있다. 웬만큼 큰 의료사고가 아니면, 심지어 환자가족의 항의가 없으면 아예 거론도 하지 않고 어물쩍 넘어가는 예가 허다하다. 플래그 선생의 경우도 앞으로 산과 스탭미팅에서 어떻게 얘기가 진행될지는 모르겠으나 의사들은 충격을 받은 나머지 비난은 했을망정 더 이상 코너에 몰아넣고 공박하지는 않았다. 누군가 나서서 그럴 수도 있었던 일이라고 강변하지 않았을 뿐이지 모두들 그런 표정으로 회의를 끝마친 것이다. 그러나 플래그 선생의 표정은 깊은 어둠이 드리워져 있었다.

마린 선생의 환자인 윌레스는 아직도 통증이 있고 여지껏 열은 39.4℃로 살아 있다는 사실만으로도 우릴 놀라게 한다. 지난 목요일의 혈액 배양검사는 그람음성균이 나타나 정확하게 어떤 균인지 알 수가 없었다.

나는 이 감염이 기복을 가진 고열, 상상 외로 낮은 백혈구 수, 심한 중독증상 등으로 미루어 혹시 장티푸스가 아닐까 하는 의심을 가졌다. 드물고 희귀한 일이 되겠지만 만일 장티푸스가 맞다면 우리는 진짜 골치덩어리를 모시고 있는 셈이다. 벌써 일주일 동안이나 격리되지 않은 채 일반병실에 있었으므로 거의 한두 번씩은 그녀와 접촉한 셈인 것이다.

나는 한편으로는 산모가 장티푸스가 아니길 바라면서도 또 한편으로는 장티푸스로 판명되어 내 회심의 추리가 맞아 떨어지길 바라는 마음이었다.

내 얘기를 들은 마린 선생은,

"이 친구야, 재수 없는 소리 하지도 말라구!"

하며 손을 흔들었다.

No-Information

9월 29일(목)

마린 선생이 반 베르트 선생에게 윌레스 부인을 의뢰한 사실을 알게 되었다. 검사 결과 장티푸스는 아니라는 게 판명되어 다행이지만 나의 심증은 여지없이 빗나가 김이 빠졌다. 여전히 38.3℃의 고열이지만 겉보기에는 어느 정도 호전돼 보였고 기분도 나아진 것 같았다. 이런 경우가 바로 의사들에게는 치욕적인, 확진을 내리지 못하는 케이스이다. 결국 손으로 이곳저곳 더듬기만 하다가 환자는 저절로 회복되고 그걸 모르는 환자는 의사에게 병을 고쳐줘 고맙다고 머리를 조아리는 그런 경우다. 반 베르트 선생은 환자를 침대에서 휴식시키고 클로로마이신을 주라는 처방 이외엔 별다른 처치를 하지 않았다.

주말에 한 산모가 조산을 했다. 처음부터 좋지 않던 아기는 수요일 오후에 결국 사망했다. 산모의 주치의인 외래일반의에게 연락했더니 그는 나더러 그 소식을 전하고 부검 허락도 좀 받아달라고 말했다. 나는 정중하게 거절했다.

"그 일은 선생님께서라야 가능할 것 같군요. 산모에게 줄 충격도 있을 테고……."

그러나 그는 산모가 이미 아기에게 이상이 있다는 사실을 알고 있었고 각오도 돼 있을 것이라고 말해 나는 어쩔 수 없이 그 이야기를 해줘야 했다.

그녀는 큰 체구에 어딘가 좀 슬픈 듯한 얼굴을 가진 여인이었는데 내 얘길 듣고는 아무 말 없이 눈물만 흘렸다. 나는 필요 이상으로 무뚝뚝하지 않으려고 노력했지만 좀 거칠었지 않나 하는 생각이 들었다. 그녀가 미리 각오하고 있었는지 어쨌는지는 잘 모르겠지만 이 세상 어느 부모도 아무리 아기의 상태가 나쁘다 해도 죽으리라는 예상을 하면서 태연히 준비하고 있을 사람은 없을 것이다.

억지로라도 의사의 진단이 틀렸으며, 만사가 잘될 것이라고 굳게 믿기 때문에 막상 불행이 닥치고 나면 애초에 아무런 마음의 준비가 없었던 사람들처럼 큰 충격을 받게 되는 것이다. 열 달 동안 자기 몸속 깊은 곳에서 숨쉬던 소중한 자기의 분신이 태어나자마자 죽게 되면 어머니들은 대개 그런 충격과 함께 뼈아픈 죄책감에 사로잡혀 어쩔 줄 몰라 한다.

나는 그녀가 울고 있는 동안 조용히 지켜보고 있다가 조심스레 부검을 부탁했다. 그녀는 순순히 허락해주었다. 아기에 대한 부검이 의학적으로 어떤 가치가 있는 것인지? 이런 일은 어머니의 가슴에 다시 한 번 못질을 하는 가혹한 짓이 아닌가 여겨져 안쓰러웠다.

수요일 오후 7시 30분, 4명의 산모가 꼬리를 물고 들어왔는데 그들 중 하나는 제이슨 박사의 22세 난 산모로 'No Information' 케이스였다. 제이슨 박사가 굉장히 많은 돈을 벌고 있다는 것은 들어서 알고 있는데 그는 아기를 양자로 보내기를 원하는 많은 산모들을 'No Information'으로 입원시킨다. 내가 언젠가 이 아기들이 어떻게 되는가 하고 물었더니 그는 조금도 거리낌 없이 이미 양자 보내기로 다 되어 있다고 말했다. 양자를 보내는 것이 이 주(州)에서는 불법이 아니지만 바로 이것이 그가 돈을 잘 버는 방법 중의 하나가 될 것이다. 그는 합법과 인류애를 내세워 감히 남들이 흉내 내지 못하는 근사한 방법으로 재산을 축적하고 있는 것이다. 그것도 고도의 의학기술을 동원하여.

목요일 오후에 플로츠만 선생의 환자가 몹시 중태인 채 입원했다. 임신 7개월인데 갑자기 심한 출혈 증세를 보여 병원에 오는 도중에도 두꺼운 목욕타월을 다 적실 정도였고 얼굴은 백지장처럼 창백했다.

35세로 네 아이의 어머니인 산모는 전날 밤엔 갑자기 구토와 복통이 일어났고 자궁은 흡사 석고처럼 굳어져 계속적인 수축이 있는 것처럼 보일 정도였다. 산모는 또한 등에 심한 통증을 느끼고 있었는데 태아의 심음도 들리지 않고 있었다.

병력으로 미루어볼 때 이 산모는 전치태반이거나 조기박리(早期剝離)인 것으로 판단되었다. 아직 의학적으로 원인이 규명되지는 않았지만 만기가 되기 전에 태반이 떨어져나가 심한 자궁출혈을 보이며 태아가 죽게 되고 출혈을 바로 멈추게 하지 않을 경우 산모도 사망하게 되는 태반조기박리 환자들이 간혹 있다.

나는 이 산모의 자궁이 단단하게 굳어져 있으므로 태반의 박리로 확신하고 플로츠만 선생에게 보고했다. 그도 환자를 보기 전에는 내 의견에 동조했으나, 막상 진찰을 끝낸 후 아무런 단서도 찾아내지 못한 채

비지땀만 뻘뻘 흘리면서 안절부절못했다.

"큰일났군. 도무지 모르겠는걸, 산과의사를 부르는 게 좋겠어."

"누구를 부를까요?"

"아무나 당신이 원하는 사람을 부르시오. 아무나 말이오!"

나는 그를 쳐다보고서야 그의 말을 알아들을 수 있었다. 그는 몹시 당황하고 있었다. 보통 진료의사를 의뢰할 경우에는 최소한 누구를 부를 것인가는 결정해주는 것이 상례다. 그러나 그 순간 플로츠만 선생은 너무나 당황한 나머지 이것저것 가려 생각할 여유가 없었던 것이다. 그는 환자의 손만 붙들고 서서 내게 무엇을 해야 할지를 묻고 내가 하는 말에 무조건 따랐다. 비극적인 주객전도였다. 그는 숫제 환자를 포기할 만큼 자신을 잃어, 어떤 결정이 필요한 경우에도 내가 알아서 해야 할 판이었다.

나는 즉시 벤 보그스 박사에게 연락했다. 플로츠만 선생은 내게 항문수지검사를 지시했으나 사실 이런 상황에서는 정말 하고 싶지 않은 일이었다. 아기가 산도(産道)에 있는지 여부를 알아보는 이 검사 결과 아기의 머리가 아주 낮게 자리 잡고 있다는 것을 알아냈으나 태반은 만져지지 않았다.

잠시 후 보그스 박사가 나타나 곧장 진찰을 하더니 양수를 터뜨렸다. 그도 태반의 조기박리가 일어났다는 사실에는 동의했으나 산도에 위치한 아기의 머리가 출혈을 멈추게 할지도 모른다며 피토신으로 아기를 유도분만시킬 수 있을 것이라고 말했다.

보그스 박사 말대로 얼마 후 양수가 터지고 출혈이 적어지면서 산모는 심한 진통을 시작했다. 그쯤 되자 플로츠만 선생은 다시 용기를 되찾았는지 보그스 박사를 부른 걸 후회하는 듯이 보였다. 이 눈치를 챈 보그스 박사는 그에게 노골적으로 자기가 이 케이스를 계속 맡아도 되겠느냐고 물었다. 플로츠만 선생이 머뭇거리면서 잘 모르겠다고 하자 그는 화를 벌컥 내면서 내뱉었다.

"좋소! 당신이 하시오. 하지만 문제가 생기면 나 말고 다른 의사를 부르시오!"

고래 싸움에 새우등 터진다는 격으로 나는 다시 혼자서 산모를 지켜야 했다. 플로츠만 선생은 피토신을 산모에게 주어야 할지 어떨지, 준다면 얼마나 주어야 할지, 피를 수혈해야 할지 어떨지를 전혀 모르고 있어 나는 나 혼자의 결정대로 다 밀고 나가야 했다. 그는 의사실에 들어가 라이프 잡지를 뒤적이며 쉬고 있었다.

환자가 간헐적으로 출혈 기미를 보여 저녁 때 결국 굿펠로우 박사를 불렀더니 그는 산모의 자궁이 열리기 시작했으나 별로 빠르질 않아 스코폴라민, 몰핀, 세코날 등을 써서 자궁을 이완시키면 아기가 나올 것이라고 말했다. 오후 늦게 분만이 임박해진 것 같아서 다시 그에게 연락했는데 그는 출혈이 멎고 혈압이 괜찮으면 내가 분만을 받으라고 말했다.

"아마 당신이 충분히 할 수 있을 거요. 출혈은 태반을 분만시키는 즉시 멈출 것이오."

그때까지 산모의 자궁은 제대로 수축하고 있었다. 나는 재빨리 스크럽을 하고 별 어려움 없이 분만을 시켰다. 그러나 불행하게도 아기는 죽어 있었다. 그리고 산모의 자궁에서 1*l* 정도의 오래된 검붉은 피가 쏟아져 나왔다. 하루 전날 밤 내내 자궁출혈이 있었음에 틀림이 없었다. 출혈은 멈췄으므로 산모의 생명에는 지장이 없을 테지만 산모로서는 견딜 수 없는 고통일 것이다.

황당한 오후였다. 그녀가 임자를 잘못 만나 졸지에 경을 치렀다는 생각이 들어 몹시 안타까웠다. 담당의사는 물론 보조인 나조차도 응급환

유치한 연극 | 201

자의 처치에 당황하고 흔들려 무슨 처치를 해야 할지, 누구의 도움을 받아야 될지조차 모르고 있었다는 사실이 부끄럽기만 했다. 그리고 이제 겨우 3개월짜리 병아리의사에게 소중한 생명을 내팽개치고 우왕좌왕하던 플로츠만 선생에게 구역질나는 혐오감을 느꼈다. 그는 내일이면 오늘 일은 다 잊어버리고, 겸허한 미소와 온화한 음성으로 풀 죽은 환자에게 등 두드리며 말할 것이다.

"아무 걱정하지 마십시오. 제가 당신의 병을 고칠 수 있으리라는 사실을 굳게 믿고 저의 지시에 따라주십시오."

10시쯤 집에 돌아와서 옷을 갈아입고 나서야 아내에게 늦겠다고 연락을 안 한 것이 생각나 결국 오랜만에 부부싸움의 짜릿한 쾌감을 맛보았다.

9월 30일(금)

주말이 다가오고 있다.

플로츠만 선생의 환자는 아기를 잃고도 잘 견뎌내고 있었다. 정말 대단한 여자다. 간호사에게 신생아실의 아기 울음소리가 들리지 않도록 그녀를 아래층으로 옮기라고 했더니 그녀는 내 배려를 퍽 고마워했다.

오후엔 보그스 박사와 소파수술을 했다. 그는 수술을 다 끝낸 후에 무슨 큰 선심이나 쓰듯 자궁 내부의 감촉을 느껴보라며 무딘 큐렛을 건네주었다. 어이없는 쓴 웃음이 나왔지만 꾹 참고 큐렛을 받아 감촉을 느껴 본 후에,

"깊은 배려에 각골난망입니다."

라고 말해주었다. 이 오만한 친구는 내가 비위가 틀려 비꼰 줄 알았

을 것이다. 이제 곧 산과를 떠나 이런 친구를 안 만난다고 생각하니 다행스럽고 홀가분할 뿐이다. 산과 문 밖을 나서자마자 이 친구들에게 야유를 보내리라. 총알 세례는 아니더라도 소금 세례쯤으로 말이다.

저녁에 피터 카레이 선생 부부와 만찬을 갖고 오랫동안 얘기를 나눴다. 그는 이번 달에 인턴이 배당되지 않아 제2내과를 혼자 떠맡아 매우 힘들게 일하고 있었다. 피곤에 지친 듯 누렇게 떠서 마티니 한 잔에도 취기가 올랐다.

그는 내년에도 이 병원에서 레지던트 수련을 계속할 것인지 아직 결정하지 못하고 있었다. 그는 이번 달 내내 키더, 케이즈, 리버스 선생 등의 비위를 맞추느라 혼이 났다. 그 세 사람은 클리닉 전체에서도 가장 악질적인 완벽주의자들이다.

피터슨 박사와 스미더스 선생은 매사에 철저하고 날카로운 면이 있으나 남서부에서 가장 이름 높은 의사들로 배울 게 많고 같이 일하기가 편한 반면 키더, 케이즈 두 사람은 일류의사이긴 하지만 인턴과 레지던트를 들들 볶는 스타일이다. 또 반 베르트 선생은 성실하지만 오만하고 차가운 사람이라 함께 일하기가 쉽지 않다.

그러나 문제는 인턴·레지던트 들이 스스로 스탭을 선택해서 근무할 수 없다는 것이다. 결국 양과 함께 염소도 동시에 모실 수밖에 없다는 얘기인데 카레이 선생에게는 요즈음 염소가 너무 많아진 것이다.

염소들은 양과는 달리 인턴·레지던트 들을 들들 볶는 스타일이어서 모시기가 여간 어렵지 않다.

10월 2일(일)

지난밤에 보그스 박사는 이제까지와는 달리 회음측절개술을 전적으로 내게 맡겼다. 그는 산모를 입원시켜 놓고 파티에 참석할 예정이었다. 산모가 분만이 임박하면 연락해달라고 말하며 떠났는데 진행이 예상보다 빨라 박사는 야회복을 입은 채로 허겁지겁 달려와야 했다.

그는 산모를 분만대 위에 눕히고는 겸자로 아기를 꺼낸 후 내게 회음측절개부위를 잘 꿰매줄 수 있는지 묻고는 그 일을 시켜줬다. 그러고는 산모에게 다가가서

"우리 젊은 선생님이 밑을 조금 꿰매어 원상으로 회복시켜 드릴 겁니다."

라고 말했다. 그는 다시 내게 속삭였다.

"자, 이제 여유를 갖고, 멋지게, 팽팽하도록 잘 꿰매보세요."

나는 정말이지 정성을 다하여 회음측절개부위를 꿰맸는데, 아차! 너무 정성을 다하는 바람에 지나치게 꽉 당겨서 꿰맨 것 같다. 한 일주일 정도는 뭐가 잡아당기는 듯한 느낌을 갖게 될 것 같다.

보그스 박사와 함께 지낸 수 주 동안 나는 그에게 개인적인 반감을 갖고 있었다. 굿펠로우 박사는 내가 제안한 방법이나 진료처치가 자기에게 불편을 주었을지라도 실행해보려는 성의가 있었으나 보그스 박사는 이내, 그것도 면전에서 창밖으로 내던져버렸다. 그에겐 모든 것이 철저히 100%여야만 한다.

(몇 년 후 나는 보그스 박사에게 수련을 받은 어떤 산과의사와 그에 대한 얘기를 나눌 기회가 있어서 박사에 대한 새로운 면을 알게 되었다.

"벤 보그스 박사는 어떨 때는 정말로 예의 없고 거칠어 밥맛없는 사람이긴

하지만 그는 믿을 수 있는 의사입니다. 누구한테도, 또 어떤 중환이 맡겨지더라도 겁을 먹지 않고 최후까지 열심히 함으로써 끝장을 보는 사람입니다. 언젠가는 전치태반환자를 진찰하다가 손가락으로 태반을 잘못 만지는 바람에 피가 마구 쏟아져 나왔습니다. 그러나 그는 태연하게 '칼을 주시오!' 하더니 당장 개복을 하여 2분 이내에 아기와 태반을 꺼냈지요. 아마 5분만 늦었어도 산모는 죽었을 겁니다. 결국 그는 산모와 아기 모두를 구한 셈이죠. 그런 상황에서는 굿펠로우 박사라도 당황한 나머지 둘 다 잃었을 것입니다.")

 토요일과 일요일은 피곤할 만큼 바쁘지는 않았지만 이틀 모두 일이 너무 적당한 간격으로 터져 잠이 들 만하면 불려나오곤 했다. 새벽 4시 30분에 우드 양한테서 응급환자가 왔다는 연락이 왔는데 그는 전날 오후에 납에 손가락을 다쳤던 걸 하필이면 이 오밤중에 병원에 올 생각을 해서 어이없이 잠을 깨운 멍텅구리 같은 친구였다. 머리통이라도 한 대 쥐어박고 싶었다.
 일요일은 너무 피곤해서 온종일 눕고 싶은 생각뿐이었다. 까닭 모를 우울한 감정이 밀물처럼 밀려왔다. 의사실 창문 넘어 바라다 보이는 도시와 사막, 그리고 지는 해를 향하여 마음껏 울며 소리 지르고 싶었다. 이렇게 때때로 가슴 저 깊은 곳에서 엄습해오는 주체하기 힘든 이 어둡고 애잔한 감정의 덩어리는 과연 무엇인가?
 이제 인턴 12개월의 과정 중 겨우 3개월밖에 마치지 않았는데 30년은 지난 것처럼 느껴졌고 이런 상태가 영원히 계속될 듯이 여겨졌다. 그렇다고 이 직업에 대해 싫증을 느꼈다거나 비관적인 것은 아니다. 다만 의사세계를 지배하는 뭔지 알 수 없는 삭막하고 암울한 그림자를 내 힘으로 극복할 수 없다는 뼈아픈 좌절감과, 그럼에도 불구하고 이 세계 안에서 나의 영역을 가꿔나가야 한다는 두려움이 이토록 무거운 그림자를 드리우게 하는 것이다.

　게다가 내 자신이 의사이면서 이런 감정 하나 제대로 제어하지 못하면서 어찌 남의 심신을 돌보겠다고 나설 수 있는가 하는 회의가 더욱 어깨를 누르고 기를 꺾어놓는 것 같다.

　인턴의 일은 끝이 없이 그저 계속되기만 한다. 일에 있어서 '완전'이란 있을 수 없고 만족도 없다. 가끔 내가 이 병원에 정말로 필요한 존재인가 하는 깊은 회의에 빠지곤 한다. 환자로부터 존경이나 신뢰를 받는다는 일과는 아예 담을 쌓고 그저 조립된 한 개 기계부속과도 같이 취급되는 의미 없는 내 존재. 나는 진실로 필요한 존재가 되고 싶다. 참여하여 인정받고 싶고 꼭 있어야 할 위치에서 환자와의 관계를 뜨겁게 맺어가고 싶다.

　그리하여 의료인의 사명과 그 본질을 추구하며 삶과 죽음의 피안에서 방황하는 인간의 진실한 벗이 되고 싶다. 무너져 내리는 생명의 고귀함을 마지막 등불처럼 반짝이며 지키고 싶은 것이다. 그러나 오늘날의 의사세계를 지배하는 무겁고도 험난한 그림자는 이런 나를 받아줄 것인가? 화살처럼 날아와 내 가슴속 과녁을 찌르는 환자들의 신음소리가 들려오고 있을 때 과연 나는 모든 것을 다 털어버리고 내가 정말로 원하는 의료인의 참모습을 보일 수 있을 것인가?

　어느새 어두워지고 있다. 이제 조금 쉬어야겠다. 하룻밤만 쉬고 나면 다시 생기가 넘치고 씩씩하게 뛰어다니며 나는 결코 무너지지 않으리라는 걸 보일 수 있을 것이다.

9 암, 그리고 무 無

대부분의 사람들은 의사의 진단이 꾸준한 자기 연마와 노력의 결과가 아니라, 그저 쉽게 얻어지는 것인 줄 알고 있다. 여기서 비롯된 오해와 분쟁이 곧잘 사회적인 큰 문제를 야기하기도 하고 때로는 의사 전체를 시궁창에 처박는 모멸을 뒤집어씌우기도 한다. 의사가 권위를 앞세우던 시대는 분명 지났으나 의사의 인간적 한계를 이해하고 포용해야 할 문제는 아직도 남아 있는 것이다.

Intern X

놀라운 스케줄

그레이스톤 기념병원에서 근무하는 동안 내내 나는 나탄 슬레터 박사의 영향력 아래 있었으면서도 그의 힘이 얼마나 큰 것인지를 잘 모르고 있었다. 그의 풍채는 사실 별로 인상적인 것은 못 되었다. 그러나 작은 키에 매 같은 얼굴, 날카로운 비음의 목소리, 그리고 홀리는 듯한 여우 인상의 그가 그 많은 의사들 중에서도 제일 돋보였다는 사실만은 지금도 부인할 수가 없다. 그는 처음부터 끝까지 항상 외과의사였고 가장 유능한 의사 중 한 사람이었다.

그때나 지금이나 나는 외과의 경력엔 별로 관심이 없으므로 그의 이러한 명성과 이미지가 오히려 내게 반감을 주었다. 그 당시 그는 때로는 정말 감탄할 만큼 놀라운 외과의사로 보였으나 어떤 때는 견딜 수 없는 혐오감을 주는 그런 베일 속의 인물이기도 했다.

외과 과장으로서의 그의 권위는 병원 전체를 통해 절대적이었다. 그의 결정이 곧 법이었고 그의 말 한마디가 곧 결과였다. 어느 누구도 슬레터 박사의 권위를 침범하려 하지 않았고 바로 그런 점이 나로 하여금 그를 좋아하지 않게 한 가장 큰 이유가 되었다. 그러나 이러한 나의 반감과 질시에도 불구하고 지금까지의 내 의사생활 전반에 그가 차지하는 영역이 한없이 크다는 사실을 부정할 수는 없다.

얼마 전에도 나는 그레이스톤에서 그를 만났다. 연륜을 속일 수는 없는 것인지 그도 이젠 더욱 작아 보이고 더 늙고 더 지치고 전보다는 훨씬 시들해 보였다. 그런 가운데서도 내가 인턴시절 보았던 그의 불같은 정열, 날카로운 비음, 그리고 팽팽한 긴장감을 풍기는 외모는 아직도 여전했다. 무엇보다도 내가 외과수련을 시작하던 첫날, 수술실에서 그를 처음 만났을 때 받았던 그 기분 나쁜 인상—교활하고, 재빠른 듯한 갈색 여우의 인상은 여전했다. 발전과 변천을 거듭하는 의료계에서 아직도 몇 가지는 변치 않고 있는 셈이다.

10월 3일(월)

근무처가 바뀌면 항상 약간의 혼란이 있게 마련이다. 이곳의 공식 명칭은 제1외과, 우리들끼리는 주로 아더 에머리 박사와 머튜 메도우 선생의 환자들이 있는 제2외과와 구별하여 '슬레터 박사 병동'으로 불린다. 이곳에서의 나탄 슬레터 박사는 군주, 그 이상이었다. 다만 한 사람, 아더 에머리 박사만이 고집스럽게 그걸 인정하지 않으려고 했다.

나의 임무는 첫째로 슬레터 박사의 환자에 대해 수술 전 처치를 하고, 둘째로는 레오 리차드슨 선생의 환자에 대해서도 같은 일을 하며 시간 나는 대로 굿펠로우 박사의 산부인과 환자를 돌보는 것이다. 슬레터 박사는 일반외과를 맡고 있었는데 주로 복부수술이었다. 반면에 리차드슨 선생은 흉부외과, 심장과, 혈관수술 등을 맡고 있었다.

슬레터 박사에겐 두 명의 외과 레지던트가 딸려 있었다. 행크 러글스 선생은 4년차 레지던트로 슬레터 박사의 펠로우(Fellow; 수석 조수)였고 나의 상급 레지던트이기도 했다. 또 한 사람 프레드 오스렌 선생도 박사 밑에서 동분서주하는 유능한 조수였다.

슬레터 박사 밑에서 근무를 마치고 떠나는 로스코 헤링으로부터 여러 가지 궁금한 점을 브리핑 받았지만 헤링이란 위인이 원체 매사에 불만이 많은 친구라 액면 그대로 모든 걸 받아들이긴 어려웠다. 헤링의 비애에 가득 찬 애처롭고도 장황한 넋두리가 그렇게 못 견딜 정도로 두렵게 들리진 않았으나 내가 직접 부딪쳐 알아나가야만 할 것이다.

월요일 아침에는 칼 코넬 박사가 척수의 손상에 대해 발표하는 외과 집담회에 참석했다. 퍽 흥미 있고 유익한 모임이었지만 이런 제길! 졸음이 와서 견딜 수가 없었다. 안간힘을 써서 눈을 치켜뜨고 재미있는 것처럼 보이려고 애를 써야만 했다.

코넬 박사는 키가 크고 깡마른 체구에 시체같이 차디찬 얼굴을 가진 사람이었다. 상대방의 마음속 깊은 곳까지도 꿰뚫어보는 듯한 눈을 가진 그가 복도를 휘청거리며 지나갈 때는 금방이라도 쓰러질 것만 같은 위태위태한 인상을 주었다. 신경외과 전문의인 그는 될 수 있는 한 수술은 피한다는 소신으로 아무에게나 칼을 휘두르진 않았다. 그러다 담당 환자가 죽기라도 하면 며칠이고 우울증에 빠진 채 의사실에 틀어박혀 고뇌하다가도 기분이 좋아지면 언제 그랬냐는 식으로 무덤의 다른 한쪽에서 나오는 것 같은 스산한 유머와 밝은 미소가 얼굴 가득히 넘친다.

이 고약스런 강의 중 내내 그는 나를 노려보고 있었으므로 가까스로 졸음을 참고 깨어 있을 수는 있었다.

집담회가 끝나고 6층으로 올라갔다. 로비의 큰 칠판에는 며칠 뒤의 수술 스케줄까지도 집도의, 병명, 시간배정, 수술실, 조수명단 등이 가득히 적혀 있었다.

슬레터 박사에겐 다섯 건의 수술이 배정되어 있었는데 그중 두 번은 내가 조수로 들어가게 되어 있었다. 한 건은 결장조루술(結腸造瘻術; 복부에 구멍을 뚫어 대변을 보도록 하는 수술을 원래 상태로 복원하는 수술)이고 다른 한 건은 복부개복술(腹部開腹術; 진단 목적으로 절개하는 수술)이었다. 이들 두 환자는 헤링이 어제 오후에 입원시켜 오늘 아침 수술준비를 마친 사람들이어서 나로서는 그들에 관해 잘 알지도 못했고 특별히 해줄 일도 없었다.

슬레터 박사는 이미 제1수술실에서 첫 수술을 진행하고 있었고 나도 1년차 레지던트인 필 바 선생과 함께 결장조루술 수술을 위해 스크럽을 해야 했다. 박사는 나중에 들어오게 되어 있었으므로 바 선생과 나는 제2수술실로 먼저 들어가야 했는데 환자는 이미 마취가 되어 있었다.

소독포 사이로 배가 불뚝 튀어나와 있었고 그 가운데 결장루의 구멍이 뚫려 있었다. 남자인지 여자인지 분간할 수가 없었다. 우리가 슬레터 박사를 기다리며 잡담을 하고 있는데 간호사가 들어와 수술을 먼저 시작하라고 했다는 박사의 말을 전해줬다.

바 선생은 잠시 당황한 기색을 보이더니 결장루(대장을 복벽 밖으로 끌어내도록 하기 위하여 복부에 뚫은 구멍)의 구멍 상부 1인치에서부터 시작하여 피부 절개를 하더니 구멍 주위를 돌아서 하부 2인치까지 내려가 근막(筋膜)을 벗겨내기 시작했다.

그때 행크 러글스 선생이 들어와서는 우리가 행하는 수술처치를 보고 깜짝 놀라며 슬레터 박사가 예정했던 수술은 결장루의 주위에 작은 원형절개를 내어 반흔을 박리해내고 창자를 다시 이어놓는 것이라고 말하고 간단한 수술을 대수술로 만들어 놓았다고 호통을 쳐댔다. 그러니까 바 선생과 나는 주치의가 원하지도 않는 엉뚱한 수술을 하고 있었던 셈이다.

러글스 선생은 냉혹한 인상에 유머 감각이라곤 아예 없는 사람이거나 아니면 잠시 전당포에 맡겨놓고 다니는 것이 분명한 매우 정떨어지는 사람이었다. 러글스 선생의 투덜거리는 소리를 귀 아프게 들으며 10시쯤 근근이 수술을 끝내고 소독포를 벗기고 보니 환자는 40대의 중년부인이었다. 4층의 병실까지 환자를 호송한 다음, 다시 수술장으로 갔더니 이번엔 시험개복술을 할 67세의 남자가 기다리고 있었다.

피터슨 박사가 슬레터 박사에게 의뢰한 이 환자는 오랜 설사와 구토, 그리고 창자의 부분적 폐색(閉塞)증세가 있었으나 진단을 내릴 수가 없어 배를 째봐야겠다는 슬레터 박사의 제안에 따라 이번에 수술을 하게 된 것이다. 러글스 선생과 나는 우선 스크럽을 한 다음 러글스 선생은 환자의 배를 열고 나는 피부출혈을 잡아주며 근막과 근육을 잡아당겼다.

배를 열고 보니 간에 암이 전이된 결절(結節)들이 보였다. 러글스 선생은 암원(癌源)을 찾으려고 췌장과 소장을 뒤적거렸는데 소장 도처엔 암세포가 가득하게 퍼져 있었다. 그는 그중 하나를 병리과로 보내어 동결절편(凍結節片)을 만들게 했다.

동결절편이란 외과의사가 환자를 수술대 위에서 열어놓은 채로 기다리는 동안 병리과의사가 조직의 절편을 검사해서 병변(病變)이 무엇인지를 신속하게 알려주는 즉석기술이다. 예를 들어 암이라고 의심되는 조직의 샘플을 병리의사에게 주면 그는 복도 끝의 작은 검사실로 가지고 가서 이산화탄소 가스로 단단히 얼린 다음, 현미경검사를 위해 작은 절편으로 조각내고, 그것을 염색하여 현미경으로 본 후 수술실로 돌아오는데 이 시간이 보통 10분 정도 걸린다. 물론 이 검사는 완벽하진 않지만 외과의사에게 악성인지 아닌지를 알려주기엔 충분하다.

결국 환자의 병명은 유암종(類癌腫; Carcinoid 장벽(障壁)에 발생하는 특수한 종양)으로 판명되었다. 창자 전체가 꼬이고 붙어 있어 어느 곳은 괴저(壞疽)를 일으킨 것처럼 보였다.

그때 슬레터 박사가 들어왔다. 그는 환자의 뱃속에 손을 집어넣고서 말했다.

"아! 여기 있군. 이제야 알았어."

그는 환자의 주치의인 피터슨 박사를 급히 부르더니 자못 심각한 표정으로 말했다.

"환자의 내장을 완전히 꺼내버리기 전엔 수술이 불가능합니다. 창자가 위에서 아래까지 완전히 막혀 있어요. 환자의 생명을 연장시킬 아무 방도가 없습니다."

그리고는 러글스 선생에게 환자의 배를 닫으라고 지시했다. 그게 끝이었다. 이 환자는 이미 3개월 이상을 다른 병원에서 허비했으니 폐색 증세 때문에 아마 어떤 일류의사가 와도 회복할 수 없을 것 같다.

1시 30분에 수술을 끝내고 점심을 먹으러 내려갔다. 만일 앤이, 오전 내내 내장이 썩어 있는 환자를 주무르고 나서도 식당에 내려가 음식을 허겁지겁 입에 우겨 넣는 내 꼬락서니를 보면 기겁을 할 것이다.

오후에 입원한 슬레터 박사의 환자는 28세 된 여자로 아주 묘한 병력을 갖고 있었다. 지난 1월에 월경이 멎고 배가 불러오는 것을 느꼈다고 한다. 임신검사도 양성이어서 모두들 임신한 것으로 알고 있었는데 이상하게도 너무 빨리 진행되더란다. 2개월에 벌써 배꼽 위까지 불러졌고 3개월째는 만삭 가까이 돼 보일 정도였다.

슬레터 박사가 지난번 입원 때 개복을 해본 결과, 난소에 미분화세포종(또는 난소정상피종이라고도 함)이라는 큰 낭종을 갖고 있음이 밝혀졌다. 이 혹은 매우 희귀한 것이어서 양성인지 악성인지 알아볼 수가 없어 혹을 제거하고 무슨 일이 일어날지 기다려보는 수밖엔 없다. 슬레터 박사는 악성종양이라고 확신하고 골반을 완전히 청소하다시피 했으나 이번엔 배와 비장이 커지며 요통과 마른기침을 계속해 다시 입원하게 된 것이다.
  나도 진찰을 해봤는데 암인 것 같았다. 겉으로는 나타나지 않은 채, 안으로만 곪아 썩어가고 식욕이 없으며 체중이 줄어가는 이 여자의 운명은 수요일 수술 결과에 따라 정해질 것이다.

10월 5일(수)

  잭 바레이 선생의 수술에 같이 들어갔다. 갑상선에 혹이 만져져서 아전갑상선절제술(亞全甲狀腺切除術)을 하려는 여자환자였다. 바레이 선생은 일류 외과의로 정평이 나 있는 외래의사지만 이번 수술만큼은 완전히 피투성이 수술이었다. 수술 전 갑상선의 기능을 떨어뜨리기 위한 처치를 했는데도 효과가 별로 없었는지 손만 스쳐도 마구 출혈을 했다. 3시간 반 동안의 수술은 혈관을 잡고, 잡고, 또 잡고의 연속이었다. 아마 200개 이상은 잡았을 게다.
  이런 수술이 하루에도 수 차례나 되니 사이사이 기다리는 시간은 있다지만 매우 바쁜 수술의 행렬이었다. 인턴이 수술을 마친 환자를 병실로 데리고 가는 동안 간호사는 다음 수술에 대비하여 수술장을 치우고, 마취과의사는 환자를 수술대 위로 올려 마취를 시작한다. 이 시간이 보통 30분에서 1시간 정도. 그동안 인턴은 의사휴게실에서 잠시 휴식을 취하고 레지던트는 방금 끝난 수술기록을 환자의 영구기록철에 보존하기 위해 녹음해놓는다.

이렇게 구술된 기록은 다시 타이핑 되어 집도의의 서명을 받고 최종적으로는 병원의 기록위원회 심사를 받게 된다. 이런 절차를 통해서 정확한 보고서를 얻을 수 있고 또 무책임한 수술도 막을 수 있는 것이다. 만일 수술기록상의 병리에 관한 표현과 검사를 부탁한 조직에 관한 병리과의사의 견해가 일치하지 않을 경우는 지적을 받고 외과 과장에게 해명해야만 한다.

또 여기에는 보다 완벽한 안전장치가 뒤따른다. 슬레터 박사까지도 포함해서 모든 외과의사는 집도하기 전에 그의 '수술 전 진단'을 수술장 밖 로비에 있는 기록철에 적어놓아야 한다. 그리고 수술 후엔 다시 확진이 기록되고 바로 그 옆에는 병리학적 진단이 기록된다. 물론 수술 전 진단이 최종진단과 자주 틀리게 되는데 만일 수술 전 어느 병리의사의 진단이 간단한 맹장염이라고 한 것을 외과의사가 너무 많은 메스를 휘둘렀으면 그 의사는 그의 진단상의 과오를 해명해야 하고 이것이 외과 과장이 납득할 수 없을 경우에는 외과에서의 권한이 박탈되기도 한다.

그런데 한 가지 재미있는 일은 어느 의사가 너무 자주 진단이 맞아 떨어질 때도 호출을 받게 된다는 것이다. 숙련된 의사들의 말을 들어보면 4명의 환자 중 1명 정도는 맹장이 정상으로 진단되어야 하는데 너무 적은 경우는 의사가 맹장염의 진단에 너무 인색했다는 결론이라는 것이다. 마찬가지로 산과에서의 제왕절개수술이 분만의 5% 이상이 되면 칼을 너무 무절제하게 휘둘렀다는 논법이고 또 그 이하면 마땅히 안전을 위해 제왕절개를 했어야 함에도 위험을 무릅쓰고 질식 분만을 시켰다는 얘기가 되는 셈이란다. 젠장! 코에 걸면 코걸이, 귀에 걸면 귀고리가 아닌가 말이다.

슬레터 박사의 스케줄은 단 한마디로 거미줄같이 얽혀져 있었다. 제1수술실과 제2수술실을 왔다갔다하면서 일을 해나가는데 잠시도 빈틈이 없었다. 즉 박사와 바 선생이 제1수술실에서 수술을 하는 동안 제2수술실에선 러글스 선생이 수술부위를 열어놓는다. 잠시 후 슬레터 박사가 제2수술실로 건너가고 바 선생이 제1수술실 환자를 닫는다. 박사가 제2수술실에서 수술을 마칠 때까지 제1수술실의 바 선생은 다음 환자를 이미 시작해놓고 있다.

참으로 놀랍고 기막힌 스케줄이 아닐 수 없다. 아침 일찍 출근하여 오전 7시 15분에 회진을 하고 8시부터 수술을 시작하여 오후 5시까지 무려 9시간 동안, 슬레터 박사는 단 30분의 '샌드위치 우겨 넣는 점심 시간'을 빼고는 째고 꿰매고 열고 닫는 수술, 수술의 연속상연이다. 슬레터 박사야말로 외과의사로 타고난 팔자인 것 같다.

텔레비전의 유방암 특집프로를 보다가 혹시 자기도 유방암에 걸린 게 아닐까 하고 의사를 찾았다가 결국 입원하게 된 여자가 있다. 런던이라는 이 부인은 유방에 혹이 발견된 것을 비롯해 팔 밑에서도 광범위하게 퍼진 림프선을 발견해낸 의사들은 이것이 암일 것으로 확신하고 근치적 유방절제술을 하기 위해 조직검사를 하려고 수술 예정을 잡았었다.

런던 여사의 수술은 한마디로 잔인한 작업이었다. 250파운드의 체중에 터질 듯한 유방 등 신체 모두가 불쑥불쑥 튀어나온 그녀에겐 유방피부의 결손부위를 위해 피부이식을 할 가능성이 있어서 나는 그녀의 허벅지를 소독비누로 문질러야 했다.

그녀의 체구는 수술대를 완전히 꽉 채우고 있었고 내가 문지르고 있는 동안에도 출렁출렁 금방이라도 몸 한구석이 쾅 터져 나올 것만 같았다. 그리고 만일 그러기라도 하는 날이면 아무도 걷잡을 수 없을 것처럼 보였다. 슬레터 박사에 의해 집도된 수술은 우선 혹을 빼내 주위 조직과 함께 동결절편을 위해 보내졌다. 그리고 유방암은 전파될 위험이 있기 때문에 건강한 곳에 암세포가 옮겨지는 걸 방지하기 위해 우리는 모두 장갑을 바꿔 끼고 환자에겐 다시 포를 씌웠다.

15분 뒤에 나온 동결절편 결과는 역시 암이었다. 박사는 유방과 늑골, 그리고 겨드랑이의 주위 조직까지도 완전히 제거해버렸다. 2시간 동안의 지방과 근육 분리작업 후에도 다시 2시간 동안 유방과 근육을 늑골로부터 분리시켰다.

한편 겨드랑이의 림프절에 대한 동결절편도 역시 암세포가 도사리고 있는 것으로 판명됐다. 그러나 슬레터 박사는 늑골 내부의 림프절에는 손을 대지 않기로 했다. 그리고 마지막으로 한 덩어리의 조직을 떼어내고 노출된 흉벽을 감추기 위해 피부를 잡아당겨 봉합했다. 피부이식은 필요하지 않았다. 너무 많은 시간이 걸렸고 출혈도 많아 박사는 될 수 있는 대로 빨리 수술을 끝내려고 했는데도 수술이 다 끝난 것은 오후 2시가 좀 넘어서였다.

그 다음 환자 역시 암으로 추정된 젊은 여자였다. 모든 준비를 끝내고 레글스 선생이 복부를 크게 절개하여 다 열어놓은 후 박사에게 연락을 취했다. 박사는 잠시 뱃속을 이리저리 만져보고는 병리검사를 위해 림프선을 떼냈는데 전이성 암이 환자의 배를 꽉 채우고 있었다. 칼을 댈 수조차도 없었다. 슬레터 박사는 만일 미분화세포종이면 방사선 치료로 쉽게 줄어들거나 없어질 것이라고 낙관론을 폈으나 반대로 융모막상피종(絨毛膜上皮腫; 유산 후 남아 있던 태반조직에서 발생하는 암)이라면 어떤 조치도 소용없을 거라고 말했다.

그녀의 경우 겨우 28세인데도 늘 창백하고 피곤해 보이며 찌푸린 인상으로 겉으로도 암환자처럼 보였다. 참 이상한 것이, 내가 인턴을 막 시작할 당시에는 환자가 '악성으로 보인다'는 말이 무슨 뜻인지 이해하지 못했고 또 외관상으로 그것을 알 수 있다는 것도 믿을 수가 없었는데 지금은 문 열고 들어오는 환자의 겉모습만 봐도 어느 정도 짐작할 수가 있다. 암세포가 저 사람의 몸 어느 구석엔가에 숨어 있을 거라는 생각만으로도 소름이 끼치는 일이다.

슬레터 박사는 그 여자환자의 수술소견을 방사선과의사에게 보여주러 나갔고 레글스 선생과 내가 그녀를 닫아야 했는데 그건 참으로 관여하고 싶지 않은 일이었다. 박사는 환자의 내부를 작은 수술용 철사로 봉합하되 8분의 1인치 간격으로 하라고 지시했다. 6인치 절개부위를 꿰매려면 50바늘은 꿰매야 할 판이니 제기랄! 이 밤이 다 새도록 꿰매도 모자랄 지경이다. 10분 만에 끝난 수술이 닫는 데만 90분이 걸렸다.

점심식사 후엔 직업이 검안사(檢眼師)인 남자의 시험개복술이 있었다. 레글스 선생이 열고 슬레터 박사는 다른 방의 수술을 끝내고 늦게 들어왔다. 환자는 소장벽에 큰 궤양부위가 있었고 배 전체에는 림프선들이 빽빽이 들어차 있었다. 박사는 이것이 림프종이라고 진단했고 동결절편 결과로 확인되었다.

림프종은 악성이므로 슬레터 박사는 소장의 병변을 제거하고 소장과 대장의 큰 덩어리를 절제한 다음 수술을 끝냈다. 최종 병리 결과가 아마 호지킨씨병(Hodgkin's Disease; 초기에는 경부임파절의 종창으로 시작되어 나중에는 림프계를 침범하는 무통의 진행성 질환)으로 나오리라 여겨지므로 이 환자는 이제 방사선 치료를 받아야만 할 것이다.

암의 계곡

10월 8일(토)

수술, 수술, 수술의 끝없는 행렬…….

어느 날 어느 시간에 무슨 수술을 했는지조차도 기억해낼 수 없을 정도로 수술이 폭주하고 있다는 사실이 나를 놀라게 한다. 그리고 수술이라는 것이 너무도 비인격화되어 있다는 점에 나는 다시 한 번 놀랐다.

가끔 환자가 수술장으로 올라오는 것을 볼 수도 있으나 수술장에 가보면 이미 그는 마취되어 있고 수술간호사가 준비완료를 알릴 때까지도 환자에 대한 어떤 인간적인 관심을 가질 기회가 없다. 수술 예정표를 보고서야 무슨 수술을 하는지 알게 되고 심지어 수술이 끝나고 수술포가 벗겨지고 나서야 환자가 누구인지를 알 수 있게 된다.

환자를 데리고 밑으로 내려가 입원실에 눕히고, 차트에 처치명령을 적어놓고는 나를 기다리는 또 다른 '배'를 보러 급히 수술장에 올라온다. 이런 삭막한 분위기에서 서로 인간적인 교감을 나눈다는 것이 오히려 비정상적인 것인지도 모르겠다.

레오 리차드슨 선생의 식도열공 헤르니아(Hernia; 탈장) 환자는 그 많은 수술환자 중 유일하게 기억되는 케이스이다. 리차드슨 선생은 회색 머리에 꾸부정한 허리, 원숭이처럼 생긴 좀 이상한 사람이지만 그래도 내가 이제까지 겪어본 외과 스탭들 중에서 가장 유쾌하고 건전한 사람으로 보였다. 로스코 헤링의 말로는 그가 수술에 관한 한 완전제일주의를 내세워 매사에 조바심을 치는 바람에 수술 때마다 교과서의 도해 같은 해부학적 수술 솜씨를 보이고 사소한 것도 간과하지 않는 주도면밀한 사람이라고 한다. 그의 수술이 오래 걸릴 것은 너무도 당연한 일이다.

아무튼 이 경우도 오래 끈 수술이었는데 나는 그의 꼼꼼함에 질려버렸다. 식도열공 헤르니아는 횡격막에 생기는 병으로 배를 열고 수술하더라도 늑골 밑으로 위를 보고 해야 하고, 가슴을 연다고 해도 횡격막의 구멍을 통해 위를 밑으로 내려 보내서 다시는 올라오지 않도록 구멍을 메꿔줘야 한다.★

그러나 수술은 순조로웠다. 그가 메스를 들고 조심스럽게 한 번 그어대니까 단번에 두 늑골 사이가 앞뒤로 약 14인치 길이로 열렸다. 바 선생과 내가 지혈겸자로 지혈을 하는 동안 리차드슨 선생은 커다랗고 이상하게 생긴 기구로 여덟 번째 갈비를 물어 나사를 돌려댔다. 이 기구는 늑골 연전기(延展機;수술 시야를 좋게 늑골 사이를 벌리는 기구)로 금방 환자의 가슴에는 길이 14인치, 깊이 5인치 정도의 큰 구멍이 생겨났다.

★ 요즈음은 개복수술보다 복강경을 이용하여 수술할 수도 있어 비교적 수술이 간단해졌다.

리차드슨 선생과 바 선생이 환자의 가슴에 팔꿈치까지 집어넣어 헤르니아 부위를 꿰매는 동안, 나는 스폰지 뭉치와 손가락으로 폐가 말려 나오지 않도록 단단히 고정시켜야 했다. 잠시 후 리차드슨 선생이 폐를 조금 더 위로 올리라고 지시해 시키는 대로 했더니 갑자기 손끝에 주기적인 강한 경련이 느껴졌다. 나는 깜짝 놀라 '악' 하고 소리를 지를 뻔 했다. 그것은 다름 아닌 심장이 박동하는 것이었다. 나는 심장 근처에 손을 대고 있었던 것이다. 폐는 회색반점을 가진 핑크빛이어야 정상인데 내가 누르는 바람에 자주빛이 됐고 잔뜩 주름이 져 있었다. 수술 중에 보이는 폐는 생각하던 대로 살아 움직이고 공기와 피로 가득 차 있는 스폰지 같은 폐는 아니었다.

수술이 끝나고 환자의 가슴을 닫아주면서 바 선생은 2분의 1인치 직경의 고무튜브를 유출관(Drain)으로 가슴벽에 찔러서 밖으로 빼내어 물병에 연결시켜 놓음으로써 공기가 새지 않도록 만들었다.

오늘 오후 늦게 병실로 내려가서 환자에게 기침을 하게 하고 폐가 펴져 있나 보려고 엑스레이를 찍었는데 모두 정상이었다. 그렇게 큰 구멍을 내고, 다섯 시간의 오랜 수술에서도 살아남은 환자를 옆에서 본다는 것은 참으로 섬뜩한 일이었다.

새벽 4시 30분, 단잠을 깨우는 호출을 받았는데 바로 이런 경우가 훌륭한 간호사가 의사를 얼마나 잘 보조할 수 있나를 보여주는 좋은 본보기가 될 것 같다.

환자는 플랭클린 선생 담당으로 1개월 반 전에 가슴과 목에 원인 모를 통증이 와서 모든 사람들을 당황하게 만들었다. 플랭클린 선생은 관상동맥성심장병으로 판단했으나 심전도에는 아무 이상이 없었으므로 다시 해리성동맥류(解離性動脈瘤 ; Dessecting Aneurysm 피의 압력에 의해 큰 동맥의 벽이 갈라져서 또 다른 채널을 만드는 희귀질환)로 생각했으나 아무도 동의하지 않았다.

이 해리성동맥류는 보통 단시일 내에 동맥의 벽을 파열, 내부에 대출혈을 일으켜 결국 사망까지 하게 되는데 이 환자는 비교적 상태가 좋았고 통증도 멈춰서 3주 전에 아무 진단도 못 내리고 퇴원시켰었다. 플랭클린 선생이 왕진을 가서 진통제를 주사했는데 통증의 원인은 규명해내지 못했다. 두 시간 후 다시 통증이 나타나자 박사는 환자를 병원으로 옮기고 몰핀을 주사하고 안정시키라고 일렀다. 또 쓸데없이 인턴을 끌어내 괴롭히지 말라고 당부까지 했지만 밤 간호감독이 우연히도 환자의 팔이 한쪽은 따뜻한 핑크빛인데 다른 한쪽이 차디찬 푸른빛인 걸 발견하고 급히 나를 호출한 것이다. 확실히 환자의 오른팔과 왼쪽 다리에는 맥박이 없었다. 반면에 왼쪽 팔과 오른쪽 다리는 맥박이 정상적으로 뛰고 있었다. 가슴과 복부, 오른팔 등에 격심한 통증을 느끼는 것으로 보아 나는 단박에 이 환자가 6주 전부터 해리성동맥류를 갖고 있다가 지금 다시 커져가고 있다는 사실을 알 수 있었다. 나는 급히 플랭클린 선생과 밀트 무서 선생에게 연락을 취한 후, 산소텐트를 씌워주고 몰핀을 충분히 주었다. 동맥류가 오른팔과 왼쪽 다리의 혈관을 막아놓다니, 참으로 기괴한 병도 다 있다.

오늘 아침엔 반 베르트 선생도 그 환자가 해리성동맥류라고 말했다. 정오쯤 되자 레오 리차드슨 선생은 마침내 동맥 내 혈전제거수술을 하기 위해서 환자를 수술장으로 올려 보냈다. 이 수술은 막혀 있는 동맥을 열어 혈전(血栓)을 제거하고 다시 순환이 되도록 하는 매우 까다롭고 어려운 수술이다.

리차드슨 선생과 바 선생이 그를 수술하기 시작하고 나는 아래층에서 다른 일로 무척 분주했는데 급히 오라는 페이징이 있어 수술장으로 달려갔다. 그곳에는 스탭의 반수 정도가 모여 있었고 리차드슨 선생과 반 베르트 선생이 침통한 표정으로 서 있었다.

레오 선생이 혈관이 막혀 있는 팔의 큰 동맥을 열자 그곳에 해리성동맥류가 나타났지만 동맥의 벽은 내부가 갈라져 새로 형성된 길이 너무 커져서 원래의 혈관을 거의 막아놓고 있었다. 대동맥에서 시작되어 팔과 다리의 혈관까지 갈라진 그 끝을 볼 수 있을 정도였다. 결국 수술은 하나 마나 한 것이 돼버리고 말았다. 스탭들은 환자를 치료할 어떤 뾰족한 묘안이 없었으므로 다시 닫는 수밖에 없다고 결론지었다.

금요일은 첫 수술이 8시 30분에 계획되어 있어서 7시 15분에 시작되는 외과집담회에 참석했다. 이 집담회는 일종의 추리게임으로 의사 하나가 불분명하고 판단하기 어려운 케이스를 골라 집담회에 내놓는다. 의사들은 알려진 자료를 가지고 추리해낸다. 그들은 매처럼 날카롭게 파고들어 그가 처치한 사람이나 간과해버린 문제 등을 자세히 추궁해 나간다.

오늘은 반 베르트 선생이 케이스를 출제했는데 그는 아무도 진단을 추리해내지 못하도록 교묘히 요리해나갔다.

이 도시에 사는 시민들 중 과연 몇 명이나 의사들이 자발적으로 모여 항상 이렇게 진지하게 토론하고 연구한다는 사실을 알고 있을까? 진단을 내린다는 일이 얼마나 어렵고 복잡한 일이며 단순한 코감기에도 축적된 지식과 경험의 바탕 위에 최선을 다한다는 사실을 사람들이 얼마나 알고 있을는지 의문스럽다.

대부분의 사람들은 의사의 진단이 이러한 꾸준한 자기 연마와 노력의 결과가 아니라, 움 안에서 떡 받아먹듯 쉽게 얻어지는 것인 줄 잘못 알고 있다. 여기서 비롯된 오해와 분쟁이 곧잘 사회적인 큰 문제를 야기하기도 하고 때로는 의사 전체를 무더기로 시궁창에 처박는 모멸을 뒤집어씌우기도 한다. 의사가 권위를 앞세우던 시대는 분명 지났으나 의사의 인간적 한계를 이해하고 포용해야 할 문제는 아직도 남아 있는 것이다.

집담회가 끝난 후 78세 노인의 위절제술을 했다. 슬레터 박사는 이 노인이 암이라는 사실에는 의심할 여지가 없으나 무슨 수술을 할 것인가는 큰 문제라고 말했다.

배를 열고 보니 야구볼만 한 큰 암조직이 위의 상부 절반을 메우고 있었다. 튜브를 끼우고 있었는데도 소화가 절반밖엔 되지 않아 음식찌꺼기가 가 꽉 차 있는 상태였다.

"작년 여름에 먹은 옥수수가 그대로 남아 있군!"

슬레터 박사가 농을 했으나 얼굴은 잔뜩 찌푸러져 있었다.

위 뒤편의 임파선이 부어 있었으나 간이나 췌장에는 전혀 전이된 징후가 없었다. 슬레터 박사는 보고 또 보고 한참을 만지작거리며 망설이다가 러글스 선생을 돌아보며 말했다.

"자네라면 어떻게 할텐가?"

"78세나 된 노인에게 뭘 어떻게 하겠습니까? 저 같으면 막힌 곳을 뚫어만 놓고 환자가 수술대 위에서 죽기 전에 재빨리 빠져나가겠습니다. 그게 정답인 것 같습니다."

"그건 옳지 않아. 환자는 이 혹을 그대로 가지고는 3개월도 못 살아. 물론 떼어낼 경우도 완치 가능성은 백만대 일 정도밖엔 안 되지만. 나는 우선 혹을 떼어내고 가까이 있는 위, 췌장, 횡행결장 등을 절제하는 쪽을 택하겠네."

그는 잠시 환자를 내려다보더니 말을 이었다.

"수술이 이 환자에게 무서운 위험을 안겨줄 수도 있고 수술을 감당할 수 있을지조차도 의심스럽지만 최소한 이 사람에게 비용 쓴 만큼의 보상은 해줘야 되지 않겠나?"

결국 우리는 4시간 이상의 기나긴 수술에 매달려야만 했다. 슬레터 박사는 빠르고 훌륭하게 그리고 다른 어느 때보다도 훨씬 기분 좋은 상태에서 수술을 집도했으나 굉장히 힘들어했다.

그는 금방이라도 끊어질 것 같은 고무줄처럼 팽팽한 긴장감이 도는 사람으로 수술 중엔 발끈발끈 화를 내어 닥치는 대로 못살게 구는 고약한 성미를 갖고 있었다. 마취과 레지던트, 수술간호사 등 모두가 수술시간 내내 쩔쩔매며 시달림을 받아야 했다. 다른 때보다도 훨씬 더 기분 좋은 상태인데도 이 정도라면 그가 어떤지는 알고도 남을 만하다.

슬레터 박사와 에머리 박사는 서로 같은 클리닉에서 일하고 있긴 하지만 서로 심한 반목과 갈등을 갖고 있었다. 에머리 박사는 슬레터 박사가 이 병원에 처음 왔을 때부터 이미 클리닉의 대가로 군림하고 있었으나 곧 슬레터 박사가 촉망받는 젊은 의사로 전국적인 명성을 얻자, 상대적으로 늙어버린 에머리 박사는 위축되지 않을 수 없었다. 현재 그들은 서로 말조차도 안 하는 사이며 마치 어린아이들처럼 사사건건 상대방을 물고 늘어지는 유치한 경쟁을 벌이곤 한다.

이런 치사한 행동이 그들 두 사람에겐 쾌락이 될지는 모르겠지만 둘 사이에 낀 인턴, 레지던트, 간호사들은 어이없이 눈치를 살펴야 하고 때로는 사소한 일에도 불벼락을 맞는 일이 허다했다. 이래저래 고달프고 힘이 들어 불끈 주먹을 움켜 쥘 때도 있으나 그건 어디까지나 그들이 없을 때, 그것도 혼자 숨어서의 일이다.

10월 11일(화)

  동맥류환자는 결국 가슴 어딘가에서 동맥이 터져 토요일 밤에 사망하고 말았다.
  월요일의 마지막 수술은 유방에 생긴 혹 때문에 조직검사를 하기 위해 일요일에 입원한 여자환자였다. 우리는 모두 그녀가 암일 것이라고 확신했고, 수술장에서도 근치적 유방절제술을 준비하고 있었으나 결과는 큰 양성낭종으로 나왔다. 이제까지 보아온 암환자들의 기구한 말로를 생각해볼 때 얼마나 다행스런 일인가?
  환자가 입원하면 의사는 최악의 경우에 대비하는 생각을 갖게 된다. 유방에는 특히 생기는 혹도 여러 가지이고 대부분은 양성이지만 이번의 경우엔 너무 크고 보기가 흉해서 모두 악성으로 판단했으나 다행히 양성으로 판정되어 여간 다행이 아니다.

  오후 늦게 정말 골치 아픈 환자가 하나 새로 들어왔다. 지난봄에 자궁암에 대한 방사선 치료를 받았는데도 질이 위 아래로 뚫려 방광과 직장으로 통하는 구멍이 생김으로써, 질로 똥오줌이 나오고 방광엔 염증까지 생겨 멀리서도 냄새가 진동할 정도였다. 치골 위로 배농되는 구멍을 덮느라 배엔 거즈를 대고 있었지만 불결하기 이루 말할 수가 없었다. 나는 될 수 있는 대로 빨리 작업을 마치고 병실을 빠져나가고 싶어서 골반진찰을 하지 않았다. 질병의 고통 중에서 무엇보다도 큰 것은 자신은 물론이고 다른 사람에게까지 고통을 주게 되는 경우일 것이다. 환자 자신이 원하든 원하지 않든 간에 주위 사람들에게 참을 수 없는 괴로움을 준다는 것은 질병에 의한 아픔보다 더 큰 고통일지도 모른다. 암의 고통스런 계곡에 빠져 방황하는 환자를 앞에 놔두고 이리저리 피할 궁리만 한 내 자신이 한편으로는 부끄러운 일이었으나 그녀를 입원시켰던 피터슨 박사에게 긴급연락을 하여 내일 아침 클리닉 진찰대에서 골반진찰을 하도록 조치함으로써 일단 내 역할은 한 셈이다.

밤사이의 끊임없이 계속된 호출에 잔뜩 짜증이 나 있었는데 새벽 5시쯤 하티 스티븐스가 사망했다는 연락을 받았다. 오랫동안 까맣게 잊고 있었던 그녀, 내가 인턴을 갓 시작할 무렵 입원하여 죽음의 벼랑에서 울먹이며 서 있던 그녀가 마침내 떠나고 만 것이다.

그녀는 신부전증에 빠져 플랭클린 선생도 그녀의 혈압을 280/200 이하로 떨어뜨릴 수가 없었으므로 결국은 요독증에 빠져 사망하게 된 것이다. 비록 힘겨운 병을 갖고 있었지만 다정다감했던 그녀의 갑작스런 죽음은 내게 옛 친구라도 잃은 듯한 슬픔을 느끼게 했다.

그녀가 죽음과 맞서 싸우고 있을 때 나는 그녀의 아픔과 영혼의 방황 따위는 까맣게 잊고 오직 내 인생만을 살고 있었다는 사실이 새삼 나를 놀라게 했다. 참담한 지경에 빠져 몸부림치는 환자 한 사람을 바로 지척에 두고 다만 담당이 아니라는 이유 하나만으로 단 한순간도 염두에 둬본 적이 없는 나의 무관심이 나를 화나게 했다. 설령 환자가 일개 인턴에 불과한 내 존재를 생각하지 않는다 해도 나는 그 환자를 염려하고 보살펴야 했다. 최소한 그녀의 쾌유를 빌고 안부를 걱정하는 성의는 있어야 했다.

의사에게 필요한 것은 지식과 기술, 재빠른 판단, 이런 것보다는 인간적 교감을 나눌 수 있는 폭넓은 이해가 아닐까? 그런 면에서 본다면 나는 하나의 의료기술자, 그것도 숙련공이 아닌 돌팔이 기능공일 뿐이다. 이런 사실이 나를 끝없는 우울의 바다에 몰아넣는다.

오늘 오후 유방절제수술을 했던 런던 여사의 드레싱을 다시 했다. 경과는 대체로 좋았으나 떨어져나간 유방과 남은 한쪽과의 '균형' 문제는 숙제로 남은 셈이다. 레글스 선생이 정색을 하고,

"걸을 때 왼쪽으로 몹시 기울겠는걸요?"

라고 농을 하자 그녀는 잠시 레글스 선생을 쏘아보더니,

"항상 오른 손에 가방을 들고 다니면 되지 않겠어요?"

라고 멋지게 받아 넘겼다.

수술 이후 지금까지 줄곧 시무룩하게 앉아 있던 그녀가 이렇게 유쾌하게 대꾸했다는 것도 놀라운 일이었으나 늘 벌레라도 씹은 듯한 찌푸린 얼굴을 하고 다니던 레글스 선생에게 그런 유머(?)가 있었다니 참으로 신기한 일이 아닐 수 없었다.

그레이스톤의 소피스트

10월 17일(월)

금요일 밤엔 알렉 대신 당직 근무를 했기 때문에 주말당직까지 포함해 무려 80시간을 연속 근무해야 했다.

토요일 아침 슬레터 박사와의 회진. 그의 환자는 2, 3, 4층에 골고루 나뉘어 있어서 흡사 번갯불에 콩 볶아 먹듯 회진을 해나간다.

그의 보조의사 하나가 4층 환자의 차트를 꺼내놓고 대기하다가 박사가 도착하면 즉시 다음 병실로 가서 차트를 준비하여 그를 기다리는 방법인데 이런 식으로 병실을 휩쓸고 다니는데 불과 30분 정도밖에 안 걸렸다.

"아니, 왜 슬레터 박사는 저렇게 급히 뛰어다니면서 회진을 하죠?"

슬레터 박사의 허둥지둥 하는 회진 모습이 너무 안쓰러워 행크 선생에게 묻자 그는 빙그레 웃으며 대답했다.

"저런 식으로 환자를 어떻게 제대로 파악할 수 있겠느냐고 생각할지 모르지만 박사는 마치 매처럼 날카롭고 정확하게 환자 상태를 알아내고 있습니다."

글쎄, 잘 모르겠다. 매가 되든, 독수리가 되든, 내가 보기엔 슬레터 박사의 콩 볶아 먹는 식의 회진에는 또 다른 문제가 분명히 숨어 있는 것 같다. 그것은 바로 슬레터 박사가 전가의 보도처럼 휘두르는 '권위주의'가 아닌가 여겨졌다.

환자들은 온종일 숨을 죽이고 앉아서 박사가 자기를 보러 오기를 기다리고 있다. 그가 매처럼 덮쳐와서 단 20~30초 얘기하고 사라지면 그들은 마치 신이라도 내려와 만져주고 간 것 같은 착각에 빠지는 것이다. 잠깐잠깐 얼굴을 비치고 결정적인 언질을 해주고 떠남으로써 놀랍게도 환자들은 박사를 구세주의 화신쯤으로 숭배하게 되는 일종의 자기최면에 빠진다고나 할까?

그가 어떻게 이 방법을 고수할 수 있는지에 대해선 잘 모르겠지만 알고 싶지도 않다. 아무튼 슬레터 박사는 이런 방식으로 폭군처럼 환자들에게 군림함으로써 더욱 큰 명성을 얻고 있는 기묘한 사람이다.

그의 환자 중 80%는 클리닉의 다른 의사들로부터 의뢰되거나 멕시코 둥지에서 오는 것으로 알려져 있다. 재미있는 것은 외래의사들이 슬레터 박사를 싫어하고 심한 질투까지 느끼면서도 환자들이 원하고 있기 때문에 어쩔 수 없이 그에게 의뢰한다는 것이다. 이것이 바로 그를 더욱 권위에 젖게 만드는 것인지도 모른다.

슬레터 박사의 수술환자 중에는 1월에 근치적 유방절제술을 받았는데도 재발해서 암세포가 전신으로 퍼진 유방암 환자가 하나 있었다. 암세포의 진행 속도를 늦추기 위해 난소와 부신을 제거할 예정으로 재입원한 그녀에게는 심장병도 큰 문제가 되었는데 반 베르트 선생이 수술 전에 치료하려 했지만 아직도 심부전증상이 그대로 남아 있어 큰 골칫거리였다.

일요일 밤 내가 진찰한 바로는 맥박이 무척 빠르고 움직일 때마다 호흡곤란이 동반되어 아무래도 수술에는 위험이 따를 것 같았다.

그런데 슬레터 박사와 반 베르트 선생은 이 환자의 수술에 대해 서로 책임을 전가하려고 했다. 처음에는 거의 가망이 없는 암환자를 위한 수술의 타당성 여부에 대해 논쟁을 벌이더니 나중에는 그녀가 수술대 위에서 심장병으로 죽지 않는다는 반 베르트 선생의 보장이 없는 한 수술할 수 없다는 슬레터 박사의 고함으로 발전했다. 물론 반 베르트 선생이 이런 보장을 할 리가 없어 슬레터 박사는 화가 머리끝까지 나 있었다.

"이봐요, 반 베르트 선생! 수술만이 우리가 이 환자에게 줄 수 있는 유일한 축복입니다. 아시겠소?"

"미안합니다, 박사님. 나더러 요술을 부리란 말입니까? 박사님 수술이니 박사님께서 책임을 져야 될 것 아닙니까? 나는 절대로 이따위 보장을 할 수가 없습니다."

반 베르트 선생은 '나는 이 환자의 심부전증이 완치될 때까지는 수술에 대한 책임을 질 수 없음'이라고 차트에다 적어놓고는 방을 나가 버렸다. 슬레터 박사는 환자를 다시 살펴보고는 뭐라고 투덜대면서 심전도를 한 번 더 찍어보라고 지시했다. 아무래도 수술은 취소될 것 같다.*

런던 여사가 마지막 드레싱을 마치고 퇴원했다. 뚱뚱하기만 한 그녀에게 소녀 같은 해맑은 얼굴과 유쾌한 목소리가 있나는 건 여러모로 어

---

* 요즈음 전이성 유방암 환자의 난소·부신절제술은 약물로 대신할 수 있어 거의 수술을 할 필요가 없다.

울리지 않는 그림이지만 그녀가 없는 병실은 무척 허전할 것만 같다. 그녀는 내가 치료를 해줄 때면 으레 '달링!' 하며 부르곤 했는데 그녀의 그런 재롱(?)이 결코 기분 나쁘게 들리진 않았었다.

그녀는 떨어져나간 한쪽 유방 때문에 고민 속에 살아갈 것이다. 간호사와 내가 '균형'을 위해 붕대를 뭉쳐 만든 특수브래지어를 만들어 주자 그녀는 수줍게 웃으면서,

"달링! 일생에 이렇게 고맙고도 치욕적인 선물은 두 번 다시 없을 겁니다."

라고 말했다. 그녀는 끝까지 눈물을 보이진 않았다.

이번 주말에 퍽 충격적인 사건이 하나 있었다.

내가 밤 10시쯤 3층에 올라갔을 때 간호사 하나가 비틀거리면서 복도를 지나가고 있었다. 전에도 가끔 그녀의 이런 모습을 본 적이 있어 좀 이상하다는 생각은 있었는데 알고 보니 그녀는 마약중독자였다. 로스코 헤링이 어디서 들었는지 그녀가 마약을 구하는 방법이 아주 교묘하다고 일러주었다.

수술 후 회복기의 환자에게 몰핀과 데메롤 등의 진통제를 주면서 절반만 환자에게 주고 나머지는 자기가 맞는 등의 방법으로 마약을 입수한다는 것이다. 3층 수간호사가 처음 이 사실을 눈치 채고 간호감독에게 보고하여 의사들에게까지도 알려졌으나 아무도 꼬투리를 잡아낼 수가 없었다.

그녀의 수법은 너무나 간교해서 결코 남의 눈에 띄게 마약을 훔쳐내지 않는 것으로 알려졌다. 수술환자 중에는 진통제가 잘 듣지 않는다든가 다시 주사해달라고 요구하는 환자가 있기 마련인데 이들은 대개 통증에 대한 역치(閾値)가 낮기 때문에 진통제가 과다 주사되게 마련이

다. 그녀는 바로 이 틈을 이용해서 마약을 빼낸다고 한다.

병원 측에서는 계속 감시해서 결정적인 증거가 잡히면 문책하기로 하고 기회만 엿보고 있는데 꼬리가 쉽게 잡히지 않는 실정이었다. 마약중독자에게 환자를 맡긴다는 것은 마치 어린아이에게 폭탄을 맡기는 것과 다를 바가 없기 때문에 이 간호사를 철저히 감시해야 되겠다.

10월 19일(수)

화요일 점심식사가 끝난 직후 허니문에서 막 돌아온 프레드 오스렌 선생과 만났다. 업무상 나의 직속상관인 그는 큰 키에 바짝 마른 외과 3년차 레지던트로 외과의사에 아주 걸맞는 성격을 갖고 있었다. 결혼한 지 얼마 안 되기 때문인지는 몰라도 무척 쾌활하고 와일드한 면이 있어 호감이 갔다.

이들의 로맨스는 마치 3류 영화의 러브스토리와도 같은 것이었다. 유망한 한 젊은 외과의사가 외과병실의 아름다운 간호사와 비밀스런 사랑에 빠졌고 여러 가지 극적인 요소를 바닥에 깔며 전격적으로 비밀스런 결혼을 선언한 진부한 사랑 얘기가 바로 그들의 '위대한 승리'의 내용이었다.

그러나 이 전형적인 병원 속의 러브스토리는 너무도 비전형적인 백만 대 일 정도의 우연에 속할 것이다. 만일 얘기가 전형적인 것으로 전개되려면 이 촉망받는 젊은 의사는 아래층의 타이피스트 하나와 결혼해야 하고, 유능하고 지적이며 빼어난 미모의 간호사인 그녀는 뉴욕의 증권브로커나 라스베가스의 3류 영화제작업자와 결혼했어야 했다.

병원의 그 누구도 그들이 남모르는 사랑의 향기에 취해 있는 걸 몰랐다고 하는데 이건 순전히 프레드 오스렌 선생의 '봉 잡힌 젊은 의사'라는 비웃음을 받을까봐 두려워한 소극적인 생각 때문인 것 같다. 병원 식구 모두에게 경악과 탄성을 불러일으킨 이 가장 비전형적인 러브스토리는 극히 일어나기 힘든 전무후무한 얘기가 될 것 같다.

  화요일 저녁에, 멕시코 시티에서 온 통증이 심한 혼혈여성이 입원했다. 향수 냄새가 진동하고 꽤 부유해 보이는 그녀는 날 보자마자 참을 수 없는 불만을 터뜨렸다. 특실이 아닌 4층의 3인용 병실에서 다른 두 명의 흑인 환자들과 함께 수용되어 견딜 수 없다는 불만은 그렇다 치더라도 슬레터 박사를 만나기 위해 2000마일이나 날아왔다고 말하면서,
  "내가 만나고 싶은 사람은 당신 같은 풋내기가 아니라 슬레터 박사님이란 말예요!"
라고 소리를 지르는 게 아닌가?
  나는 하도 기가 막혀 제대로 말도 안 나왔으나 그렇다고 따따부따하며 시비를 가릴 처지도 못 돼 얼른 그 자리를 피해 나왔다. 사실 인턴이 별 볼일 없는 거야 삼척동자도 다 아는 사실이지만 어떻게 그렇게 면전에서 교양 없이 굴 수가 있단 말인가? 어떤 환자들은 인턴에게 마구 대함으로써 더 극구의 치료를 받을 수 있다고 생각하는 모양인데 그것은 천만의 말씀이다. 그 단적인 예가 바로 이 멕시코 혼혈여성인데 슬레터 박사는 그녀를 단 20여 초 동안 진찰하고는, 앉은 자리에서 뇨석증으로 진단하고 비뇨기과로 전과시켜 버렸다.
  혹 어느 환자들은 이 의사에게서 저 의사에게로, 다시 또 다른 의사에게로 철새처럼 옮겨 다니는데, 그들은 의사도 사람인 이상 상대방을 좋아하지 않을 수 있다는 간단하면서도 기본적인 사실을 전혀 깨닫지 못하고 있는 것이다. 환자들은 그들이 명예롭게 선택한 의사라면 으레

VIP 대접을 받을 걸로 착각하고 있는데 이거야말로 뭐가 뭔지 모르는 어리석은 짓이 아닐 수 없다.

또 이런 문제도 있다.

드 프레 여사의 경우, 피터슨 박사가 진찰 중에 우연히 발견한 유방의 혹 때문에 슬레터 박사에게 의뢰되어 혹이 발견된 지 사흘 만에 수술대 위에 눕게 되었다. 그러나 수술 전 슬레터 박사는 환자에게 그 혹이 악성이 확실하다고는 말하지 않았다.

"언제 생긴 것인지 확실하진 않지만 대개 이런 건 양성이죠. 하지만 그 속에 초기 암세포가 숨어 있을 가능성도 있으니 한번 절제해서 검사를 해봅시다."

슬레터 박사는 조직검사가 그저 아주 작은 상처만 내고 하룻밤만 고생하면 된다는 식의 설명을 해주면서 만일 검사결과가 악성으로 판단되면 그때 가서 유방을 절제하는 수술을 하겠다고 얼버무렸다.

이런 경우 대부분의 환자들은 암에 대한 극도의 공포를 갖고 있으면서도 '설마 내가 최악의 경우에 빠지랴?' 하는 마음으로 의사의 지시에 따르게 된다.

그러나 외과의사들은 만일 그 혹이 암일 가능성이 조금이라도 있으면 언제 전이가 일어날지 모르므로 유방뿐만 아니라 겨드랑이 밑과 늑골 안쪽의 림프선까지 동결절편을 만들어 검사를 한다. 그래야만 수술 후에 방사선 치료나 항암호르몬요법을 결정할 수가 있기 때문이다.

자, 환자는 단지 간단한 조직검사로만 알고 있다가 막상 마취에서 깨보니 한쪽이 완전히 떨어져나갔으니 얼마나 큰 충격을 받을 것인가? 사전에 유방의 절제 가능성을 좀더 강력하고 자세하게 인식시켜 주었다면 환자가 그렇게 놀라지는 않을 텐데, 좌우간 이래서 외과의사들의 미지근한 태도가 늘 문제가 된다.

드 프레 여사의 경우도 마찬가지다. 나는 슬레터 박사가 수술 후 첫 회진 때 무슨 말을 할 것인가가 무척 궁금했으나 그의 태도는 오히려 더 일상적이고 상투적인 몇 마디 말뿐이었다.

"부인, 축하합니다. 우리는 거기에서 혹을 발견해내어 제때에 아주 완전히 제거했습니다. 이제 부인은 완치되었습니다."

라고 말하며 '만일', '그러나' 따위의 애매모호한 수식어를 쓰지 않았다는 것이 인상적이었다.

그 후에 슬레터 박사는 자기가 드 프레 여사에게 '완치'라는 말로 짐짓 거짓말을 하고 있다는 사실에 조금 계면쩍었는지 내게 이렇게 말했다.

"내 경험으로는 환자에게 암세포가 퍼져 있나, 퍼지지 않았나를 설명해주는 것이 제일 중요한 것 같더군. 유방이 없어짐에 따른 신체적, 심리적 충격뿐만 아니라 무서운 불치의 암을 갖고 있다는 공포가 크므로 그런 공포를 없애주는 유일한 방법은 완치됐다고 단정적으로 말해주고 안심하도록 해주는 거지. 만약 재발해서 다시 입원하게 되면 그때 가서 재발 가능성이 있었음을 솔직히 설명해주고, 다행히 완치되면 그것으로 끝나게 되니 미리부터 재발에 대한 불안감을 줄 필요는 없는 것이지."

슬레터 박사와 같은 완진한, 차디찬 강철로 빚어진 비인간적인 수술 기계가 이처럼 놀라운 견해를 갖고 있다는 것은 내게 여러 가지를 생각하게 했다. 그의 말이 맞는지 어떤지는 나로서는 판단하기 어려웠다. 슬레터 박사의 얼굴이 문득 아테네의 궤변철학자 프로디코스와 닮아 있다고 생각된 것은 그의 차원 높은 궤변 때문이었을까? 그레이스톤의 소피스트, 슬레터 박사님. 당신에겐 어울리지 않는 이름입니다.

일반 사람들이 수술실에서 의사들의 주고받는 농담을 듣는다면 깜짝 놀랄 것이다. 사람들은 수술이 마치 메스! 겸자! 하면서 외과의사가 손을 내밀면 간호사가 건네주고 기계 움직이는 소리 외에는 엄격하고 긴장된 작업으로만 생각하고 있는데 그런 것은 영화 속에서나 있는 얘기다.

수술 도중 절반은 간호사를 얼굴 붉히게 만드는 농담을 지껄이고, 시시한 언쟁에 핏대를 세우기도 하고, 오징어 다리에 달린 빨판이 몇 개나 되나 하는 등의 퀴즈게임을 하거나, 음담패설을 나누며 희희덕거리기도 하고 환자에 관계된 비속한 얘기들을 나누며 시간을 보낸다. 설마 하겠지만 이건 사실이다. 물론 고무줄처럼 팽팽한 긴장감이 도는 때도 없는 건 아니지만 이런 대화들이 수술을 하는 동안의 집중력을 방해하지는 않으며 오히려 의사들의 머리를 차분히 식혀주는 청량제 구실을 한다.

이런 사정을 잘 모르는 사람이 곁에 서 있기라도 한다면 아마 의사들이 소독포 속에서 장난질이나 치는 줄로 잘못 알게 뻔한 일이다.

오늘 두 번째 수술은 바로 이런 수술실의 모습을 그대로 보여주는 훌륭한 한 장면이 될 것 같다. 행크 선생이 개복을 하고 난소낭종을 노출시켜 막 빼내려는 순간, 슬레터 박사가 들어왔다.

슬레터 : 내가 골반진찰 때 생각했던 그대로구먼. 사과만큼이나 큰데!
행크 : 사과치곤 너무 작군요.
슬레터 : 내 얘긴 재래종 사과라구!
(이때 마취과의 올센 벤슨 선생이 얘기에 끼어드는데 이 사람은 오래전에 행크 선생과 수술을 하다가 배를 닫기도 전에 마취를 너무 일찍 깨어놓게 만들어 배가 빵빵해져서 복막을 잡아 꿰맬 수가 없게 되었었다. 그 이후 벤슨 선생은 '늙은 배빵빵이'로 불리게 됐다.)
슬레터 : 맙소사! 늙은 배빵빵이 선생. 환자를 좀 느슨하게 해줘야겠소!

벤슨 : 참, 종잡을 수가 없군. 다른 의사들은 불평 없이 잘만 하던데 당신, 실력이 없는 거 아뇨?

메기 : 행크 선생님, 이 정도면 충분한데 뭘 그러세요?

행크 : 메기 여사님. 혹시 지난밤에 빵빵이 선생하고 짝짜꿍이 있었던 거 아니요? 왜 갑자기 그쪽 편을 들고 그래요?

메기 : 편은 무슨 편입니까? 다만 '늙은 배빵빵이'란 말이 듣기 좀 거북하니까 하는 말이죠.

행크 : 아니, 그럼 뭐라고 부른단 말이요?

메기 : '늙은'은 빼고 그냥 '배빵빵이'라고 불리도 되는 일 아녜요?

행크 : 좋소! 우리 그럼 메기 여사의 간곡한 제의에 따라 '배빵빵이' 선생으로 통일합시다!

벤슨 : 제기랄! 만만한 게 마취의사로군.

(이때다. 슬레터 박사가 나를 쏘아보며 한마디 했다.)

슬레터 : 이봐, 자네 지금 뭐 하고 있는 건가? 뱃속에 손만 찔러 넣고 있으면 일이 다 되는 걸로 아나? 어럽쇼? 자네 졸고 있었잖아? 맙소사!

10 질병의 권모술수

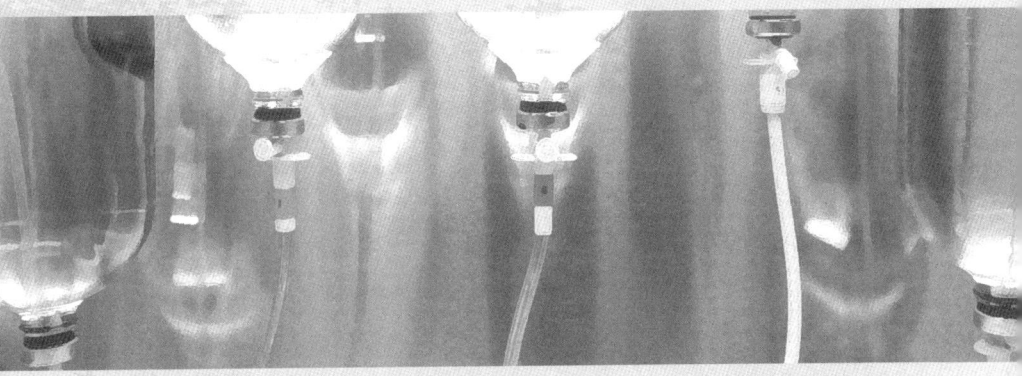

의사라는 직업이 일반에게는 제법 고급직업인 것으로 알려져 있으나 그건 나 같은 햇병아리 인턴에겐 어울리지 않는 면류관인 셈이다. 희다고 전부가 다 백로는 아니듯이 흰 가운을 입었다고 모두 의사는 아니다. 내색은 하지 않고 있지만 앤이 이린 처지에 실망한 것처럼 보여 더욱 안타깝기만 하다.

Intern X

잔인한 과오

10월 22일(토)

굿펠로우 박사의 복식자궁절제술에 들어갔다가 참으로 괴상한 일을 보았다. 박사가 개복하고서 자궁을 떼어내기 전에 배를 조사하다가, 좌측 횡격막 밑에 큰 혹이 있는 걸 발견했다. 더 자세히 관찰해보니 복부 선체에 기득히 그 혹이 퍼져 있었다. 굿펠로우 박사는 전혀 예상하지 못한 암이 발견되었다고 생각하고 당황한 나머지 에머리 박사에게 도움을 청했다. 그도 역시 암이라고 보고 혹 일부를 동결절편을 만들어 조직검사를 시킨 결과, 그것은 암이 아니라 탈쿰파우더 육아종(Talcum Powder Granuloma)이라는 기괴한 병으로 밝혀졌다.

이 병은 수술 장갑을 매끄럽게 하기 위해 사용하는 활석가루가 수술 중에 복부에 퍼져 혹을 만드는 희귀한 경우로 에머리 박사는 이 사실을 쉽사리 믿으려 하지 않았다. 이 여자는 15년 전에 수술을 받았는데 그 당시엔 외과의사들이 장갑에 활석가루를 사용했기 때문에 그 가루가 뱃속에 떨어지면서 굉장한 이물질반응을 일으켰고 점점 커져 현재에 이른 것이다.

굿펠로우 박사는 이런 경우를 생전 처음 당하는지 사뭇 당황해하는 눈치였는데 이대로 놔두었다가는 반흔조직이 자꾸 생겨 결국 창자가 막히게 될 것이라고 말했다.

"우선 자궁절제술을 해주고 회복이 된 다음에 이 혹들을 제거하기로 합시다. 이 혹들을 없애려면 창자를 열어야 할 텐데 창자에 대한 수술 전 처치가 필요하기도 하고 당장 두 가지 수술을 함께 해낼 수도 없지 않겠소?"

결국 우리는 자궁절제술만을 진행했고 육아종은 그대로 둔 채 닫고 나왔다.

10월 27일(목)

오늘 저녁, 슬레터 박사의 이름으로 입원한 환자가 하나 있는데 이런 경우가 바로 의사들의 비인간적 일면을 보여주는 얘기가 될 것 같다.

1개월 전 유방에 혹이 하나 발견돼서 열흘 전에 주치의가 조직검사를 했는데 그곳에는 병리의사가 없어서 조직을 다른 곳으로 의뢰했다고 한다. 일주일 후에야 나온 결과는 암이었다.

결국 혹의 일부만 제거한 채 나머지는 그대로 둔 셈인데 그동안 상처부위가 감염되어 크게 부어오르고 염증까지 생겨 고름이 마구 흘러나오고 통증이 심했으며 바로 그 가운데에 암균이 폭군처럼 도사리고 있었다.

물론 우리 병원에서 당장에 근치적 유방절제술을 받을 예정이지만 중요한 것은 조직검사를 의뢰할 때 전이가 일어나진 않았더라도 당장 수술을 할 수 있게끔 처리하지 않은 미련하고도 무책임한 의사에게 문제가 있다는 것이다. 유방의 혹을 곧장 동결절편으로 만들지 않고 절제하는 경우에는 변명의 여지가 없다. 그럴 시설이 없으면 아예 손도 대지 말았어야 옳다. 유방암 가운데서도 가장 깨끗하고 완치 가능성도 높은 케이스가 바로 이 여자의 경우인데 이렇게 지저분하게 만들어놓았으니 누가 책임을 질 것인가?

감염이 치료되지 않는 한 암에 대한 수술은 무의미하고 감염치료를 기다리자니 암세포가 재빨리 퍼져 나갈 테고, 환자와 함께 우리 모두는 진퇴양난의 곤경에 빠져 있는 셈이다.

몇 년 전, 내가 해군병원에 군인으로 있을 때였다. 폐암으로 죽어가는 한 노인을 봐달라고 인턴을 부르면서 나는 터질 듯한 분노를 느낀 적이 있다. 침대에서 일어나는 데만 20여 분이 걸리고 겨우 일어나서는 환자는 거들떠보지도 않은 채 사망진단서를 작성하던 그 의사의 용서할 수 없는 태만과 무감각, 그 인정머리 없는 횡포에 나는 충격과도 같은 분노를 느꼈었다.

그러나 지난밤에 80세 난 뇌졸중환자가 침을 삼키지 못해 질식했다고 나를 호출했을 때 나는 어떻게 했던가? 호출을 받고 반 시간이 지나서야 환자에게 가면서도 나는 내내 이런 생각을 하고 있었다.

"하느님, 이 사람은 몇 시간 살지도 못할 텐데 왜 이렇게 사람들을 괴롭게 만듭니까? 그를 그냥 질식하도록 내버려두는 것이 환자 자신은 물론이고 여러 사람들을 위해서도 좋은 일 아니겠습니까? 또 그는 살 만큼 살지 않았습니까?"

분명 나는 변하고 있다. 나태와 자만, 그리고 몰인정한 의사세계의

太의연한 모습들을 그대로 받아들이고 있다. 전처럼 그렇게 환자에 대해서도 열성적이지 못하고 가급적이면 책임을 회피하려고 애를 쓴다. 환자를 보러 가서도 별로 중요하지도 않은 일로 괴롭힌다고 간호사에게 신경질을 내고 있다.

어디서 이런 정신자세가 나왔을까? 인턴을 시작할 때의 그 풋풋하던 의욕, 봉사하겠다는 히포크라테스의 선서는 다 어디로 가고 기회주의에 편승하고 무사안일을 택하는 야비한 의사가 되어가고 있단 말인가?

심기일전, 심기일전. 다시 시작하는 기분으로 일을 해나가야겠다.

10월 31일(월)

지난 금요일 밤, 나와는 크게 관계없지만 결코 지나칠 수 없는 소동이 하나 있었다. 병원의 모든 의사들이 쉬쉬해버려 크게 소문이 퍼지진 않았으나 나는 그것이 결코 조그마한 소동으로 그쳐서는 안 된다고 믿고 있다.

환자는 하쉬엔다에 있는 한 술집의 호스티스로 담당의사는 프랭크 하로우라는 외래 외과의사였다. 그는 대부분 성 크리스토퍼 병원에서 수술을 하고 우리 병원에는 환자를 보낸 적이 거의 없는 사람이다.

앰뷸런스에 실려 응급실에 온 그녀는 미모의 20대 초반으로 처음 병원에 도착했을 때 우연히도 내가 호출되었다. 하로우 선생은 우선 응급수술 준비를 하고 인턴이나 레지던트는 부르지 말라고 지시했다. 나는 뭔가 심상치 않은 공기를 느꼈으나 그게 꼭 뭐라고 꼬집어 말할 수는 없었다.

내가 병실에 올라갔을 때 병실 안에는 행크 레글스 선생과 하로우 선생이 환자 옆에 서서 귓속말을 주고받고 있었다. 그리곤 두 사람 모두 아주 모호한 태도로 나는 스크럽할 필요가 없다고 말했다. 그때 시간이 오후 7시 30분쯤. 나는 쫓겨나다시피 숙소로 내려갔다가 11시쯤 식당에 들렀다. 그곳에는 의외로 행크 선생이 있었다. 그는 몹시 흥분하여 씩씩거리면서 내게 자초지종 얘기를 들려주었다.

그녀는 일주일 전에 성 크리스토퍼 병원에서 어느 일반의한테 다리에 정맥이 늘어나 정맥류결찰술(靜脈瘤結紮術)을 받았다. 그런데 하루가 지나면서 이상하게 다리가 붓고 걸을 때는 심하게 통증과 경련이 일어나더라는 것이다. 수술한 의사에게 전화연락을 했더니 그는 수술 후에는 늘 어느 정도는 통증과 부기가 있게 마련이니 걱정하지 말라고 하더란다.

다음날 더욱 심해져 환자가 의사의 사무실로 찾아갔으나 그 의사는 키니네 몇 알을 처방해주고선,

"자, 모든 게 잘 될 겁니다. 너무 걱정하지 마세요. 난 좀 바빠서 그러니 다음에 또 연락주세요."

하며 다리는 쳐다보지도 않았다.

그러나 시간이 갈수록 계속 다리가 아파 다시 그 의사에게 갔는데 이번엔 정 그렇다면 다른 의사를 소개해주겠다고 화를 내며 하로우 선생을 내세운 것이다. 하로우 선생은 환자의 허벅지가 중간부터 아래로 시퍼렇게 변하고 온기가 없는 것을 발견하고는 바로 오늘 우리 병원에 환자를 데리고 와서 응급수술을 했던 것이다. 수술부위를 열자 사타구니 바로 밑에서 대퇴동맥이 꽁꽁 묶여 있는 채로 4일 동안이나 방치된 채 다리에 혈액이 전혀 공급되지 못한 것을 알 수 있었다. 하로우 선생과 행크 선생은 우선 동맥 속의 혈전을 제거하고 묶여 있는 동맥을 잘라내 다시 연결시킨 후에, 혈액순환을 위해 다리동맥을 확장시키는 방편으로 내장신경을 차단시켰다.

동맥이 연결되자 무릎까지 핑크색이 돌아오고 점차 발목까지 핏기가 돌았으나 발은 그대로 회색빛이었다. 한 우둔하고 야비한 의사의 잔인스런 과오는 마침내 젊은 한 여자의 발목을 절단케 한 것은 물론 인생 전체까지도 망가뜨려 놓은 것이다.

나는 소위 외과의사라는 사람이 어떻게 이런 실수를 저지를 수 있는가에 대해 의심이 갔다. 더구나 수술 후 4일 동안이나 환자의 애절한 호소를 무시했다는 건 도저히 용서할 수 없는 일이다. 24시간 이내에만 그 실수를 알아차렸다면 그녀의 예쁘고 작은 발은 구할 수 있었을 것이라고 행크 선생은 말했다. 환자에게 뭐라고 설명할 것인가? 대퇴동맥과 복재정맥(伏在靜脈)조차도 구분하지 못하고 아무 혈관이나 닥치는 대로 묶어버린 그 의사의 무책임한 과오를 어떻게 설명할 수 있단 말인가? 이 정도라면 10만 달러 이상의 손해배상을 청구할 수 있을 것이다. 어이없는 진료과오에 대한 무거운 응징이 내려져야 한다고 나는 믿는다. 아니다. 이것은 돈 따위가 문제가 아니다.

"그 일반의는 아마도 당분간은 성 크리스토퍼 병원에서 수술할 권리를 박탈당하겠지만 직무태반에 기인한 진료과오만은 병원 측에서 쉬쉬할 것 같군."

나는 행크 선생의 이 말에 화가 났다.

"환자가 소송을 걸면 당연히 이길 수 있고, 이 도시의 모든 의사들도 환자 편에 서게 될 것 아니겠습니까?"

"천만의 말씀! 오히려 그 반대요. 다음에 당신도 그런 과오를 저지를지 누가 알겠소?"

"아니, 자기가 무엇을 하고 있는지조차도 모르면서 수술을 진행하는 사람을 의사라고 할 수 있습니까? 정신이 똑바로 박힌 작자라면 그렇게 펄떡펄떡 뛰는 큰 동맥을 정맥으로 잘못 알진 않을 것 아닙니까?"

"반드시 그렇진 않아요. 나도 그런 실수를 저지른 적이 있소. 금방 알아차리긴 했지만, 이건 모든 의사가 마찬가지란 말이오. 크고 작은 차이가 있을 뿐이지. 그 의사를 태만했다고 나무랄 수 없는 이유가 바로 여기에 있는 것이오. 실수를 하자고 보면 도대체 아무것도 보이지도 들리지도 않는데는 어찌하겠소? 이 세상에서 100% 완벽한 의사는 오직 한 사람, 하느님뿐이오. 그 의사에게 어쩌다 한 번 저지른 실수를 응징한다는 구실로 십자가를 지울 순 없질 않겠소? 중요한 건 의사가 신이 아니라 사람이라는 거요. 그건 가장 평범하면서도 연륜이 쌓일수록 더욱 절실해지고 또 가장 잊기 쉬운 사실이오."

행크 선생의 의견에 나는 동조할 수가 없었다. 그저 완벽한 수술에 불운하게도 합병증이 있었다고만 말할 스탭들의 행동은 용서받지 못할 죄악이라고 생각한다. 그것은 평화라는 하얀 포장지로 위장한 검은 폭력이 아닌가?

그러나 어찌할 것인가? 그녀에게 달려가,

"이것 보시요. 아가씨, 당신은 의사의 잔인하고도 야비한 실수에 대해 소송을 걸어야만 합니다."

라고 말할 용기가 내겐 없었다. 가슴에 치밀어 오르는 분노와 경악, 그리고 소름끼치는 동료 의사들의 방관과 무신경에 대해 함께 방관하고 고개를 돌릴 수밖에 없는 나 또한 의사의 한 사람인 것이다. 의사라면 누구나 한 번쯤 그런 과오를 저지를 수 있는 것으로 겸허하게 받아들여야 하는 나는 의사인 것이다. 그저 묵묵히 구경꾼이 되어 지켜볼 밖엔 별 도리가 내겐 없었다. 내가 고작 해줄 수 있는 단 한마디는 이것뿐이다.

"아가씨는 참으로 재수가 없으시군요."

비극적인 희극

11월 6일(일)

하쉬엔다의 호스티스는 금요일 오전에 마침내 절단수술을 받았다. 그간 하루에 두세 번씩 내장신경을 차단시켜, 발이 조금씩 핑크빛으로 변하는 것처럼 보이기도 했지만 발바닥부터 점점 썩어들기 시작해서 하로우 선생은 결국 발을 살려보려는 노력을 포기한 것이다.

정강이 중간부터 절단했으므로 의지(義肢)를 끼우고 걷기 시작할 때 혈액순환이 절단부위까지 충분히 잘 되도록 해서 또 썩는 일이 없게끔 하는 것이 문제였다. 경우에 따라서는 한 2년 뒤에 2인치 정도 더 절단해야 할지도 모를 일이다.

코넬 박사의 신경외과에 한 환자가 입원했다. 환자는 오른팔에만 경련이 일어나는 특이한 증세를 보였다. 갑자기 엄지손이 뒤틀리기 시작하여 손가락, 손목 그리고 팔 전체에 경련이 퍼져 나가며 몇 분 동안 팔이 심하게 흔들린 다음, 잠시 멈추기는 했지만 1시간쯤 지나서 다시 똑같은 현상이 일어났다.

코넬 박사는 그를 진찰해보고 이런 발작이 수술은 가능하지만 매우 빨리 진행되는 뇌종양 때문이라고 확신했고 방사선과의사들은 우측 폐 부근에 큰 종양이 있다는 사실을 엑스레이 결과로 밝혀냈다. 말하자면 폐암 중에서도 뇌로 잘 퍼지는 기관지암을 갖고 있는 것으로 보였는데 코넬 박사는 지난 수요일 아침에 리차드슨 선생과 함께 환자의 가슴을 열어보았다.

우측 폐 전체를 들어내는 대수술을 끝내고 코넬 박사는 회복에 문제가 없다면 뇌수술까지 해보겠다고 말했다. 박사는 매우 드물기는 하지만 뇌에 단독으로 전이되는 암이 있다고 보았다. 기관지암은 암 중에서도 가장 악종으로 몸 전체로 쫙 퍼져 나가는 무서운 진행속도를 갖고 있다.

세포 하나가 다른 인접세포에 아무 영향을 주지 않고 떨어져나와 뇌에 가서 단독으로 전이를 일으킨다는 것은 상상조차 할 수 없는 일이지만 이 환자의 경우 뇌수술을 받지 않고서는 생명이 아무런 가치가 없게 된다.

11월 10일(목)

슬레터 박사는 제1수술장과 제2수술장 사이를 미친 듯이 오가며 타고난 외과의사로서의 면모를 유감없이 발휘하고 있다. 갑상선절제술, 자궁절제술, 근치적 유방절제술…… 보통 사람들 같으면 엄두도 못 낼 정도로 계속되는 수술 스케줄에도 그는 놀라운 정력과 열성으로 이리 뛰고 저리 뛰며 메스를 휘두르고 있는 것이다.

며칠 전 슬레터 박사에게 근치적 유방절제술을 받았던 환자는 불행 중 다행으로 경성암(硬性癌)으로 밝혀졌다. 이 암은 아주 완만한 속도로 진행되는 암이기 때문에 근치적 유방절제수술만으로도 100% 완치를 기대할 만하다.

이 여자는 대개의 부인들이 그러하듯 3개월 전부터 혹을 발견하고도 저절로 없어지겠지 하는 막연한 생각으로 방관하고 있었는데 여하튼 수술결과는 더욱 다행인 셈이다. 대부분의 부인들은 자기 몸에 이상이 생기면 곧 낫겠지 하는 안이한 생각으로 시간을 보내기가 일쑤인데 그것은 어리석기 짝이 없는 바보짓이다. 이 여자의 경우 근치가 되었으니 다행이지만 만일 악성암으로 결과가 나왔더라면 호미로 막을 데를 가래로 막지 못하는 불행에 빠졌을 것이다.

신체구조상 여성에게는 여러 가지 잔병이 많게 마련인데 제때에 병원으로 달려가 체크해보는 것이야말로 더 큰 불행을 방지하는 최선책일 것이다.

1개월쯤 전에 다발성게실증(多發性憩室症;여러 내장에 소낭(小囊)이 생긴 것) 때문에 대장을 부분절제한 환자 하나가 있다. 현재 그는 며칠동안 고열에 시달리고 있으며 금방이라도 터져버릴 것 같은 고름집이 직장에서 감지되고 있다. 나는 오늘 그를 진찰하다가 자칫 316호실 천장을 날려버릴 뻔했다. 환부를 잘못 만지는 바람에 그가 지른 고함소리 때문이었다. 어제는 슬레터 박사도 이런 고역을 치렀다는데 그러고서도 환자가 내게 말하지 않은 것이다.

슬레터 박사는 수술 때 스폰지를 뱃속에 놔두고 꿰맸을지도 모른다고 말하면서 그로 인한 감염 때문에 고름집이 생길 수도 있다며 수술기록부를 뒤져보라고 지시했다. 그러나 스폰지 카운트(수술에 사용된 스폰지를 환부에 남기지 않기 위하여 수술 전과 후에 맞는지 확인하는 과정)는 정확했고 재확인까지 되어 있었다. 엑스레이를 다시 찍었으나 아무것도 보이지 않았다. 내일, 문제의 고름집을 쨀 예정인데 만일 스폰지라도 나온다면 슬레터 박사의 얼굴 표정이 어떻게 변할지 모르겠다. 모르면 몰라도 슬레터 박사는 그러한 실수가 행크 선생을 비롯한 수술팀의 과오라고 펄쩍 뛰며 책임추궁을 할 것이다.

골반을 진단하기 위한 보그스 박사의 수술에 오스렌 선생과 함께 들어갔다. 이 수술을 하면서 간혹 환자들의 말이라는 게 얼마나 믿을 수 없는 황당무계한 것인가를 절실히 느끼게 되었다.

아기 갖기를 원해 왔으나 계속 실패한 이 여자는 조영제(造影劑; 신체의 여러 내부 장기들을 엑스레이에 보이게 하기 위해 주사하거나 먹는 물질로 황산바륨, 하이페크 따위)를 주어 엑스레이를 찍었더니 양쪽 나팔관이 모두 막혀 있었다.

수술로 그 이유가 금방 밝혀졌다. 양쪽 나팔관을 묶어버린 수술전력을 갖고 있었던 것이다. 그녀의 아랫배 쪽에는 간신히 알아볼 수 있는 2분의 1인지 가량의 수술흔적이 있었다. 그러면서도 그녀는 자기가 아기를 갖지 못하는 것이 마치 의사들에게만 잘못이 있는 양 말하곤 했었다.

보그스 박사는 나팔관의 묶인 부분을 잘라내고 폴리에틸렌 튜브를 꽂아 나팔관을 개통시키려 했다. 이것은 말하자면 불 탄 자리를 안 탄 것처럼 보이게 하는 것과 마찬가지로 원상회복 가능성은 100대 11에 불과하다. 그녀는 수술이 다 끝날 때까지도 이런 자신의 병력을 전혀 얘기하지 않았었다.

11월 11일(금)

앤이 한 달에 250달러 정도를 아르바이트로 벌어오고, 내가 봉급으로 125달러를 받으니 375불이 되는데 사실 이 돈으로는 생활해간다는 것은 문제 이전의 연명의 벽에 부딪치게 된다.

우리는 진작부터 파산 직정이다. 최근에는 더욱 절망적이어서 무엇을 어떻게 해야 좋을지 도무지 감을 잡을 수가 없었다. 이런 나 자신의 생활에 실망하여 마음이 무너지기 시작하면 걷잡을 수 없는 좌절의 늪에 빠지게 된다. 아무것에도 흥미를 느낄 수 없고 의사라는 이 위대한 직업 자체에까지 염증을 느끼게 된다.

한 달에 겨우 한 번 정도 영화구경에 드는 비용에까지 천근의 무게를 느껴야만 하고 휘발유값 때문에 꼭 필요한 경우를 제외하곤 차를 묶어 둬야만 하는 이 비참한 생활의 현장. 집에 돌아오면 독한 술이라도 퍼 마시고 취해 쓰러지고 싶지만 현실의 벽은 내게 그런 사치를 허락하지 않는다.

인턴의 아내로서 앤은 적어도 재정적으로 행복을 느끼지 못할 것이다. 의사라는 직업이 사람들에게는 제법 고급직업인 것으로 알려져 있으나 그건 나 같은 햇병아리 인턴에겐 어울리지 않는 면류관인 셈이다. 희다고 전부가 다 백로는 아니듯이 흰 가운을 입었다고 모두 의사는 아니다. 내색은 하지 않고 있지만 앤이 이런 처지에 실망한 것처럼 보여 더욱 안타깝기만 하다.

11월 14일(월)

감돈(嵌頓 : 장이나 자궁 같은 복부의 내장기관이 병적으로 발생된 틈으로 탈출하여 원래 위치로 돌아가지 못하는 상태)된 절개부위 헤르니아 환자를 보라는 호출이 있었다. 호너라는 이 환자는 8년 전 복막염과 절개부위 감염이 동반된 담낭수술을 받았었는데 4년 전에는 복부중앙에서 절개부위가 터져 병원신세를 지기도 했다.

최초 수술할 당시 체중이 무려 220파운드여서 감량할 것을 강력히 지시했는데도 듣지 않고 계속 먹기만 해서 저번에 탈장이 나타났을 때는 슬레터 박사가 당장 50파운드를 줄이지 않으면 수술을 해줄 수 없다고 고함을 쳐 돌려보냈었다.

그 후 소식이 없던 그가 이번에 다시 입원하게 된 것인데 지방층을 뚫고 튀어나온 탈장은 최소한 6인치는 될 것 같았다. 침대 위에 마치 큰 무덤처럼 누워 있는 그의 지방층 사이로 참외만 한 탈장을 촉지할 수 있었다.

20여 시간 끊임없이 구토를 한 덕분에 제법 초췌해진 얼굴의 그를 엑스레이 촬영을 위해 촬영기 테이블로 옮겨야만 했는데 만일 그가 내게 '널 죽여 버리겠다!' 리고만 소리 질렀다면 영락없이 프랑켄슈타인 영화의 한 장면이 됐을 것이다. 그러나 그는 다행이도 '오, 하느님. 굽어 살피소서!' 라는 애절한 기도만 되풀이할 따름이었다.

엑스레이 결과로 알 수 있는 것은 오직 배에 가스가 가득 차 있다는 것 하나뿐이었다. 다시 그를 침상으로 데리고 가서 IV를 놓기 위해 혈관을 찾아 헤매느라 길고 긴 투쟁의 대역사를 연출해야 했다. 그는 그 덩치에 도무지 어울리지 않는 아주 실 같은 작은 혈관을 갖고 있어 수없이 바늘에 찔리는 가혹한 시험을 받아야 했다.

겨우 링거를 꽂아 자정까지 수액공급이 계속됐지만 혈색은 전혀 좋아 보이지 않았다. 행크 레글스 선생은 장시간 동안 반복된 구토로 인해 환자가 산성증에 걸렸을 가능성이 있다고 보고 병리의사에게 전해 질검사를 의뢰했다.

이미 혈액검사는 탈수된 비스켓처럼 결과가 나와 있었는데 행크 선생은 수분 공급을 위한 혈관절개를 하자고 제의했다. 우리는 발목 위 피부를 깨끗이 소독하고 혈관을 찾아내어 그 속으로 폴리에틸렌 카테타를 집어넣고 수분을 주입하기 시작했고 한편으로는 배에 가득 차 있는 가스를 뽑아내기 위해 밀러-아보트관(Miller-Abbott Tube)을 위장 속에 집어넣었다.

사실 우리는 바로 이때 개복했어야 했다. 그러나 행크 선생은 환자 상태가 좋지 않을 뿐만 아니라 환자의 현재 상태가 수술부담을 감당할 수 없을 것이라고 판단하고 수술을 일단 뒤로 연기했다.

그러나 월요일 아침, 사태는 전혀 예상치 못한 방향으로 흘러갔다. 행크 선생과 내가 수술에 앞서 혈액검사와 교차시험을 하도록 지시하는 걸 까먹어, 수술장에 첫 번 순위로 옮겨져 마취준비까지 완료했으면서도 당장 준비된 혈액이 없었다. 슬레터 박사의 화가 머리끝까지 오른 것은 두말할 필요가 없었다. 결국 호너 씨는 혈액이 도착할 때까지 순위가 밀려 제2수술실에서 불쑥 튀어나온 배를 한 채 마취된 상태로 눕혀 있었다. 그것은 상상만 해도 웃음이 터져 나오는 광경이었다. 아무도 없는 썰렁한 수술실 한 가운데에 툭 삐져나온 배가 소독포 사이로 비집고 올라온 광경이라니······.

호너 씨를 개복해보니 탈장내에 1피트 반 정도의 길이에 5파운드 무게의 감돈되어 썩어버린 소장이 발견되었다. 슬레터 박사는 어젯밤 그 환자를 수술했어야 하는데 늦어져서 결국 소장을 잘라내야 하고 환부

지방층에도 감염이 생기게 됐다고 노발대발이었다.

우리는 '배빵빵이' 선생에게 추가 마취를 맡겨야 했는데 이번엔 또 마취가 잘 되지 않는 바람에 슬레터 박사는 더욱 격노하여 고래고래 소리를 지르고 난리를 쳤다. 마취과 과장 돈 모어하우스 선생이 대신 들어와 슬레터 박사의 비위를 맞추는 고역 끝에 조금은 화가 가라앉았지만 수술이 다 끝난 2시 30분까지 내내 우리는 저기압권 내에 들어온 구름신세가 되어 언제 천둥 번개가 칠지 모르는 두려움에 떨고 있어야 했다. 그것은 정말이지 비극적인 희극이었다.

간교한 질병

11월 16일(수)

외과에서의 일들을 곰곰이 생각해보면 흡사 분업공장과 같이 어수선하다. 내가 하는 일이라곤 모두 최후의 일격, 즉 수술 직후의 경과 관찰뿐이라 그야말로 부품조립 공정과 크게 다를 바 없다. 수술을 위해 입원한 환자에겐 의학적으로 배울 게 많은데도 나는 다만 내 과정에 들어온 환자의 처치에만 매달리게 되는 것이다.

모든 수술 전 처치와 대부분의 경과 관찰이 클리닉 사무실에서 진행되니 나는 도무지 알 수도 없고 볼 수도 없다. 그런 이유 때문에 나의 외과 근무는 마치 긴 터널의 한가운데 서서 깃발을 들고 교통정리를 하고 있는 그런 모습을 연상케 한다. 어느 차가 들어올지 알 수도 없지만 알 필요도 없다. 끝까지 잘 통과하여 나갈지도 매한가지.

아마 이런 모든 것은 내가 워낙 외과 파트에 흥미를 느끼지 못하기 때문이 아닌가 여겨진다.

11월 22일(화)

호너 씨는 월요일 저녁, 간호사에게서 원인 모를 열이 있다고 연락이 올 때까지는 편안히 잘 지내고 있었다. 열이 단지 1℃ 정도의 상승이었는데도 행크 선생은 이 소식을 듣고 몹시 심란해했다.
"만일 그 열이 절개부위의 감염에 의한 것이라면 당신이나 나나 고생문이 훤합니다."
우리는 호너 씨의 흉부와 복부를 이리저리 살펴보았으나 뚜렷한 원인을 발견해낼 수가 없었다. 행크 선생은 소변에서 고름이 섞여 나오니까 원인은 쉽게 규명될 것이라고 말하면서 아스피린을 주지 말라고 간호사에게 시시했다. 밤늦게까지도 그의 체온은 여전히 39.4℃를 나타내고 있었다.
프레드 선생이 내게 레오 리차드슨 선생의 혈전성 혈관내막절제술의 스크럽을 하도록 계획을 세워주었다. 이 수술은 동맥을 열고 피떡이나 폐색부위를 제거하고 다시 꿰매거나 동맥을 이식시켜야 되는 고된 작업으로 적어도 10시간 가까이 걸릴 대수술이다. 당뇨병을 앓았던 병력이 있고 최근에는 양쪽 다리에 동맥폐색까지 발생한 이 환자의 엑스레이에는 대동맥에서 양쪽 다리로 가는 총장골동맥(總腸骨動脈)이 상복부까지 폐색되어 있었다. 애초부터 희망이 거의 없는 수술이었다.
리차드슨 선생은 흉골부터 치골 부위까지 절개를 하여 넓게 벌리기 시작했다. 그러고는 복부 후면으로 내려가는 큰 동맥으로 타고 내려가서 대동맥 전체가 콩팥 위치에서부터 밑으로 장골동맥이 나뉘어져 양다리로 내녀가 단단히 석회화되어 있는 것을 발견했다.
"하부 대동맥 전체와 양쪽 장골동맥을 모두 절제해내고 인공동맥으로 대체시켜야만 되겠는걸."

리차드슨 선생은 이렇게 중얼거리면서 수술을 계속했다. 그러나 폐색이 어느 정도까지 진행됐는지 알 수 없는 난관에 봉착하자 반 베르트 선생에게 이 문제를 상의했다. 반 베르트 선생도 레오 리차드슨 선생의 의도에 어느 정도는 동의하는 눈치였는데 내가 생각하기엔 그건 한 가닥 실오라기 같은 희망에 불과했다. 남아 있는 병변(病變)이 없는 동맥이 확장되리라는 희망을 갖고 후복벽의 양측 면으로부터 교감신경의 신경절을 제거하는 이 수술을 지켜보면서 잘못하다가는 환자의 상태가 수술 전보다도 더 악화될 것 같아 조마조마했다.

리차드슨 선생은 4시간이 넘는 길고도 지루한 대수술을 결국 무위로 끝낸 후 병변이 너무 광범위한데 실망했으나 다른 환자를 위한 좋은 경험으로 삼겠다고 말했다.

리차드슨 선생에겐 마틴이라는 또 다른 환자가 있는데 그는 장골동맥 분지(分肢) 바로 위에 큰 동맥류가 있고 양쪽 장골동맥을 따라 여러 개 작은 동맥류를 갖고 있는 골치 아픈 환자였다. 이 병은 마치 타이어의 기포와 같은 것이 생겨 압력에 밀리면 불쑥불쑥 튀어나와 뭔가 해주지 않으면 이내 터져버리고 마는 무서운 질병이다.

리차드슨 선생은 이 환자에게 전체 하부대동맥, 양쪽 장골동맥, 동맥류 등을 모두 인공동맥으로 대체시키려는 야심만만한 계획을 세우고 있었다. 그건 참으로 야심에 찬 시도였다. 그는 환자에게 수술에 관한 모든 것을 다 얘기해주었다고 말했다.

"수술 도중 사망할지도 모르고, 병원에 오래 입원해야 하며, 심지어 수술이 완전히 성공했다고 해도 회복 불가능의 우려성도 배제하지 못한다고 다 얘기했는데도 수술을 받겠다고 쾌히 응락하더군."

　마틴 씨는 자기가 수술을 받지 않을 경우엔 수 개월 혹은 수 주일 이내에 사망할 것이라는 사실을 잘 알고 있었다. 사실 수술을 안 받는 경우 그는 마치 성냥불을 그어 댄 화약통 위에 앉아 있는 것과 마찬가지인 위험한 상황에 처하게 된다. 동맥류가 파열하면 화약이 폭발하는 것처럼 어떤 처치를 한다 해도 때는 이미 늦는 것이다. 그러나 문제는 수술의 성공 가능성에 있다. 고도의 기술이 요구되는 것도 문제지만 환자가 그 위험한 수술의 부담을 육체적으로 버틸 수가 있겠는가 하는 것은 더 큰 문제인 것이다.

　아무튼 마틴 씨는 진퇴유곡의 함정에 빠져 리차드슨 선생에게 SOS의 간절한 신호를 보내고 있다. 그러나 리차드슨 선생의 힘이 거기에 미칠지는 정말 미지수다.

　이런 환자를 옆에 놔두고 나는 단지 그 수술에서 빠져나갈 수 있기만을 바라고 있었다. 10시간 넘게 걸린다는 그 수술에서 나로서는 할 일이 별로 없다는 것도 문제지만 리차드슨 선생의 야심에 찬 '투기'에 동조하고 싶지 않은 마음이 더 간절했기 때문이었다.

　사실 나는 그 투기에 겁이 났다. 아무리 환자가 원한다 해도 가능성이 희박한 수술로 환자를 괴롭힐 수는 없는 게 아닌가? 한 생명의 존폐 여부가 판가름 나는 숭고하기까지 한 결정이 너무도 쉽게, 그리고 간단히 내려진다는 것은 이해하기 힘든 일이었다.

11월 25일(금)

　수요일이 되자 호너 씨의 지방에 염증이 생겼다는 게 확실해졌다. 절개부위에 심한 감염이 생긴 것이다. 38.8℃~39.4℃까지 열이 오르고 있었다.

행크 선생이 상처의 밑바닥에서 고름을 뽑아내 세균배양을 한 결과 피부와 내장에 분포하는 포도상구균, 대장균, 아이로게네스균 등이 수없이 발견되었다.

금요일 아침엔 슬레터 박사가 몸소 고무장갑을 낀 채로 피부와 피하지방층의 봉합면을 열고 절개부위를 복막까지 다시 열었다. 6인치 두께의 지방층이 열리자, 시궁창 냄새가 나는 녹색의 고름덩어리가 상처의 가장자리로 흘러내렸고 그것은 환자의 침대로, 바닥으로 마구 흘러내렸다.

슬레터 박사는 농창주위의 표피와 지방의 괴사조직을 제거하고 농창의 밑바닥을 따라 부드러운 고무배농관을 넣은 뒤, 스프링클러가 잔디를 적시듯 배농관을 항생제로 만든 용액병에 연결시켜 놓았다. 그리곤 오레오마이신 가제로 상처 주위를 가볍게 덮었다.

우리는 하루에 두 번씩 이것을 갈아줘야 하는데 슬레터 박사는 이런 방법이 전쟁 때 야전병원에서 불결한 괴저성 유산탄창을 치료하는 방법으로 정확히 배농시키지 않으면 감염부위에 심한 화농이 진행된다고 말했다.

행크 선생의 잘못으로 호너 씨의 상처부위가 복잡한 지경에 빠졌다고 생각하는 슬레터 박사는 들으라는 듯이 중얼거렸다.

"요즘 젊은 의사들은 한두 해 정도 전쟁의 포화 속에서 절대절명의 위기를 경험하는 게 필요해. 주위에 항생제도 없고 심지어 비누조차도 없는 먼지 속에서 일을 해봐야 감염이 얼마나 무서운 것인가 알게 될 테니까!"

11월 28일(월)

슬레터 박사의 환자가 하나 새로 들어왔다. 82세의 몸집이 작은 할머니로 원인미상의 병으로 복부에 복수(腹水)가 괴어 있었다. 박사는 2인치 정도 복부를 절개하여 복수를 뽑아낸 다음 치료가 가능한 병인지나 봐야겠다는 마음으로, 금요일 아침 2갤론 정도의 복수를 뽑아냈다. 그리고 난소암이 광범위하게 퍼져 있다는 사실도 확인했다.

슬레터 박사는 복부 내부에 넓게 퍼져 있는 종양의 일부를 채취하여 병리검사를 의뢰했고 복수를 더 빼낸 뒤, 다시 닫아주었다. 의사로서도 어쩔 수 없는 서글픈 케이스였다. 그 후 박사는 환자의 가족을 전혀 만나지 않았다.

토요일 오전 그 노파의 딸이 병실 주위에 서서 박사를 기다리고 있는 모습을 볼 수 있었다. 마침 노파의 병실은 복도 끝 쪽에 있어서 옥외계단으로 내려가는 문에서는 찬 바람이 불어오고 있었다. 노파의 딸은 회진을 돌기 위해 바쁘게 뛰고 있는 슬레터 박사를 기다리다 못해 로비로 달려가 그를 붙잡았다. 그러나 슬레터 박사는 어머니의 병세가 어떤지 알아보려는 그 여인의 애절한 모습을 보고도 그녀가 누구인지조차도 알지 못했다. 그녀가 자기소개를 하며 자초지종을 얘기하자 그제서야 박사는 차디찬 음성으로 말했다.

"암세포를 여러 곳에서 발견했으나 병리검사에 따라 방사선과에서 잘 치료할 겁니다. 나로서는 그 이상은 잘 모르겠습니다."

그리곤 매정스럽게 돌아서 가버렸다. 그녀는 흐르는 눈물을 닦을 생각도 않고 차가운 바람이 몰아치는 출입구에 마냥 서 있었다.

왜 슬레터 박사는 좀더 친절히 얘기해주지 못했을까? 잠시 동안이라도 그 가족들과 마주 앉아서 노파의 병세를 설명해주며 위로의 말을 줄 수도 있었을텐데…….

의사에게는 모든 환자가 다 자기 가족이어야 한다. 죽어가는 환자 앞에서 아픔을 함께 나눌 수 있는 의사만이 진정 훌륭한 의사일 것이다. 슬레터 박사의 이런 태도야말로 유능한 의사와 훌륭한 의사의 차이점을 확실하게 알도록 해주는 본보기이다.

11월 30일(수)

레오 리차드슨 선생의 환자인 에드 아른퀴스트 씨는 지난 7월에도 입원한 적이 있는 스웨덴 사람으로 그때 당시 원인을 알 수 없는 정신적 불균형을 호소하던 44세의 남자이다. 그는 입원해 있으면서도 이해하기 힘든 병력을 보여 많은 사람들을 당황하게 만들었었다.

특히 방사선과의사들과 칼 코넬 박사가 골탕을 먹었는데, 코넬 박사가 신경학적 측면에서 환자를 진찰했지만 도무지 정신적으로 균형을 잃는 원인을 규명할 수가 없었다.

아른퀴스트 씨는 한 발로 섰을 때는 전혀 육체적 균형을 유지할 수가 없었고 안구진탕(眼球震盪; 눈알이 정지해 있지 않고 무의식 상태에서 수평 방향으로 경련하여 움직이는 질환)을 가진 점을 제외하곤 사실 별다른 이상은 없었다. 결국 그 당시는 진단을 내리지 못한 채 퇴원을 시키면서 막연히 환자의 뇌 속에서 뭔가 진행되고 있을 것이라는 짐작만 무성할 뿐이었다.

그 후 에드 아른퀴스트의 병세는 점점 악화되어 이번에 다시 입원하게 된 것이다. 그런데 이번엔 뇌파검사 결과에서 환자의 뇌 어딘가에 종양이 있을 수도 있다는 변화가 나타났다. 코넬 박사는 즉시 뇌실촬영

(Ventriculography; 뇌실 내에 공기 또는 조영제를 주사하고 엑스레이 촬영을 하는 법)에 들어갔고 그 결과 놀라운 사실을 밝혀냈다.

환자는 뇌종양이었던 것이다. 코넬 박사는 즉시 아른퀴스트의 두개골을 열고 그곳에서 자라고 있던 커다란 종양을 긁어냈다. 다행히 종양은 경계가 뚜렷한 양성종양이어서 박사는 아른퀴스트의 병을 뿌리 뽑을 수 있다는 자신을 얻었다. 모두들 박사의 개가를 축하했고 환자에게도 행운의 인사가 쏟아졌다.

그러나 그 행운의 축복은 오래 가지 못했다. 병리의사는 종양조직의 슬라이드를 관찰하고 기관지암과 아주 흡사하게 보이는 전이성 암이 있는 것 같다고 말한 것이 3일 후였다. 이때가 10월이었는데 흉부 엑스레이 촬영은 모두 정상으로 나왔으나 입체촬영과 단층촬영을 포함한 특수 흉부촬영 결과, 좌측 폐의 상엽에 아주 조그만 연조직성 덩어리가 발견되고 말았다.

이 의외의 사실에 방사선과의사들은 경악을 금치 못했다. 6개월 동안이나 폐암을 방치한 셈이었다. 6개월 이상 폐 깊숙이 자리 잡고 있던 악성종양이 뇌로 전이되어 여러 기괴한 증상이 나타났다는 결론이 나오게 되었다.

리차드슨 선생은 이제 아른퀴스트의 주치의로서 폐의 병변을 제거하기를 원했다.

"에드에게 유일한 희망이 있다면 뇌병변 부위가 유일한 전이장소일 것과 폐종양을 제거시킴으로써 다른 곳으로 전이되는 것을 막는 일뿐이지."

그러나 이러한 희망도 백만 분의 일 정도밖에 안 되는 가능성일 뿐이었다. 원발성 암을 따라 전이된 결절들이 흉부에 가득 차 있을지도 모르는 일이고 만일 그것을 그대로 방치해둔다면 아른퀴스트 씨의 생존

가능성은 거의 제로에 가깝다.

  다만 한 가지, 그곳에 병변이 그런 상태로 있었다고 한다면 이미 사망하고 말았을 것이라는 사실에 희망을 걸 수는 있다. 바로 이 점이 그의 생존가능성을 점치게 하는 유일한 기대가 되고 있다. 아무튼 그는 목요일에 수술을 받을 예정이다.

  (그때 당시 나도 다른 모든 사람들과 함께 아른퀴스트 씨의 이러한 결과에 심한 충격을 받았었다. 간교한 질병의 놀라운 권모술수, 거기에 무력하게 무너지는 의사의 권위, 인간 존재의 의미가 과연 무엇인가를 다시 한 번 의심하게 만드는 가슴 아픈 사건이었다.

  그는 결국 흉부에 전이성 결절들을 갖고 있는 것으로 판명됐고 4개월 후 폐암으로 사망하고 말았다.

  방사선과의사들의 변명할 길 없는 실수에서 야기된 이 사태는 전혀 뜻밖의 방향으로 발전됐는데 그것은 바로 아른퀴스트의 엑스레이 사진들이 전국 규모의 흉부질환 임상학회에 보고되어 교재가 되었다는 것이다. 그런데 문제는 학회에 참석한 내노라하는 저명한 의사들조차도 아른퀴스트의 7월 사진에서 문제의 그 음영을 찾아내지 못했다는 점이다. 학회에 리포트 될 정도의 사진이라면 뭔가 이상한 소견이 있을 게 뻔한데도 그들은 전혀 감을 잡지 못하고 쩔쩔맸다.

  에드 아른퀴스트의 이런 경우에서는 어느 누구라도 어찌할 수 없는 상황이므로 방사선과의사들의 실수를 나무랄 수는 없겠지만 그렇다고 책임의식까지 소홀히 해서는 안 될 것이다.

  나는 이 사건으로 말미암아 질병이 얼마나 간교하고 비정한가를 다시 한 번 뼈저리게 느껴야 했다.)

11 축복 있는 성원

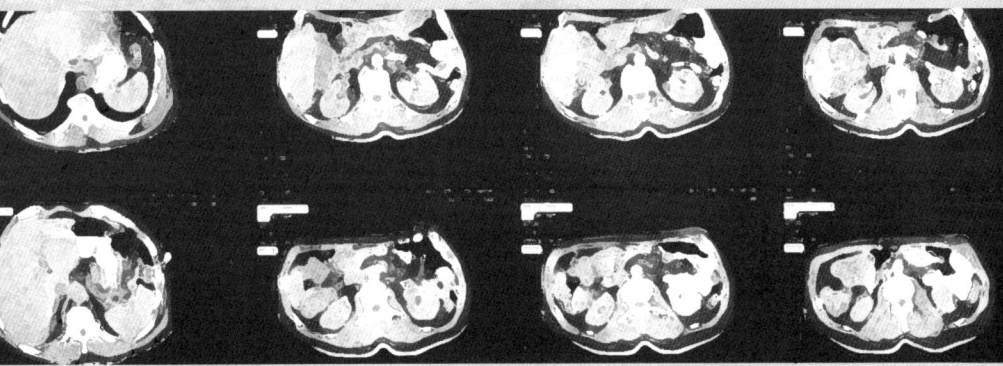

의료윤리, 의료윤리 하지만 과연 누구에게 편리하라고
만든 의료윤리란 말인가? 그녀의 이 처참한 운명을 책임
지는 것은 고사하고라도 적어도 그녀의 정신적 육체적
그리고 물질적 파산을 떠맡을 의료윤리란 없는가? 그녀
가 만약 자기 운명을 한탄하며 스스로 목숨을 끊는다면
그 죽음은 누가 책임진단 말인가?

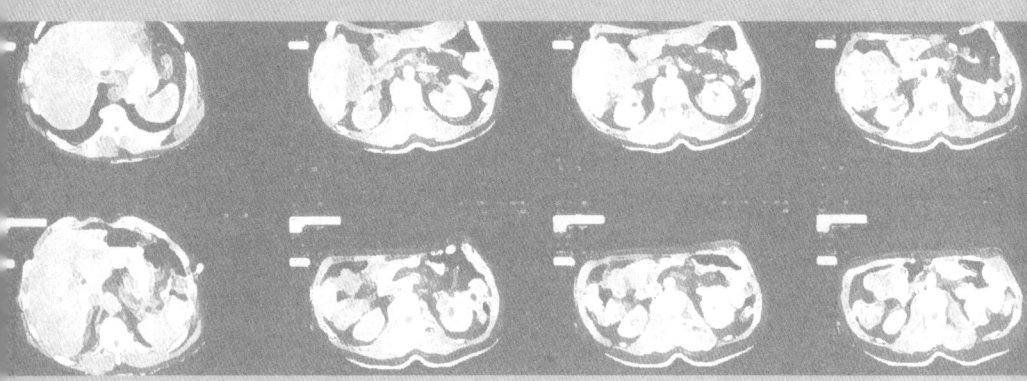

Intern X

의사만의 딜레마

12월 3일(토)

슬레터 박사의 병동으로부터 제2외과 병동으로 옮기면서 어느새 내 인턴생활의 후반기에 접어들었다. 외과 근무에 대한 권태와 싫증을 구태여 숨길 필요는 없을 것 같다. 이런 권태가 인턴생활에 대한 실망까지도 가져왔다. 6개월이나 기간이 더 남아 있다는 생각을 하면 아득하기만 하다.

이렇게 실망이 커지는 이유 중의 하나를 외과에 대한 혐오감에서도 찾을 수가 있을 것 같다. 끝없이 반복되는 스크럽, 기계적인 회진과 인턴에게 맡겨지는 너무도 사소한 작업들, 그리고 무의미한 내 존재…….

그러나 한편으로 생각해보면 이처럼 단조롭고 권태로운 업무를 통하여 나는 의사들 하나하나의 휴머니티와 위대성을 껍질을 벗기듯 조감할 수 있는 좋은 기회를 가졌다. 그리고 내가 가장 싫어하는 슬레터 박사지만 그가 가진 의사로서의 뜨거운 가슴과 인간적 매력은 다른 의사 그 누구도 필적할 수 없다는 사실도 깨닫게 되었다.

외과 근무는 별 특징이 없는 낮과 밤의 연속이지만 그런 속에서 나는 의사로서의 자질을 키워나가고 있는 것이다.

아더 에머리 박사는 클리닉의 외과의사 가운데서도 손꼽히는 고참 외과의사 중 한 사람이다. 그리고 그 밑에는 메도우 선생이 있어서 많은 일을 젊은 힘으로 밀어붙이고 있다.

레지던트로는 슬레터 박사를 위해 행크 선생이 있듯이 버질 아몬스 선생이 에머리 박사를 위해 뛰고 있고 2년차 레지던트인 필 바 선생도 1년차인 봅 만코비 선생과 함께 병실을 돌고 있었다. 만코비 선생은 토론토에서 공부한 캐나다인이고 바 선생은 어디서 공부했는지조차도 의심스러울 정도로 가끔 이상한 행동을 하는 바람에 일을 그르치는 경우가 많았다.

제2외과 근무의 첫 테이프는 혈액 1병을 수혈해야 할 피드몽 박사의 환자를 보러 오라는 호출로 시작되었다. 환자는 현직 의사로 자기의 수혈주사는 간호사가 아닌 인턴이 꼭 놓아야 한다고 고집을 부리고 있다고 했다. 이 말이 나를 화나게 한 것은 물론이다. 의사는 이 세상에서 가장 무서운 환자로 둔갑할 수 있으며 때로는 시시콜콜 서열을 따지는 바람에 가장 치사한 환자도 될 수가 있다.

지난 밤 우연히 병실을 지나다가 그 환자를 보았는데 초췌하게 변한 불쌍한 친구라는 인상을 받았었다. 이름은 폴 매리트. 능력 있는 외과 의사로 인정을 받았고 그의 클리닉 사무실이 문전성시를 이루던 때도 있었다고 하지만 3년 전부터 전염성간염으로 고생하고 있다고 한다. 최근에는 간의 극심한 손상으로 인해 간경화증세가 나타나 간문맥이 거의 막혀버리는 중태에 빠져 있다. 그리고 위로 들어가는 식도 부위에 크게 확장된 정맥류가 발생했고 이것이 터지는 날엔 심한 출혈이 동반되고 이것을 방치하는 한 30분 이내에 죽음과 손잡는 쇼크에 빠지게 된다.

그런데 문제는 정맥류의 출혈을 멈추게 할 어떤 대책도 현재로선 나오고 있지 않다는 것이다. 매리트 씨는 과거에도 여러 차례 격렬한 출혈을 보였으며 그때마다 대수술을 받았던 전력도 있어 결과적으로 정맥류는 갈수록 더 커질 뿐이었다.

현재 그는 또 다른 심한 출혈로 인해 피터슨 박사의 환자가 되어 입원하고 있다. 피터슨 박사는 그가 입원하자마자 수혈을 하고 위, 식도 압력주머니(Gastroesophageal Pressure Bag)를 사용하여 일단 출혈을 정지시켰다. 이 기구는 좀 무시무시하게 생긴, 끝에 기다란 소시지 모양의 주머니가 달린 반 인치 두께의 고무호스이다. 특히 이 기구는 항시 몸 안에 부착해놔야 한다는 불편이 따랐는데 입을 통해 내장을 전부 밖으로 잡아당기는 듯한 아픔은 환자에게 이만저만한 고통이 아니었다.

피터슨 박사는 이렇게 임시변통으로 출혈을 정지시킨 뒤에 슬레터 박사에게 외과적 소견을 의뢰했다.

외과에 옮겨와시는 그는 머리는 한쪽으로 치켜 올려지고 고무호스는 코로 수평 연결된 채, 침대 끝에는 그것들을 작동할 작은 도르래와 주가 매달려 있는 비참한, 고문과도 같은 비극의 주인공이 되어 있었다. 슬레터 박사는 수술이 환자에게 분명히 큰 도움을 줄 수 있을 것이라고 생각했다.

그는 위와 식도의 하단부를 절단해버리고 또 정맥류와 위, 식도 등을 없애버리는 대신 소장을 연결시켜 정맥류로 가는 혈액을 차단시키며 섭취된 음식물은 위를 건너 뛰어, 식도에서 직접 소장으로 내려가게 하는 수술을 받아야 했다. 이 수술은 식도공장전위(食道空腸轉位)라고 불리는데 그것은 흉부와 복부를 넓게 열어서 몇 시간 동안 그 주위를 뒤집어 헤집는 대수술이었다.

그러나 뭐가 마음에 안 들었는지 환자인 폴 매리트 씨는 슬레터 박사를 기피하고 그 대신 피드몽 박사에게 수술을 부탁했다. 얼결에 두통거리를 뒤집어쓴 피드몽 박사는 환자를 더욱 관망한 뒤 신체적 조건을 봐서 수술을 고려해보겠다는 식의 미지근한 말로 환자를 안심시켰다.

이런 와중에 오늘 저녁 그의 혈관이 터져 간호사가 수혈을 하기 위한 의사를 찾던 중 우연히도 내가 불려짐에 따라 이 사태에 말려들게 된 것이다.

내가 밤 9시에 그곳에 올라갔을 때는 12시간 이상 삽입되어 있던 위, 식도 압력주머니가 제거된 후였다. 모든 사람들이 안심하고 있던 중에 환자의 정맥류가 터져버린 것이다. 환자는 무엇보다도 그 기구가 다시 연결될까봐 겁에 질려 있었다. 오랫동안 깎지 않아 덥수룩하게 자란 턱수염, 창백한 얼굴에 유난히 풀 죽은 눈동자는 어디로 빠져나갈 곳이 없는 절망스런 모습, 바로 그것이었다.

그는 심지어 IV주사바늘이 푹 하고 들어가는 것에도 민감한 반응을 보여 복근이 팽창되는 고통을 겪어야 했다. 정맥마저도 쉽게 찾아낼 수가 없어 겨우 오른쪽 다리에서 정맥을 찾아 바늘을 찔렀을 때는 11시가 다 되어서였다.

내가 막 수혈을 끝내고 간호사실로 돌아왔을 때 간호사가 지나가는 말투로 말했다.

"2시간 동안 환자의 혈압이 자꾸 내려가고 있어요."

이런 멍텅구리 같은 간호사가 있나! 혈압의 하강은 결국 환자가 내부 출혈을 다시 시작했다는 걸 의미하는 것이다. 기름에 불이 붙기 시작한 것과 다를 바 없었다. 혈압을 재보니 겨우 80/60이었다. 나는 몹시 당황할 수밖에 없었다.

환자는 괴물과도 같은 그 기구를 다시 사용하지 않기를 바라고 있다. 그러나 무엇보다도 문제는 내가 그 기구를 어떻게 작동하는지조차 모르고 있다는 사실이었다. 간호사에게 빨리 피드몽 박사에게 연락하라고 이르고 잠시 망설이고 있는데 환자는 500cc 이상의 선홍빛 피를 토해냈다. 그것은 새로운 출혈이 금방 시작됐음을 알리는 것이었다. 내가 그대로 멍청히 서 있는 한 그는 당장 시체가 되어 병실을 떠나야 할 판이었다.

"선생님. 기구를 다시 삽입해야겠습니다."

내가 결심한 듯 말하자 그는 힘없이 고개를 끄덕였다.

"신이여 날 좀 도와주소서……."

그는 침대에 누운 채 침착하게 기구를 어떻게 다뤄야 하는지 하나씩 하나씩 가르쳐주었다. 어떤 윤활제를 사용해야 하는지, 어떻게 기구를 삽입해야 자극을 덜 주는지, 공기를 얼만큼 넣어야 하는지 등등의 세세한 부분들을 내게 일러주었다. 그러나 그의 위 속에는 이미 검게 응고된 피떡이 가득 차 있는지 내가 아무리 애를 써봐도 선홍빛 피를 뽑아올릴 수가 없었다. 출혈을 멈추게 할 수는 더욱 없었다.

내가 더 이상 어떻게 해야 좋을지 몰라 당황히고 있을 때, 그제서야 피드몽 박사가 느린 걸음으로 들어왔다. 그는 매리트 박사를 한 번 훑어보더니 명령하듯 말했다.

"수술실로 갑시다."

매리트 씨도 이 말의 뜻을 금방 알아채고 힘없이 눈을 감았다.

새벽 2시 30분에 바 선생과 만코비 선생이 도착했다. 우리가 스크럽을 위해 잠시 기다리는 동안 바 선생이 피드몽 박사에게 환자의 회생

가능성을 물었다. 박사는 바 선생을 뚫어질 듯 바라보더니 무겁게 대답했다.

"그런 질문은 하지 말게. 나는 다만 최선을 다할 뿐이야."

새벽 4시. 마침내 수술은 시작되었다. 피드몽 박사는 환자의 왼쪽 겨드랑이 밑에서부터 배꼽 부위까지 단번에 절개해내고 1병씩, 1병씩 혈액을 공급하기 시작했다. 그의 몸 중간 부위는 온통 혈관투성이였다. 손만 스쳐도 툭툭 터져 피가 흘러나왔고 혈압은 자꾸 떨어졌다. 분수처럼 그렇게 펑펑 피가 쏟아져 나오는 와중에서 확장된 혈관이 있는 위와 식도를 박리한다는 것은 엄청난 작업이었다. 더군다나 위를 절제하고 식도와 소장을 연결한다는 것은 더욱 힘겨운 작업이었다.

정오를 알리는 벨소리가 울릴 때서야 우리는 비로소 수술가운을 벗을 수가 있었다. 8시간이나 걸린 대수술이었다. 끝날 무렵에는 그는 자기 몸 안에 있는 모든 피를 다 출혈하고 그만큼의 새로운 피를 수혈 받은 상태였다.

목요일 오후 늦게 병실에 올라가보니 매리트 씨는 아직 숨을 쉬고는 있었다. 그에게 수술하는 동안 빠져나간 피를 보충하기 위해 22병의 피를 수혈했다고 말해주려다 충격을 받을까봐 그만두었다.

그가 지금 살아 있다는 사실은 누가 봐도 기적 같은 일이다. 이런 상태가 얼마나 계속될지는 모르지만.

12월 6일(토)

월요일 아침 출근하자마자 매리트 씨의 병세가 궁금하여 병실로 뛰어 올라갔더니 이미 침대는 깨끗이 정돈된 후였다. 일요일 오전에 영원히 눈을 감았다는 것이다. 끊임없는 수혈에도 불구하고 혈압이 계속 떨어졌으며 어떤 특별한 말기적 징후 없이 숨이 끊겼다고 했다.

의사의 죽음. 의사도 인간이기에 죽는다는 사실을 부인할 수는 없겠지만 의사가 감당하지 못할 질병으로 쓰러졌다는 사실은 참으로 묘한 기분에 젖게 만든다. 의사이기 이전에 하나의 인간일 수밖에 없다는 사실을 질병 그 녀석은 너무도 잘 알고 있는 것이다.

그리고 지난 일요일엔 매리트 씨 말고도 또 한 사람이 죽었다. 레오 리차드슨 선생의 환자 마틴 씨다. 10일 전 리차드슨 선생의 야심에 찬 시도로 12시간의 대수술을 받았으나 경과가 원체 나빴으며 이식된 동맥에 예상 밖의 혈전이 발생했고 그것이 폐로 들어가 커다란 색전(塞栓)을 초래함으로서 일요일 오후 늦게 사망한 것이다. 결국 리차드슨 선생의 투기는 실패로 끝나고 만 셈이다.

12월 8일(목)

오후 늦게 아주 유별난 여자환자 하나가 입원했다. 그녀는 뇌가 가렵다는 등 여러 가지 기괴한 증상을 호소하여 나를 곤경에 빠뜨렸다. 나는 그녀가 호소하는 갖가지 묘한 증상들에 대해 어떤 치료방법도 제시하지 못한 채 똑같은 처지가 되어 허덕허덕 헤매야 했다.

언젠가 피터 카레이 선생은 내게 이런 얘기를 한 적이 있다.

"어떤 부인이 자기 자궁 속에 불새가 있고 그곳에서 나막신이 나온다고 호소하더군. 내가 그녀에게 뭘 해줄 수 있겠는가?"

내가 그 꼴이었다.

12월 12일(월)

토요일 아침 회진을 끝내고 3층으로 돌아오는 도중에 에머리 박사는 로비에서 갑상선절제술의 적응증에 대해 얘기하기 시작했다. 나는 '이거 잘못 걸렸구나' 하는 생각이 들었다. 그가 한번 뭔가에 열중하기 시작하면 그걸 중단시키는 일은 쉽지 않다. 좋든 싫든 그 앞에서 꼼짝없이 그의 말을 들어야 한다. 그것도 아주 감명 깊은 표정을 곁들여야 좋아한다.

에머리 박사의 말이 15분쯤 계속될 때 병실 간호사가 달려와 앰뷸런스로 복부동맥류가 터져버린 환자 하나가 들어오고 있다고 기별해줌으로써 우리는 그 자리에서 벗어날 수가 있었다.

그러나 간호사의 그 기별은 우리가 다시 한 번 '잘못 걸릴' 소식이기도 했다. 수술실에서 밤을 새워야 하는 우려가 있기 때문이다. 하지만 곧 주립경찰로부터 환자가 후송 중 사망했다는 통보가 옴으로써 우리는 다시 곤경에서 벗어날 수 있었다. 에머리 박사도 그 소식에 섭섭하지는 않았던지 혼잣말처럼 중얼거렸다.

"우릴 사형집행자가 되는 것으로부터 구제해주었군."

그와 같이 큰 동맥이 파열되면 환자는 대개 6시간 이내에 죽게 되는데 시간상으로 수술대 위에서 죽거나 수술 후 바로 죽기 때문에 의사에게 오기 전 사망하는 행운(?)이 없으면 결국 의사가 그 죽음에 책임을 져야 되는 것이다.

이런 순간이야말로 의사가 자기 직업에 대해 회의를 느끼는 가장 참담한 때다. 아무리 수를 써도 죽게 되어 있는 환자를 떠맡아 속수무책으로 환자의 죽음을 방관했다는 비난이 쏟아지게 되면 의사는 모든 것이 와르르 무너지는 처참한 패배감을 피할 수 없게 된다. 또 그런 환자를 맞아서 죽음을 방관하는 책임마저 외면하게 되면 이번엔 무능하고 무책임한 돌팔이라는 뼈아픈 질책을 받아야 한다. 곧 죽게 되어 있는 환자를 떠맡아 수난을 당하기보다는 다른 의사에게 그 책임을 돌려버렸을 때 쏟아지는 비난은 더 크다. 이것이 바로 의사만이 겪어야 하는 쓰라린 딜레마인 것이다.

12월 15일(목)

화요일 밤에 오른쪽 뺨에 생긴 종양 때문에 한 소년이 메도우 선생 병실에 입원했다. 그 소년은 14개월 전 다른 의사에게 조직검사를 받았었는데 이하선종양으로 매우 천천히 진행되는 유표피암의 일종으로 밝혀졌었다. 그때 의사들은 해낼 수 있는 모든 방법을 동원하여 그의 뺨 속의 이물질을 모두 적출(摘出)해 냈으나 지금 다시 종양이 자라나 병원에 오게 된 것이다.

수요일 오후 2시에 메도우 선생이 집도한 수술은 처음엔 작고 오래되지 않은 것이니까 간단히 끝날 줄 알았는데 새벽 1시까지 진행되는 바람에 우리는 무려 11시간 동안이나 그 고약스런 종양에 매달려 있어야만 했다. 안면신경의 중요한 두 줄기가 종양의 한가운데를 통해 곧바로 지나갔으므로 신경줄기를 귀 쪽으로 추적해나가고 신경을 보존하면서 종양을 긁어내 조금씩 조금씩 박리해나가는 극히 세심한 수술이었다.

그것은 그야말로 고도의 외과적 기술과 인내를 요하는 대수술이었으나 메도우 선생은 조금도 서두르지 않고 천천히, 아주 천천히 수술을 이끌어 나갔다. 우리가 수술을 다 끝냈을 때까지 신경줄기 주위에는 종양이 약간 남아 있기는 했지만 비교적 악성도가 낮은 암이기 때문에 소년은 그것을 지닌 채 오랫동안 지낼 수 있을 것이다. 물론 종양은 계속 자라날 것이므로 그때마다 오늘과 같은 수술을 다시 받아서 그것을 도려내야 한다.

우리의 경우 14개월 전의 첫 번째 수술 때 생긴 반흔조직 때문에 몹시 애를 먹었으나 다음번 수술 때는 신경조직을 쉽게 확인하고 보다 용이한 수술을 진행할 수 있을 것이다. 그리고 소년의 종양이 아주 나쁜 악성이 아닌 것처럼 수술 때마다 신의 가호가 있을 것이다.

수술이 끝난 후 메도우 선생은 소년의 부모에게 장시간의 수술에도 불구하고 소년이 아직도 암조직성분을 갖고 있으며 왜 다시 재발을 하고 또 그것이 무얼 의미하는지에 대해 자상하게 설명해주었다. 사실 이와 같은 것을 말하고 설득시키는 일은 몹시 어려운 일인데도 그는 조금도 흐트러지지 않은 태도로 최선을 다했다.

소년의 부모는 묵묵히 그의 말을 들으면서 이것저것 되묻곤 했는데 어느 정도는 마음이 놓이는 눈치였다. 소년은 아무 장애 없이 눈을 감고 뜨고 할 수 있어 안면신경줄기에 이상이 없다는 것을 보여주었다. 지루하고 긴 수술 끝에 피어난 한 줄기 보람이었다, 그것은.

12월 24일(토)

오늘은 크리스마스 이브.

이 세상 모든 사람들이 즐거운 성탄절을 보내기 위해 바쁜 이 시간에 나는 의사실에 쭈그리고 앉아서 언제 터질지도 모르는 환자들의 비상신호에 대기해야만 한다.

이런 때일수록 의사라는 직업이 정말 가치 있는 것인가 하는 심한 회의에 빠지곤 한다. 남들이 생각하는 것처럼 그렇게 화려한 직업도 아니고, 조그만 실수에도 심한 눈총을 받아야 하며 보람이란 걸 얻기 위해서는 너무도 많은 고통을 감내해야 하는 외롭고 괴로운 길. 인간의 생명을 다루는 직업이 곧장 돈과 연결되기 때문에 숱한 오해와 불신과 반감을 의식해야 되고 존경을 말하면서 질시하는 눈초리 또한 무시 못 할 부담이 되기도 한다. 시간이 갈수록 그리고 의술에 대해 조금씩 알아갈수록 이 직업에 대한 회의가 너무도 큰 바윗덩어리가 되어 내 가슴을 짓누르고 있다.

　의사라는 내 존재가 우선 내 자신에게 어떤 의미를 부여하는지 그것부터 생각해봐야 할 것 같다.

Intern X

축복 있는 성원

1월 3일(화)

1월 1일로서 인턴생활의 전반 6개월이 지나갔다. 처음과 비교하여 현재의 내가 어떻게 변화되었나를 생각해볼 수 있는 좋은 시점이 된다.

에머리 박사의 일반외과병동 근무는 한마디로 우울한 생활의 연속이었다. 수술실에서 견인자를 잡고 서 있는 것 말고는 나는 전혀 할 일이 없는 무의미한 존재였다. 땅 짚고 헤엄치는 일보다도 더 손쉬운 근무였음에도 그런 우울과 갈등을 겪어야 했던 것은 그러한 생활이 내게 하등의 도움이 안 되기 때문이었다. 가치 있는 일을 하고 내 역할을 찾아보고 싶었다. 나의 이런 간절한 희원에도 불구하고 나는 늘 수술실의 파수꾼일 뿐이었다.

요즘 나는 마치 감방 속의 죄수들처럼 달력의 날짜를 지워나가는 버릇이 생겼다. 지나간 날을 생각해보면 너무도 빠른 세월. 그러나 아직도 6개월이나 남아 있다는 사실이 나를 우울하게 한다. 다람쥐 쳇바퀴 돌듯 반복되는 삭막한 생활. 다람쥐는 숨이 차서 이제 싫증이 나 있다. 새로운 병동이 내게 새로운 바람을 일으킬 수 있을지는 아직 미지수이다.

제3외과는 클리닉의 정형외과 스탭인 아키 에버레트 박사와 멜 테너 선생, 그리고 외래 일반외과의사들에 의해 운영되고 있지만 외래일반외과의사들이 거의 이곳을 이용하지 않기 때문에 정형외과병동인거나 다름이 없다.

멜 테너 선생은 40대 초반으로 큰 키에 단정한 옷차림, 나이에 걸맞지 않는 테 없는 안경을 걸치고 아무리 기분 좋은 일이 있어도 결코 웃지 않겠다고 작심한 사람처럼 엄숙한 표정을 짓는 의사이다. 아키 에버레트 박사는 이와는 정반대로 늘 부드럽고 유쾌한 언행으로 인턴과 레지던트를 대하는 사람으로 풀러 박사, 에머리 박사와 함께 클리닉 창시자의 한 사람이다. 잿빛 머리칼에 장난감 곰 인형을 연상케 하는 인상이 특징이다.

정형외과병동은 예상했던 것만큼 무척 바빴다. 대부분이 응급수술이라 불시에 터져 밤을 새우는 일이 허다하고 낮에는 골절과 탈구환자들을 주물러야 하는 고역을 치른다고 한다. 특히 겨울이 되면 정형외과는 성수기가 된다. 스키를 타다 뼈를 부러뜨리는 일이 많기 때문에 하루에도 서너 명씩 이런 환자가 몰려오기도 해서 깁스(Cast)로 하루 온종일을 보낼 때도 많다고 한다.

1월 6일(금)

목요일 오후 나는 매우 흥미 있는 신경외과 수술에 참여했다. 기체조영 X선 뇌촬영법인 이 수술은 환자의 팔을 등 뒤로 하고 의자에 똑바로 앉혀서 척수천자를 시행하여 곧장 뇌척수액을 뽑고, 척수관 속으로 공기를 주입하여 그 공기가 척수관과 뇌의 어느 쪽으로 이동하는가를 알아보기 위해 엑스레이를 찍는 대단히 어려운 진단방법이다.

환자는 메리 터너라는 20세 된 여자로 그녀는 정말로 비참한 상태에 빠진 환자였다. 생후 10개월 됐을 때 이미 바이러스성뇌염을 앓아 죽을 고비를 넘겼고 그 후유증으로 뇌수종(腦水腫: 뇌의 내실에 물이 많이 괴이는 상태)을 앓았다. 다행히 지능엔 손상이 없어서 지금은 대학까지 다니고 있지만 최근 들어 진전(震顫: Tremor 무의식 상태에서 일어나는 근육의 불규칙적인 운동)과 근육경직, 심한 발작현상까지 생겨 고통을 받고 있었다.

그녀는 몸통에 비해 비정상적인 커다란 머리와 낮은 목소리를 가진 괴상한 모습이었지만 대학 합창단에선 베이스 파트를 맡아 활약하고 있고 자기가 가진 고질병에 대해서도 매우 초연한 태도로 인내하고 있었다. 그것은 가장 비극적인 상황 아래서도 가장 고결한 인간 의지를 간직한 한 여인의 숭고한 모습, 바로 그것이었다.

촬영 결과는 너무도 큰 충격을 주었다. 뇌 속엔 척수액으로 꽉 찬 큰 공간이 있었고 그것을 둘러싸고 있는 대뇌피질이 4분의 1인치 두께로 얇아져 있었다. 또한 뇌의 중심부에 낭포성의 틈을 갖고 있었고 그 아래에는 아주 높은 압력을 줄 것으로 예견되는 척수액으로 가득 찬 큰 구멍이 나 있었다. 그곳엔 원래 소뇌가 있어야 할 자리였다. 그녀에겐 이제 사고(思考)할 수 있는 뇌세포가 도저히 남아 있을 것 같지 않았다.

그러나 론조니 선생은 사진을 보고 난 후 오히려 기운이 난다고 말했다.

"척수액으로 충만한 공간에 구멍을 뚫어서 척수액이 다시 대순환 속으로 흡수될 수 있도록 유상돌기부까지 폴리에틸렌 튜브를 집어넣으면 압력이 완화될 수 있을 거요. 이 방법이야말로 가장 성공적인 시술이 될 겁니다. 물론 실패의 위험을 배제할 수는 없지. 환자의 상태가 아주 희귀한 경우이기 때문에 어떤 텍스트가 없다는 것도 큰 문제고. 하지만 이 수술로 환자는 최소한 몇 년은 비교적 편안한 삶을 보낼 수 있게 될 거요."

병원의 모든 사람들이 론조니 선생의 이 계획을 성원하고 있었다. 그녀는 겸손하고 명랑하며 무엇보다도 새로운 인생을 맞을 가치가 있는 인품을 갖고 있다. 그녀에겐 신의 축복이 있기를 바라는 마음이 병원 구석구석에 젖어 있음을 보고 흐뭇했다. 그것은 정녕 가슴 뿌듯한 축복 있는 성원이었다.

1월 9일(월)

4.5피트의 작은 키에 170파운드의 뚱뚱한 체구인 26세의 타운 부인은 여러 가지 면에서 특히 흥미를 끄는 환자다. 그녀는 지난여름에 210파운드까지 체중이 나갔었는데 우측상완골에 커다란 종양이 생겨 에버레트 박사를 찾았었다.

박사는 그때 두 차례나 생검했으나 병리학적으로 진단을 내릴 수기 없었다. 병리과에서는 환자 자신이 알지 못하는 사이에 골절이 되었다가 다시 자연 치유되는 과정에서 골절부위가 운동에 의해 너무 과도하게 자라난 가골(假骨)로 인해 그것이 종양처럼 보인다고 생각했었다.

병리과에서는 이 종양을 특수한 경우로 보고 슬라이드를 찍어 전국의 저명한 병리학자들에게 보내 소견을 요청했다. 7군데서 서로 다른 결과가 나왔으나 그것이 암이 아니고 양성질환이라는 주장에는 모두

일치했다. 다만 한 군데 육군병리연구소만이 그것은 뼈를 둘러싸고 있는 결체조직의 악성종양인 골막육종(骨膜肉腫)일지도 모른다는 통보가 왔다. 에버레트 박사는 고심 끝에 일단 6개월 동안 관찰하기로 하고 잠정 퇴원시켰던 것이다.

상완골의 암 수술은 너무도 험난한 과정으로 골암이 100% 확실하지 않는 한 수술할 수가 없다. 그렇다고 방치한다면 환자의 생명은 바람 앞의 등불처럼 위태롭게 된다. 박사는 수술에 대비하여 체중을 감량하도록 지시했었다. 그리고 바로 일주일 전 다시 환부를 검검한 결과 이번에는 의심할 여지없는 악성종양으로 판명되었다.

그녀는 40파운드나 체중을 줄이고 입원했으며 수요일 아침 한쪽 팔을 절단하기로 예정되었다. 수술은 종양을 제거하는 것뿐만이 아니라 어깨관절을 분리시키고 모든 림프절과 뼈까지도 제거하는 대수술이다.

나는 이제까지 그와 같은 엄청난 수술을 본 적이 없다. 모든 견갑골, 쇄골의 절반, 근육과 겨드랑이 전부를 완전히 들어내고 상완신경총으로부터 나오는 모든 신경을 잘라냈으며, 팔로 가는 대쇄골 동맥과 정맥을 묶어 팔을 제거하는 무시무시한 피투성이 수술이었다. 사람들이 에버레트 박사를 '드라큐라'로 부르는 이유를 알 만했다.

이런 엄청난 수술을 받고도 타운 부인은 적어도 육체적으로는 모든 걸 잘 견뎌냈다. 그녀가 어떻게 정신적으로 이 엄청난 운명의 숲을 헤쳐 나갈지는 별개의 문제가 되겠지만 그녀는 참으로 경건한 자세로 숙명처럼 이것을 받아들이는 것 같았다.

수술은 거의 하루가 걸렸다. 어깨까지 잘라져 나간 채 어떻게 살아나갈 수 있을까? 운명이라고 체념하기엔 너무도 비참한 운명이 그녀의 앞길에 가로놓인 셈이다.

1월 13일(금)

메리 터너 양의 수술에 참여하고 싶었으나 그러지 못했다. 수술이 무사히 끝났다니 무엇보다 다행스런 일이지만 그녀의 분투에 함께 성원을 보내고 싶던 내 욕심은 일단 무산되었다.

수술 후에도 그녀는 기분이 꽤 맑은 듯이 보였으며 조용히 앉아 창 너머 먼 산을 바라보고 있었다. 그녀가 무슨 생각을 하고 있는지는 아무도 모르지만, 단 한 가지 삶의 의지를 더욱 애절하게 가꾸고 있으리란 건 분명하다. 어느 누구도 그녀에 대한 수술 결과가 어떻게 귀결될 것인지를 단언할 수는 없다. 그러나 병원의 모든 사람들의 간절한 성원과 신의 가호가 있는 한 그녀가 쉽게 무너지지 않으리라는 건 확실하다.

타운 부인은 참으로 대단한 여자였다. 수술 받았던 그 끔찍한 사실에 대해 될 수 있는 대로 명랑하게, 퍽 긍정적으로 받아들이고 있었다. 의사가 체중을 줄이는 것이 좋겠다고 권유한 즉시 6개월 동안에 40파운드나 줄인 그녀다. 그런 놀라운 의지가 있는 한 그녀는 나름대로 훌륭한 인생을 살아갈 수 있을 것이다. 별다른 합병증이 없고 상태가 양호하다면 다음 주쯤 퇴원할 수 있을 것이다.

절단수술 하니까 생각이 나는데, 하쉬엔다의 호스티스가 다시 입원했다. 하로우 선생으로부터 수술 받았던 절단부위가 썩어버려 다시 그 위를 절단해야만 할 운명에 처한 것이다. 수술 후 치료가 잘 되지 않았으며 좀더 절단해야만 할 것 같다는 막연한 진단을 받은 채, 절단부위에 피부이식을 시도하려고 재입원한 것이다.

그녀는 현재 정신적으로 몹시 황폐한 지경에 빠져 있다. 목요일 밤 그녀가 입원했을 때 피부이식 외에 절단수술을 더 받아야 할 것 같다는 말을 듣고는 그저 흐느껴 울 뿐이었다. 있는 힘을 다해 버티고 있음이 역력했다. 그리고 그녀는 이미 치료비로 상당한 돈을 날려버렸을 것이다.

이번의 입원이 비록 정맥결찰의 후유증으로 인한 것이기는 하지만 맨 처음 그녀를 이 지경에 빠뜨린 그 돌팔이에게 비난을 퍼붓는 사람은 없었고 또 그녀를 대신하여 병원비를 지불하려는 사람은 더욱 없었다.

의료윤리, 의료윤리 하지만 과연 누구에게 편리하라고 만든 의료윤리란 말인가? 그녀의 이 처참한 운명을 책임지는 것은 고사하고라도 적어도 그녀의 정신적 육체적 그리고 물질적 파산을 떠맡을 의료윤리란 없는가? 그녀가 만약 자기 운명을 한탄하며 스스로 목숨을 끊는다면 그 죽음은 누가 책임진단 말인가?

과감히 나서서 이것은 우리 의사들의 잘못이라고 밝힐 수 있어야만 이 의료인의 윤리는 진정 살아날 수 있는 것이 아닐까? 이런 모순과 불합리가 계속되는 한 의료인 모두는 자기 스스로의 함정에 빠지게 된다는 걸 왜 알지 못할까?

목요일 저녁 하로우 선생의 여자환자 하나는 의사들의 일이라는 게 얼마나 변화무쌍하고 돌발적인가를, 따라서 치료보다는 오히려 일을 저지를 가능성이 더 많다는 걸 여실히 보여주었다.

환자는 목요일 아침 복식자궁절제술을 했는데 외견상으로는 완전하게 끝낸 수술이었다. 그러나 3시 30분쯤 3층 입원실로 돌아온 환자가 5시 30분부터 질에서 커다란 핏덩어리가 쏟아져 나온다고 간호사한테서 연락이 왔다. 그쪽의 간호사들은 웬만한 사고가 아니면 그렇게 긴급하게 연락하지 않는 게 관례이다. 적어도 '피가 비치는 것'과 '출혈'과는 큰 차이가 있고 또 간호사의 연락이 하도 심상치 않아 급히 달려가 보니 환자는 정말로 대단한 출혈을 하고 있었다.

나는 즉시 하로우 선생을 호출하여 수술실엔 골반진찰을 준비하라고 일렀다. 하로우 선생이 도착하여 진찰한 결과 질 위쪽에서 분출을 계속하고 있는 동맥 하나를 발견했다. 하로우 선생은 그 동맥을 겸자로 물고서 그걸 건드리지 말라고 지시하곤 그냥 귀가해버렸다. 환자의 상태가 별것 아니라고 보고 안심한 눈치였다. 나는 그의 이러한 처치에 의아해하며 더 확실한 처치를 부탁했으나 그는 씩 웃으면서 별일 없을 것이라고 말할 뿐이었다.

취침하기 직전, 그러니까 10시 30분쯤 그녀를 체크할 때까지 출혈은 다행히 멈춰 있었다. 그러나 새벽 1시에 간호사의 연락을 받고 병실에 올라가보니 그녀는 격렬한 통증, 근경직, 쇼크 등을 동반한 중증 화학성 복막염의 증세를 보이고 있었다. 나는 환자에게 지금 곧 응급개복술이 필요하다고 판단하고 하로우 선생에게 긴급연락을 취했다.

그가 다시 도착하여 즉시 수술실로 옮기고 개복한 결과 환자의 배 안에서는 1.5l 정도의 피가 진창을 이루고 있음을 볼 수 있었다. 하로우 선생이 골반부위를 조사하려고 애쓰는 사이에도 나와 간호사는 온몸에 흠뻑 피를 뒤집어쓴 채 그녀의 몸에서 계속 쏟아져 나오는 피를 닦아내는 고역을 치러야 했다.

마침내 출혈을 멈추게 했을 때 나는 하로우 선생이 결찰술을 할 때 빠뜨렸던 골반 하부의 우즉 사궁 경부동맥이 그 출혈의 주범이었음을 발견할 수 있었다. 얼마나 오랫동안, 얼마나 많은 피가 쏟아져 나왔는지는 아무도 알 수가 없었다. 하로우 선생과 같은 일류의사가 이런 대실수를 저지르다니 놀라운 일이 아닐 수 없다. 다행히 환자의 생명은 건졌으나 이번의 경우는 하로우 선생뿐만 아니고 나 자신에게까지도 큰 교훈을 주는 돌발사고였다.

일요일 밤 내내 탄드버그라는 환자 때문에 한숨도 못 잔 걸 생각하면 지금도 울화가 치민다. 관상동맥질환으로 진단되어 길레스 선생이 입원시킨 54세 된 그는 자기의 병에 대해 지나치게 겁을 먹고 안절부절, 심지어 밤이 되면 한잠도 못 잔다는 소심한 사람이었다.

밤 10시에 2층 병실 간호사가 탄드버그 씨가 수면제를 복용하고서도 전혀 잠을 이루지 못하고 있다고 알려 왔다. 잠을 못 자니까 그만큼 신경도 예민해져서 도무지 어찌할 바를 모르고 있다는 것이었다.

"탄드버드 씨가 가슴에 심한 통증이 온다며 미친 사람처럼 흥분하고 있어요."

"몰핀 1/6앰플을 더 주시오!"

그러나 2시쯤 다시 연락이 왔다.

"아무리 애를 써도 못 자니 어쩌면 좋죠?"

이쯤 되니 나는 짜증도 났고 이 멍텅구리 같은 간호사에게 분풀이를 할 수밖에 없었다.

"이봐! 날보고 어쩌란 말이요? 몰핀 한 트럭이라도 처방해달라는 얘기야, 뭐야?"

내 신경질에 간호사는 머쓱해져서 일단 전화를 끊었으나 30분도 채 못 되어 이번엔 수간호사인 우드 양으로부터 연락이 왔다.

"탄드버그 씨가 앰뷸런스를 불러 자기를 집에 데려다주지 않으면 납치했다는 죄목으로 고소하겠다고 야단이예요. 아무래도 한번 올라와주시는 게 좋겠어요."

탄드버그 씨는 대단히 겁을 먹은 나머지 자기가 한번 잠이 들면 다시는 깨어날 수 없으리라는 착각에 빠져 있었다. 그는 그동안 복용한 수면제 덕분에 너무나 졸려서 힘겹게 눈을 치켜뜨고 있으면서도 몹시 흥분하여 안절부절못하고 있었다. 세 살 먹은 아이도 아니고 이런 친구를 어떻게 한단 말인가? 차라리 중태에 빠진 응급환자가 더 다루기 쉬운 때가 의사에겐 있는 법이다.

"환자를 30분 동안 뜨거운 물에 목욕을 시키도록 하는 게 좋겠군."

나의 이런 제안에 간호사가 뚱딴지같은 소리를 했다.

"선생님. 환자는 관상동맥질환자입니다. 절대 안정이 필요하다구요!"

"이봐요, 간호사. 누가 지금 관상동맥환자에게 새벽 3시에 담을 뛰어넘으라고 했나? 잔소리 말고 목욕하는 동안 뜨거운 토디(위스키에 뜨거운 물과 설탕, 레몬 등을 탄 음료)나 주시요."

"아니 선생님. 목욕물에 위스키를 타주란 말씀이세요?"

맙소사! 백치환자와 싸울 수는 있어도 백치간호사와는 다툴 수 없었다.

직업윤리

2월 2일(목)

외과 근무 마지막 달의 시작이다. 할렐루야! 할렐루야!

고메즈라는 여자환자 때문에 뜻하지 않게도 내가 그레이스톤의 스타가 된 기분이다. 45세의 키 크고 까무잡잡한 그녀는 지난 월요일 샤워를 하다가 문득 좌측 유방에 생긴 혹을 발견하고 토니 마린 선생을 찾아 갔었다. 마린 선생은 그 혹에서 조직검사의 필요성을 발견하고 수요일 수술 예정으로 입원시켰던 것이다.

고메즈 부인의 입원 초진단을 마침 내가 맡게 되었다. 그녀는 혹시 그것이 암일지도 모르고 만일 그렇다면 유방 전체를 들어내야 한다는 사실에 상당히 겁을 집어 먹고 있었다. 너무나도 고심참담, 깊은 실의에 빠져 있어서 나는 우선 그녀에게 초기에 손을 쓰는 것이 중요하다는 사실과 혹이 양성낭종이나 종양일 가능성도 많다고 안심시켰다. 유방을 잃을지도 모른다는 사실에 빨리 적응하는 것이 그 어떤 처치보다 중요했던 것이다.

그녀의 좌측 유방에는 확실히 상부 외측에 호두알만 한 혹이 있었다. 그러나 문제는 이제껏 발견되지 않았던 혹이 우측 유방에도 도사리고 있다는 사실을 내가 발견해낸 것이었다. 그것은 좌측 것보다는 좀 작긴 했지만 분명하게 감지될 수 있었다. 처음에 나는 우측의 이 혹이 토니 마린 선생의 초진 시에 이미 발견되었던 것으로 대수롭지 않은 것이어서 그냥 지나친 것이 아닌가 여겼으나 차트에 전혀 그런 기록이 없었고 환자 자신도 그걸 처음 알았다고 털어놓았다. 그래서 나는 차트에다가 큰 글씨로 '수술 전 인턴 기록을 살펴보시기 바람'이라고 써놓았다.

이튿날 오후 고메즈 부인의 유방 조직검사를 하기 전에 수술장 탈의실에서 토니 마린 선생을 만났을 때 그는 내 손을 덥석 움켜쥐며 말했다.

"자네 정말 대단해! 내가 놓친 대어를 자네가 낚아 올리다니, 훌륭하군!"

그는 환자의 양쪽 유방의 조직검사를 하기 위해 수술실로 들어가면서도 입에 침이 마르도록 내 칭찬을 늘어놓았다. 비록 우연이긴 했지만 이런 성공을 인정받는다는 건 기분 좋은 일이 아닐 수 없다.

나의 행운은 거기서 끝나지 않았다. 2시에 수술실에 들어간 마린 선생이 7시가 다 돼도 나오질 않아 나는 그저 근치적 유방절개술을 하고 있겠거니 했는데 오늘 아침 조반 때 프레드 키더 선생이 다가와 웃으면서 내게 말했다.

"당신 정말 대단한 영웅이 되었더군그래."

"그것 참 반가운 소식이군요. 그런데 무슨 일로 내가 졸지에 영웅이 됐다는 겁니까?"

"고메즈 부인을 당신이 진찰했다지?"

"그래서요?"

"좌측 유방의 혹은 양성낭종이었는데 당신이 발견한 우측의 작은 혹은 암이었다잖아. 그래서 근치적 유방절제술을 했다구. 이게 순전히 자네 공이 아니고 뭐겠나?"

더욱 놀라운 사실은 그것이 작고 분리된 혹이었고 임파선에도 전이가 없어 모르고 지나쳤더라면 2개월쯤 후에는 완치율 30%로 떨어질 우려가 있었다는 것이다. 이번 경우엔 80%이상 완치를 기대할 수 있을 것이라고 프레드 키더 선생은 말했다.

전문의가 놓쳐버린 것을 인턴인 내가 잡아냈으니 하룻밤 사이에 영웅 대접 받는 것도 무리는 아니다. 기분이 하늘을 찌를 듯이 올라간 건 두말할 필요도 없지만 그렇다고 만족 따위는 있을 수 없다. 그것이 우연이었다는 것은 누구보다도 내 자신이 더 잘 아니까 말이다. 가끔 이런 때도 있어야 살맛이 나지 인턴이라고 매일 짐꾼 노릇이나 하고 있을 수만은 없질 않은가?

2월 9일(목)

정형외과 근무는 별로 특이한 게 없어 기록할 일이 거의 없다. 환자들이 들어오고 나가는 흐름이 매우 빨라 인간적인 접촉을 못하게 되니 환자를 다리, 어깨, 담낭 등으로 지칭해버리는 관습이 있다.

홉킨스 대학 시절 어느 외과의사가 환자 하나를 케이스 프레젠테이션 하면서,

"여러분, 이 위(胃)는 지난 11월 5일 밤에 병원에 들어왔는데……."

라고 말한 적이 있다.

사람을 위 하나로 지칭해버리는 몰상식을 그 의사는 아무 저항감 없이 하고 있다. 누구든지 의사가 자기를 보고 '이 위는……', '이 다리는……' 하고 표현한다면 눈에 쌍심지를 켜고 달려들 것이다. 나도 이런 말을 몹시 싫어했었다.

그러나 요즘의 나는 그러한 생각과 말을 아무 저항감 없이 하고 있다. 우리가 이 담낭환자에게 무엇을 했고 에버레트 박사가 이 다리를 어떻게 고정했다든가 하는 표현을 나 자신이 무의식중에 쓰고 있다는 건 어쩌면 그만큼 나도 이 비정하고 혼탁한 세계에 물들고 있음을 의미하는 것인지도 모른다.

정형외과 환자는 크게 셋으로 구분된다. 3분의 1이 요통환자이고, 3분의 1이 골절환자, 그리고 나머지는 건막류, 부정유합(不正癒合), 유착결여(癒着缺如) 등이 일어난 진구성골절(眞舊性骨折), 관절유합술 등이다. 이 환자들 중에는 가끔 인공관절을 끼우는 몇 가지 수술이 시행되는데 때로 믿을 수 없는 일이 기적처럼 일어나고 있다.

지난주에는 에버레트 박사가 1년 전 추락사고로 인해 대퇴골의 경부가 잘려져 나가 마치 뼈의 끝이 싹둑 잘린 것처럼 되어 동시에 혈액순환도 막힌 남자환자를 수술했었다. 18개월 전에 일어난 사고인데도 아직도 유합이 되지 않은 채 대퇴골의 두부(頭部)는 서서히 썩어가고 있었다.

에버레트 박사는 환자의 엉덩이를 열고 죽은 뼈조각을 벗겨내고 인공관절을 집어넣었다. 이 인공관절은 철도에서 침목을 고정하는데 쓰이는 강철로 만든 큰 못으로 1.5인치 직경의 반질거리는 스테인리스 볼이 끝에 달려 있다. 이것이 몸통부분을 뼈에다 박으면 스테인리스 볼은 고관절(股關節)에서 고정쇠 역할을 하도록 되어 있다.

나는 수술 도중 내내 박사가 마치 목수나 대장장이가 아닌가 하는 생각이 들 정도로 무지막지하게 행동하는 것을 보고 웃음이 나왔다. 이제까지 그렇게 피가 많이 나는 수술도 보질 못했지만 또 피에 대해 그렇게 무관심한 사람도 처음 보았다. 눈썹 하나 까딱 않고 너무도 차가워 비정하기까지 한 표정 그대로 에버레트 박사는 환자의 절개부위를 천천히 꿰매나갔다. 환자는 이제 쇳덩어리인 인공관절을 뼛속에 넣고 다녀야 한다. 그가 진짜 성한 사람처럼 제대로 걸을 수 있을지는 지금으로서는 좀체 알 수 없다.

내가 관심을 갖고 지켜보는 환자가 하나 있는데 금년에 19살 된 소녀로 테드 카터 박사와 볼드윈 선생의 공동환자였다. 이 소녀는 한 번 월경을 거르고 나서 다음번에 이상한 핏덩어리가 나와 볼드윈 선생을 찾았다고 한다. 그녀는 자신이 임신할 이유가 없다며 전혀 원인을 모르겠다고 잡아뗐지만 볼드윈 선생은 소파수술을 한 후 포상기태(胞狀寄胎 ; Hydatid Mole 유산 후에 남아 있던 태반조직에서 발생하는 종양)로 진단을 내렸다.

소녀는 이 진단에 전혀 의외라는 듯 눈을 크게 뜨고 볼드윈 선생을 노려봤지만 임신의 경력은 분명한 것이었다. 병원까지 와서, 그것도 산부인과의사 앞에서 그런 사실을 부인한다는 건 번데기 앞에서 주름 잡는 것만큼이나 가소로운 일이 아닐 수 없었다.

그러나 임신 그 자체 따위는 사실 문제가 되지 않았다. 그녀의 혈중 호르몬 수치가 자꾸 높이 올라가자 의사들은 포상기태가 융모막상피종으로 발전됐다고 진단했다. 임신과 관련하여 자궁내막이나 난관 난소 등에 발생하는 융모막상피종은 아무리 진단이 빠르더라도 때는 이미 늦어버린 악성 중의 악성인 것이다.

좌우간 의사들은 소녀의 자궁을 열어 그 속에 무엇이 있든 제거해야 할 텐데 아무것도 모르고 있는 부모에게는 뭐라고 설명해줘야 하는가가 큰 두통거리였다.

"수술하기 전에 먼저 소녀의 주둥이를 꿰매버려야 할 것 같군."

카터 박사가 웃으며 말했다.

사실 귀한 자식이 혼전 경험으로 임신했다는 사실은 어느 부모에게나 충격적일 것이다. 더욱이 그 임신으로 인하여 자칫 생명까지 잃을지도 모른다는 사실을 알게 되면 배신감과 충격으로 부모가 먼저 황천객이 될지도 모를 일이다. 카터 박사는 어쨌든 사실을 사실대로 얘기하자고 주장했으나 볼드윈 선생은 다른 이유를 둘러대어 우선 부모를 안심시키는 것이 좋겠다고 말했다. 둘 다 일리 있는 얘기였다.

따지고 보면 이런 문제는 의사라면 누구나 겪어야 할 어려움이다. 의술의 발생과 함께 생겨난 이 함정은 아직도 분명한 해결책이 제시되고 있질 않다. 앞으로도, 아니 영원히 어느 쪽이 옳은가의 분명한 해답은 나오지 않을 것이다. 다만 그때그때 그 의사의 판단을 가장 현명한 것으로 받아들일 수밖엔 없으며 애초부터 어느 한쪽으로만 단정할 수 없는 문제인 것이다.

2월 16일(목)

수요일 아침 8시에 베링함이라는 여자의 다리 수술에 아키 에버레트 박사와 함께 스크럽을 했다. 이 케이스는 허벅지 뼈가 처음 부러졌을 때 적절히 치료를 하지 않으면 어떤 일이 일어나는지를 잘 보여주는 대표적인 예다.

2년 전 쯤 다리가 부러져 아이크 아이삭 선생을 찾아가 관혈적정복술

(觀血的整復術;수술로 뼈를 원상태로 맞추는 방법)을 받았는데 좀 얇은 금속판과 4개의 나사로 부러진 뼈를 고정시키는 그 수술 후, 얼마 안 가서 뭐가 잘못됐는지 골절부위가 전혀 접착이 되지 않았다고 한다. 오히려 무릎 위 4인치쯤 되는 부분에 또 하나의 관절이 생겨 그 관절을 굽히지 않고는 30° 이상 무릎을 굽힐 수 없게 돼버려 고통을 받았다. 그 다리로는 겨우 지탱하는 것도 힘에 겨워 결국 에버레트 박사에게 의뢰되었던 것이다.

에버레트 박사는 그녀를 보자마자 다리를 절단해야 한다고 했으나 그녀는 그것을 완강히 거절하며 다시 수술을 받게 해달라고 요청했었다.

수술은 한마디로 피투성이, 그것이었다. 앞쪽에서 허벅지의 큰 근육들을 헤치고 들어가자 피가 쏟아져 나와 힘들게 뼈까지 도착해야만 했다. 새로 생긴 관절의 위아래에는 주먹만큼 크게 새로 자란 뼈가 도사리고 있었다. 아이크 아이삭 선생이 박아놓았던 금속판은 반 정도가 부러진 채 그대로 있었고 나사도 모두 부러져 있었다. 이런 다리로 2년 동안이나 버텨왔다는 건 기적이었다.

아키 에버레트 박사는 그 쓸모없는 부스러기들을 제거하는 데 두 시간 이상이나 소모하며 주물럭거려 그의 또 하나의 별명, '달밤의 허수아비'가 결코 빈 말이 아님을 여실히 입증시켰다.

그리고 나서 새로운 뼈를 끌로 쳐내기 위해 때리고, 치고, 박고, 깨무는 무시무시한 작업을 강행해나갔다. 사실 그런 일을 하는데 있어 박사라고 별 뾰족한 묘수가 있을게 아니다. 그는 땀을 뻘뻘 흘리면서 쳐 내려가다가 힐끗 나를 올려다보더니,

"선생! 선생에게 잠시 망치와 끌을 손에 쥘 영광을 드릴까 하오."

라고 선심 쓰듯 말했다.

마침내 우리는 문자 그대로 뼈를 깎는 각고 끝에 새 금속판을 그럭저럭 끼워 맞출 수가 있었고 골반 뼈에서 건강한 뼈조각을 떼어내 그 둘레에 쑤셔 박았다. 수술과정은 매우 거칠게 보였고 또 실제로 그랬으나 금속판 위에 나사를 끼워 맞추니까 그럭저럭 허벅지 뼈가 제 모양을 찾는 것 같았다.

환자는 피를 무척 많이 흘렸지만 에버레트 박사는 충분히 그만한 가치가 있었다고 말하면서 얼굴에 튄 피를 닦아냈다.

2월 24일(금)

목요일 밤 새벽 2시 30분경, 우드 양이 론조니 박사한테 수두증(水頭症)을 수술 받았던 환자가 귀에 심한 감염증세가 생겨 방금 입원했다고 알려왔다. 나중에 알고 보니 환자는 다름 아닌 메리 터너였다. 터너는 론조니 박사에게 머리에 폴리에틸렌 튜브를 꽂아 머릿속의 물을 귀 뒤의 유양돌기(乳樣突起) 있는 곳으로 뽑아내는 대수술을 받고 퇴원했었다. 상태가 처음부터 좀 시원찮았었는데 귀에 감염이 생겨서 지난 사흘 동안 열이 39°C까지 올랐었단다.

론조니 박사는 혹시 뇌막염일지도 모른다면서 내게 척수천자를 하라고 지시했다. 척수천자 결과 척수액은 순전히 고름이었다. 한때는 병원의 모든 사람들의 성원을 받으며 수술을 했던 메리 터너 양이 마침내 죽음의 고빗길에 들어선 것일까? 사실 뇌막염으로 판명되었다면 그녀의 생명은 폭풍우 속에서 버티고 있는 연약한 코스모스와 매한가지가 된 셈이다. 신은 우리 모두의 애절한 성원을 외면하는 것일까?

2월 28일(화)

내일이면 2개월 동안의 소아과 수련을 위해 외과 근무를 끝내게 된다. 마음에도 없이 섭섭한 척하기는 싫다. 가능하다면 1분이라도 더 빨리 이곳 외과병동을 떠나고 싶은 것이 솔직한 내 마음이다.

메리 터너 양은 결국 죽음의 머나먼 계곡으로 떠나가고 말았다. 그녀의 죽음은 우리 인간이 얼마나 질병 앞에서 무력한가를 또 한 번 실증해주는 가슴 아픈 예가 될 것 같다. 그와 함께 의사라는 직업을 가진 우리가 얼마나 비겁하며 간교한가를 보여주는 슬픈 본보기이기도 했다.

그녀는 토요일에 40℃가 넘는 고열로 주말을 알코올 찜질과 선풍기 바람 앞에서 보내야 했지만 그런 식의 미봉책으로는 사신(死神)의 완강한 유혹을 거부할 수가 없었다. 한때는 열렬히 그녀의 삶을 축복해주고 무릎 꿇어 생애의 귀환을 간구해주던 우리들은 고작 선풍기 바람만으로 열을 내려보겠다는 식의 소극적인 방법으로 그녀의 죽음을 수수방관했다. 론조니 박사의 견해는 이러했다.

"이렇게 높은 열은 터너 양의 4분의 1인치밖에 안 되는 뇌피질의 세포를 구워삶아 모두 파괴시키고 말 겁니다. 설사 터너 양이 소생한다고 해도 식물인간 신세로 전락할 테니 죽는 게 오히려 잘 된지도 모르죠."

그녀가 죽은 후, 결정적인 사인은 폐렴구균에 의한 뇌막염이었던 것으로 밝혀졌다. 하찮은 미생물에 맥없이 쓰러지는 무력한 인간, 가을 낙엽처럼 포도를 뒹굴며 바람에 날리는 인간의 생명, 도대체 무슨 의미가 있단 말인가?

그리고 의사라는 직업의 우리는 또 누구란 말인가? 저어도 메리 터너는 그녀의 생명을 우리에게 위탁했던 것인데 그레이스톤의 모든 사람들은 이제 소생가능성이 희박해졌다는 이유만으로 환자를 구석에 처박아놓고 먼 산의 불을 보듯 손을 쓰지 않았다.

누구를 위해 존재하는 우리인가? 최후까지 사력을 다해 정열을 바칠 마음이 없는 한 그는 이미 의사가 아닌 것이다.

이런 일도 있었다.

슬레터 박사의 병동에 수 개월 전 난소암으로 수술을 받은 환자가 하나 있었다. 슬레터 박사는 암세포가 넓게 퍼져 있음을 밝혀내고 그 진행속도를 잡아보자고 부신을 제거해버렸다. 호르몬을 대신 투여함으로써 얼마 동안 잘 견뎌왔으나 며칠 전, 갑자기 악화되기 시작하여 장폐색 증상과 폐로 전이가 일어나 호흡을 할 수 없을 정도로 가슴에 물이 차고 고열이 나타났다.

월요일 밤에 그녀를 봐달라는 호출이 있었는데 그녀는 금방이라도 숨이 넘어갈 듯이 매우 위급한 지경에 빠져 있었다. 나는 곧 행크 선생에게 연락하여 무슨 방법이 없겠느냐고 물었으나 그는 오히려 내가 딱하다는 표정으로 말했다.

"나라고 무슨 묘수가 있겠소? 오늘 아침에 나도 그녀를 진찰했지만 가만히 기다리는 것만이 현명한 것 같이 보이더군, 그래."

나는 다시 랜디 브록 선생에게 연락했고 환자는 브록 선생이 막 도착할 무렵에 쓸쓸히 숨을 거두고 말았다.

다음날 아침 병리과의사는 아무도 환자의 가슴에서 물을 뽑으려고 하지 않았던 사실이 심히 유감이라고 말했다.

"만일 물을 뽑아냈더라면 부신제거수술이 어느 정도 암을 완치시키는 효과를 내어 생명을 충분히 연장시킬 수 있었을지도 모릅니다."

의사들이 부정적인 쪽으로만 점을 치고 있었기 때문에 살릴 수 있는 방도가 있는데도 외면하고 말았다는 것이다. 물론 자기의 담당환자는 아니었지만 의도적인 태만으로 골치 아픈 일에 끼어들지 않는 게 상책이라고 생각하고 또 그렇게 행동한 행크 선생이야말로 부도덕하고 비정하여 야비하기까지 한 악덕의사의 현주소를 말해주는 것이었다.

12 어린 왕자들

많은 아이들이 그 비극의 강물에 휩쓸려 힘없이 쓰러졌으나 그보다 훨씬 더 많은 아이들이 비정한 질병에 맞서 싸우고 참고 견뎌냈다는 사실은 지금 이 순간에도 치료에 종사하고 있는 모든 사람들에게 용기와 교훈을 주고 있다. 어린 왕자들의 진정한 용기는 우리 모두에게 짙은 감동의 뿌리를 내려주었던 것이다.

Intern X

길을 잃은 어린 왕자

    외과 근무 5개월은 너무도 지루했었다. 그러나 2개월간의 소아과 근무는 모든 것이 아쉽기만 한 시간들이었다. 북적거리는 일반병동에서 공기 맑은 신선한 소아병동으로 옮긴 것은 마치 긴 터널을 지나 갑자기 시야가 확 트인 산마루턱에 서 있는 듯한 느낌을 줄 만큼 기분 좋은 일이었다.

    외과에서의 인턴의 역할이라는 게 고작 수술실의 파수꾼 노릇밖에는 안 되었던 것에 비해 소아병동에서는 환자의 치료를 처음부터 끝까지 인턴에 의존하는 일이 많았으므로 나는 2개월 내내 가슴 뿌듯한 만족감과 아울러 참여의식을 갖고 일할 수가 있었다.

    그러나 소아과에서의 근무가 늘 즐거운 것만은 아니었다. 가혹한 질병으로 무참히 쓰러지는 아이들을 바라보면서 인간의 비극을 실감해야 했고 그 비극의 뒤안길에서 자식 잃은 부모들의 설움을 망연자실 바라보아야만 하는 또 하나의 아픔을 피부로 느껴야 했다. 그러한 비극적인 사건들의 주인공이, 완쾌되어 의기양양하게 병원을 떠나는 어린 왕자들보다 더 오래 내 가슴에 남는 것은 나 혼자만의 감상은 아니었을 것이다.

그리고 많은 아이들이 그 비극의 강물에 휩쓸려 힘없이 쓰러졌으나 그보다 훨씬 더 많은 아이들이 비정한 질병에 맞서 싸우고 참고 견뎌냈다는 사실은 지금 이 순간에도 치료에 종사하고 있는 모든 사람들에게 용기와 교훈을 주고 있다. 어린 왕자들의 진정한 용기는 우리 모두에게 짙은 감동의 뿌리를 내려주었던 것이다.

3월 1일(목)

오늘 아침 6시 45분, 외과병동에서의 묵은 찌꺼기들을 훌훌 털어버리고 소아병동으로 건너갔다. 소아병동은 아주 최신식의 멋진 건물로 180베드를 갖고 있으면서 갓 태어난 영아에서부터 14, 15세의 소년에 이르기까지 어린 환자들만을 전문 치료하는 곳이다.

또 이곳은 그레이스톤 기념병원의 소아병동이긴 하지만 하나의 독립된 소아 전문병원인 셈이어서 나뿐만 아니라 주립병원이나 성 크리스토퍼 병원에서 파견 나온 4~5명의 인턴들이 함께 근무하게 되어 있었다.

이 병원은 설립 목적에 따른 다소 특이한 몇 가지 규칙들을 갖고 있는데 그 첫째가 바로 자선사업이 주된 진료목적이라는 것이다. 물론 특진환자나 유료환자를 받기도 하지만 최소한 50%는 구호대상환자이거나 무료환자로서 인턴들이 그 책임을 맡아 치료를 진행해나갈 수 있도록 되어 있었다.

또 하나의 원칙은 어느 곳에서 어떻게 왔건 입원을 필요로 하는 어떤 어린이도 결코 돌려보내서는 안 된다는 것이었다. 그렇기 때문에 전국 각지에서 환자들이 끊임없이 몰려오고 있어서 인턴을 비롯한 모든 의료진들은 밤낮없이 숨 가쁘게 뛰어야만 했다.

시설은 일급이었다. 어린아이들이 그들의 병을 이길 수 있도록 세세한 환경까지 신경을 써서 마련된 병원이었으므로 우리 같은 인턴들은 참으로 편안하고 쾌적하게 근무해나갈 수 있었다.

나의 첫 근무는 동3병실에서 내·외과 환자와 고아원에서 의뢰돼온 환자들을 진료하는 것으로 시작되었다. 번스타인 선생은 우리에게 인턴은 스스로 책임을 갖고 일을 해야 하지만 그럴수록 더욱 레지던트들과 긴밀한 협조관계를 유지해야 할 것이라고 말하면서 이곳의 레지던트들이 잘 도와줄 것이라고 덧붙였다.

이곳 소아병동의 또 한 가지 특이한 것은 다른 일반병원 같으면 간호사들이 해야 할 자질구레한 모든 일들을 직접 인턴이 해야 하는 것이다. 심지어는 혈액검사를 위한 채혈까지도 직접 해야 하고 IV처치까지도 해야 할 형편이었다.

12시 30분쯤 동3병동의 간호사에게서 8개월 된 아이의 정맥주사와 채혈을 해달라는 연락이 왔다. 어린이들의 경우 정맥주사는 참으로 귀찮고도 힘든 작업이 된다. 이 아이의 경우도 예외는 아니어서 정맥이 보일 듯 말 듯 아주 작아 나는 1시간 이상이나 정맥주사를 위해 허비하는 대기록을 세웠다. 그러나 문제는 채혈이었다. 최소한 5cc 정도의 혈액이 필요한데 도대체 혈관을 찾을 수조차 없었다. 내가 어찌해야 좋을지 몰라 잠시 주저하고 있는데 마침 번스타인 선생이 들어와서는 기상천외한 채혈법을 보여주었다. 그것이야말로 숙달된 조교의 완전한 시범이었다. 그는 아기의 외경정맥(外頸靜脈)에서 채혈을 하기 위해 우선 아기를 담요에 꼭 싸서 움직이지 못하게 한 다음, 아기가 자지러지게 울 때까지 심하게 꼬집었다. 그것은 아기가 울게 되면 목의 정맥이 아주 뚜렷이 나타나기 때문인데 심하게 울릴수록 채혈하기는 더 쉬운 법이라고 번스타인 선생은 말했다. 채혈의 방법도 여러 가지지만 나는 이런 방법은 또 처음 보았다. 번스타인 선생은 별 어려움 없이 바늘을 삽입시켰지만 채혈 도중 아기가 울음을 그치는 바람에 머리를 툭툭 건드리고 다시 울 때까지 허벅지를 매섭게 꼬집어야만 했다.

그렇다고 번스타인 선생이 아기에게 비정하게만 대한 것은 결코 아니었다. 야멸찬 채혈이 끝나자 그는 아기를 부드럽게 어르며 마치 친자식을 대하듯 자상한 면을 보여주었다. 그는 나를 힐끗 돌아보더니 자기 모습이 좀 쑥스러웠는지 이렇게 말했다.

"내 경험으로는 소아과의 모든 과정 중에서 아기 달래는 것이 가장 중요한 일인 것 같더군. 빨리 달래면 그만큼 다음 환자를 볼 시간이 앞당겨질 테니까 말이요. 그런데도 의과대학 커리큘럼에는 '아기 보기'란 것은 없단 말씀이야……."

소아과에서의 근무는 지금까지 내가 해왔던 것과는 많은 차이가 있었다. 수태 당시의 상황에서부터 오늘에 이르기까지 소아과적인 상세한 병력을 파악해야 하기 때문에 보다 세심한 주의를 요한다.

오늘 오후의 첫 환자는 오후 2시경 응급실을 통해 입원했는데 선천성 심장질환을 앓고 있는 3개월짜리 신생아였다. 아기는 이미 그 짧은 일생 동안에도 3, 4차례나 병원신세를 져야 했던 병력을 갖고 있었다. 저번에는 울혈성심부전증으로 입원했었고 이번에는 심한 기침을 했으며 그때마다 온몸에 청색증이 나타나곤 했다.

나는 우선 아기의 기도(氣道) 내의 이물질을 흡입해낸 다음 즉시 산소텐트를 씌웠다. 그렇게 하자 상태는 어느 정도 호전되는 것 같았다.

아기의 병력은 대단히 복잡했다. 내가 보기엔 얼마만큼의 심장 결손이 있는 것으로 판단되었으며 그 결손에 의해 혈류의 이동이 있고 아기가 심부전상태에도 빠져 있다는 것을 알 수가 있었다.

다른 아기는 8개월 된 습진환자였다. 아기는 태어나서 지금까지 줄곧 습진을 앓아왔고 또한 위장장애, 원인불명의 감염증, 확실히 진단되지는 않지만 폐의 병변 등이 있는 것으로 보였다. 아기는 온몸에 퍼진 건성습진을 계속해서 긁어대는 바람에 피가 나고 고름까지 나오는 무척 지저분하고 보기 흉한 상태에 있었다. 나는 따뜻한 물에 적신 거즈를 살갗이 벗겨진 상태가 심한 부위에 대주고 나머지 부위는 그냥 마르게 놔주되 더 이상 긁지 못하도록 양손을 묶어주었다.

사실 습진을 포함한 피부병의 근본 원인은 정신적인 면이 많이 작용하는데 이 아기에게도 그러한 가능성은 충분히 있었다. 어머니만 해도 무척 신경질적이었으며 내가 진찰하는 동안에도 계속 주절대는 교양머리 없는 여자였다. 이제 8개월밖에 안 된 어린아이가 부모의 정서적인 결함으로 인해 이런 보기 흉한 병에 걸려 있다는 건 아무리 생각해도 불운하고 서글픈 일인 것 같다.

3월 2일(금)

소아병동에서는 무엇보다도 쉴 새 없이 나를 찾아 짖어대는 페이징이 없다는 게 즐거웠다. 그것은 그만큼 책임이 주어진다는 뜻도 되겠으나 비교적 여유 있게 내 나름대로의 시간을 조절해서 지낼 수 있다는 얘기도 된다. 또 한 가지 일하기 편한 것은 환자가 담당의사별로 배정되는 것이 아니라 의사가 병실별로 고정 배치되기 때문에 용이하게 환자들을 돌볼 수 있었다.

　지난밤엔 응급실을 통해 입원한 신환이 2명이나 되었지만 이미 다른 병동에서 일하고 있는 인턴인 화이트가 입원작업을 해놓아 다소 여유 있게 아이들을 돌볼 수가 있었다.
　먼저 3주일째 구토와 설사를 계속해서 지금은 극도의 탈수상태에 빠진 환자의 혈중 염분과 포타슘을 측정하기 위해 외경정맥으로부터 채혈을 했다. 그러나 충분한 혈액을 뽑아내지 못해서 결국 두피정맥을 통해 채혈하기 위해 매정하게 아기를 꼬집어야 하는 번스타인식 채혈법을 강행해야 했다.
　그 일이 끝난 후 조 생크 선생과 드 쇼우 박사와 함께 회진을 했다. 드 쇼우 박사는 깡마르고 성품이 좋은 소아과 전문의로 늘 좋은 일만 있다는 듯 만족스런 미소를 짓고 다니는 사람이다.
　그는 습진으로 고생하고 있는 조이 군을 보더니 피부과 전문의에게 의뢰하는 편이 좋겠다고 말했다. 조이는 내게 젖은 거즈로 치료를 받은 후 약간은 호전된 듯했고 다른 증상도 비교적 양호했으나 묶어놓은 팔을 풀려고 계속 애를 쓰며 온몸을 시원스레 긁지 못하게 만든 우리가 야속하다는 듯 차갑게 노려보곤 했다.
　심장병을 가진 아기는 오늘 아침에는 심부전증으로부터 벗어나 훨씬 상태가 호전 되었다. 산소텐트 속에서 아주 편하게 숨을 쉬고 혈색도 좋아진 것 같아 보였다.
　회진이 끝난 후 이 아기의 청색증을 알아보기 위해 도서실로 달려갔다. 그런 증세는 꽤 심각한 것임을 알 수 있었다. 드 쇼우 박사나 생크 선생도 이 아기에 대해 매우 비관적인 견해를 갖고 있었다. 단시일 내에 수술이 가능한지를 알아보기 위한 정확한 진단이 내려져야 하겠다고 생크 선생은 말했다. 지금 이 상태로 그냥 방치해둔다면 아기는 조만간에 짧은 인생의 막을 내리게 될지도 모른다.

병실로 돌아와보니 다른 환자가 구토증세로 입원해 있었다. 생후 20개월 된 이 아기는 이틀간이나 계속된 구토 때문에 심한 탈수에 빠져 있었는데 설사는 없었으나 경부강직(頸部强直)과 뇌막자극증상이 보였다.

나는 곧장 생크 선생과 함께 척수천자를 해봤다. 그러나 척수액은 비교적 깨끗했고 현미경상으로도 특별한 염증세포는 발견할 수가 없었다. 아기에게 뇌막염의 초기, 또는 소아마비 또는 뇌막자극증상을 일으키는 비특이성 중이염 등의 질병이 있을지도 모른다는 막연한 추리만 머릿속에서 맴돌 뿐, 보다 확실한 진단을 내릴 수가 없어 난감해졌다.

간호사가 몇 가지 사항을 측정하는 동안 나는 검사결과를 토대로 담당 소아과 전문의에게 연락하여 약간의 수분과 염분, 포타슘 등이 아기에게 필요할 것 같다는 내 의견을 말해줬다. 그는 가능한 한 내 의견을 존중해주며 내 치료방법에 따르겠다고 말했다. 이 아기환자에게서 수분과 전해질 평형에 따른 많은 의학적 교훈을 얻게 될 것 같아 기쁘기도 했으나 그만큼의 무거운 책임감도 느껴졌다.

3월 10일(일)

지난 일주일 동안은 마치 인턴을 처음 시작할 때만큼이나 바쁘고 힘든 근무였던 것 같다. 어느 때는 심지어 밤새 단 한시도 눈을 붙일 틈 없이 꼬박 그 긴 밤을 지새워야만 한다.

대부분의 어머니들은 낮 동안엔 의사를 부를 생각도 없고 아픈 아이를 지켜만 보다가 이윽고 밤이 되면 자기 아이가 오늘 밤을 넘기지 못할 것 같다는 망상의 늪에 빠져 미친 듯이 아기를 끌어안고 응급실로 달려오곤 한다. 왜 하루 종일 가만히 있다가 이제야 왔느냐고 물으면 그들은 한결같이 '갑자기 나빠졌다'고 둘러댄다. 그러면서도 언제부터 정확히 나빠졌다고 대답하는 사람은 아무도 없다. 그러니 당직 때만 되면 병실을 헤집고 다니며 닥치는 대로 찌르고 닦고 바르고 꿰매는 기나긴 여정의 순례자가 되는 것이다.

함께 일하는 인턴 중에 해리 멀둔이란 친구가 있다. 몸집이 크고 머리는 늘 덥수룩하며 얼굴은 몹시 우악스럽게 생긴 것이 소아과의사라고 하기엔 너무도 험악하여 차라리 권투를 하는 것이 어울릴 친구였다. 이 세상 어느 부모라도 이 친구가 다가와 아기를 봐주겠다고 하면 기겁을 하며 달아날 정도로 첫인상의 험악하고 심술궂게 보였다. 그러나 멀둔은 보기와는 영 딴판으로 너무도 친절하고 자상하며 오히려 여성의 섬세한 면까지도 지니고 있었다.

그가 아기를 진찰할 때면 그의 큰 손이 무지막지하게 아이를 덮어버릴 것 같지만 기실은 너무도 부드럽고 자상하여 놀랄 정도다. 말하자면 그는 생긴 것 말고는 타고난 소아과의사라고나 할까?

그와는 딴판으로 우리와 함께 일하게 되어 있던 다른 또 한 명의 인턴은 여기 온 지 3일 만에 쫓겨났다. 멀둔에 비하면 그 친구는 전형적인 의사 타입으로 상냥하고 여성적이며 준수한 용모로 병원에 오자마자 간호사들의 인기를 한 몸에 받았었다.

그러나 그는 그를 찾는 페이징이 아무리 급하게 울려와도 들은 척도 않고 제 할 일만 하는가 하면 야간당직 때면 병원일은 제쳐놓고 전문의

시험에 대비한 책만 들여다보고, 매사를 엄벙덤벙하며 소홀히 하여 스탭들의 눈 밖에 나기 시작했다. 다혈질인 번스타인 선생이 보다 못해 병원 당국에 밀고하여 마침내 그는 이 병원 창설 이래, 해고된 첫 번째 인턴이라는 불명예를 안게 되었다.

다른 병동에서의 태만이라면 몰라도 소아병동에서의 근무태만은 결코 용서할 수 없다는 것이 해고의 주요 골자였다. 이곳의 환자들은 모두 '어린 왕자'들이니 아무리 자선병원이라고 해도 그 어린 왕자들에 대한 진료에 있어 의사가 충복(忠僕)이 되지 않고서는 안 된다는 것이 이 병원의 근무철칙인 것이다. 이 철칙을 감히 무시하거나 지나치는 의사는 아무리 우수하고 또 자기가 원한다 해도 일종의 반역과도 같은 행위로 규탄받고 심하면 추방까지 되는 불문율이 이곳엔 있었다. 그야말로 책임을 강조하는 최대한의 자유와 그 자유를 준수할 수 있는 최고의 인격을 이곳에선 요구하고 있는 셈이다.

끝없는 미로

3월 15일(금)

내가 맡고 있는 병실의 어린 환자들은 크게 셋으로 구별된다. 가장 흔한 질환이 상기도감염(上氣道感染)으로 중이염, 편도선염, 후두염, 기관지염, 폐렴 등이 모두 이 부류에 포함된다. 환아들의 대부분이 이런 질환에 걸려 병원에 와서는 쉽게 회복이 되어 자랑스럽게 퇴원하기도 하지만 이들 중 몇몇은 극히 나쁜 상태에 빠져 고생을 하기도 한다.

그 다음은 구토와 설사로 인한 탈수와 전해질의 이상을 초래하는 위장관 질환이다. 의사들은 일반적으로 상기도감염과 마찬가지로 위장염은 통원 치료하도록 하고 있고 아주 심한 경우에만 입원 조치시키고 있다. 대개 이 환아들은 홍역과 풍진 등의 전염성 질환의 가능성이 있어 우리를 긴장시킨다. 그리고 마지막으로는 뇌막염과 같은 어려운 병에 걸린 아이들이다.

문제는 이들 모두가 격리를 필요로 하는 데 있었고 또 모두 감염과 관련이 깊은 환자들이기에 더욱 세심한 배려와 주의가 요청되고 있다는 점이다.

특히 여기선 환자가 아주 어린아이들이기 때문에 소아과적 수기(手技)에 익숙해져야 한다. 외경정맥으로부터의 채혈, 척수천자 등의 일들이 하나같이 안개 속을 헤치고 나가는 것만큼이나 힘든 일이기에 보다 능숙한 손재주가 필요한 것이다.

척수천자의 경우, 아기들은 피부에서 척수까지의 거리가 겨우 4분의 1인치에 불과해서 간호사가 힘을 주어 아기의 무릎이 턱에 닿도록 꼭 잡고 등을 내게 돌려주면 손가락 하나로 정확한 부위를 측정한 다음 두 손가락으로 하나는 위에, 또 하나는 밑에다 대어 지표로 삼으면서 그 사이에다 가볍게 바늘을 찔러야 된다. 다행히 나는 아직까지는 척수천자를 실패하여 척수액에 피가 섞여 나오는 실수(T-tap이라 함)를 저지른 적이 없으나 특히 아이들의 경우엔 보다 빠르고 정확한 손놀림이 필요하므로 주의를 하고 있다. 이 연령층에서는 뇌막염이 상당히 흔하기 때문에 거의 매일 척수천자를 해야만 했다.

심장병으로 입원했던 환아가 어제 퇴원했다. 심부전증은 어느 정도 치료되었으나 오랜 결론 끝에 심도자법(心導子法)은 이 아기가 생후 6개월 이상 살지 않는 한 시행하지 않기로 결정했다. 그 이유는 심도자법의 결과가 수술이 가능한 질환으로 나올 가능성이 희박하다는 것이며 심도자법 자체가 환아에게 위험하다는 견해 때문이었다.

그러나 이 결정은 몹시 비정하고 비합리적인 의술의 한 단면을 보여주었다. 소수의 의견이 다수를 지배하는 모순을 이 결정은 내포하고 있었던 것이다. 이 병원은 4명의 소아심장학 권위자와 3명의 소아외과 권위자로 구성되어 있는데 이들 모두가 환자를 본 후 책임 있는 결정을 내리지 못하고 심도자법의 시행 여부를 놓고 투표를 했던 것이다.

투표 결과 2명의 외과의사와 1명의 소아심장학의사가 반대를 했다. 후에 생크 선생은 내게 이런 경우에는 단 한 명의 반대만 있어도 심도자법을 시행할 수 없으며 오직 만장일치의 특별한 경우에만 검사가 가능하다고 말했다. 한 사람이라도 위험성을 강력히 주장하게 되면 나머지 사람들은 그를 무시하고 강행할 수가 없게 된다는 것이다. 어쨌든 아기는 아직 숨은 쉬고 있고 산소를 주지 않아도 예전처럼 그렇게 파래지지는 않고 있다.

습진이 매우 심했던 조이 맥카란도 많이 좋아지긴 했으나 우리 병원 사람들은 물론이고 심지어는 부모하고도 상대하지 않으려는 태도다. 멍청히 누워서 오가는 사람들을 쳐다보기만 했다. 정신과의사가 단지 8개월밖에 안 된 어린이에게 무슨 선처를 해줄지 의문이지만 아무튼 우리는 이 아이를 정신과로 보낼 필요가 있었다.

3월 16일(토)

주초에 입원했던 오드리 카터라는 14개월 된 아이가 있다. 아이의 주치의는 기관지염이라고 생각하고 페니실린을 4일간 투여했으나 아무 효과가 없어 결국 우리 병원에 입원시켰었다. 입원 당시 열이 40℃였고 겉으로 보기에도 어딘가 심하게 아픈 아이라는 느낌이 들 정도로 정상이 아니었다.

내가 진찰을 해보니 경부경직으로 목이 무척 뻣뻣했으며 양쪽 고막이 심하게 붉어져 있었다. 척수액은 흡사 쌀뜨물같이 탁했다. 머리를 잡아서 옆으로 돌리려면 자지러질 듯이 울어댔다. 척수액 배양검사로는 그람 염색상(세균을 염색하는 방법. 그람 양성균과 음성균으로 구별된다)에서 헤모필루스 인플루엔자로 생각되는 그람 음성박테리아를 많이 볼 수 있었다.

이것은 매우 무서운 세균으로 진단이 쉽지 않다. 폐렴구균이나 수막염구균도 위험한 질환을 초래하지만 비교적 페니실린 치료가 잘 되는 데 비해 이 헤모필루스균은 페니실린으로는 치료가 잘 안 된다.

나는 우선 수액공급을 해야겠다고 판단하고 컷다운을 하여 카테타를 집어넣으려 했다. 그러나 정맥이 절개되는 순간 아이는 심하게 경련을 일으켰다. 나는 이것을 무시한 채 계속 폴리에틸렌 튜브를 삽입하려 했으나 결국 정맥을 망가뜨려 놓고 말았다.

이때 생크 선생이 달려와 내가 찾은 정맥 바로 옆에서 원래 내가 찾으려고 했던 큰 정맥줄기를 찾아내어 폴리에틸렌 튜브를 부드럽게 삽입시켰다. 내가 시도했던 정맥은 피부의 작은 모세혈관에 불과했던 것이다.

우리는 정맥으로 수액을 공급하는 동시에 헤모필루스 인플루엔자균을 효과적으로 격퇴할 수 있는 클로람페니콜과 설파제를 투여했다. 4일이 지난 오늘 현재까지 다행히 아이는 훌륭하게 회복이 돼가고 있다. 체온이 정상을 되찾았고 경부경직도 부드러워지고 뇌척수액도 맑아졌다. 활동을 하려면 일주일 이상은 더 있어야 하겠지만 내가 다른 누구의 도움도 받지 않고 정확히 진단을 내릴 수 있었다는 것이 가슴 뿌듯한 기쁨을 주었다.

그러나 호사다마라 할까. 이런 보람과 기쁨 뒤에는 항상 어떤 실수가 따라오는 것 같다.

이 지역에서는 요즘 소아들에게 자주 나타나는 바이러스성장염이

유행하고 있는데 그저께는 15개월 된 조니 비크라는 아이가 입원을 했다. 나는 이 아이에게 지금까지의 근무 중 가장 큰 실수를 저지르고 말았다.

아이는 구토는 없이 설사만 했다고 하는데 상태가 아주 나빴다. 생크 선생은 나와 함께 환자를 보고 나서 특별한 일이 없는 한 내게 전권을 위임하겠다고 말했다. 나는 오드리 카터에 대한 치료 성공의 기쁨도 있고, 또 내 실력을 한번 과시해보겠다는 우쭐한 마음으로 전해질 검사 결과에 따른 수분과 염분의 양과 첫 24시간의 수액공급에 대한 구체적인 스케줄을 정하고 오후 4시에 IV를 시작으로 치료를 진행해나갔다.

모든 것은 순조로웠다. 아이는 수분을 공급하자마자 금방 생기를 되찾는 것처럼 보였다. 나는 느긋한 마음으로 간호사에게 아이가 혹시 목이 마르다고 보채면 소량의 설탕물을 주라고 지시했다.

그런데 그 다음날 아침에 아이의 상태가 갑자기 나빠지기 시작하더니 오후 2시에는 경미한 혼수상태까지 보이는 게 아닌가? 간호사의 연락을 받고 급히 병실로 올라가보니 아기는 전신성경련과 같이 손과 발이 심하게 꼬인 채 불규칙한 호흡을 하고 배를 만져보니 간이 거의 배꼽에 닿을 정도로 커져 있었다. 나는 아기가 급성심부전증에 빠져 있다는 걸 직감할 수 있었다.

가슴이 철렁했다. 정말 무엇을 어떻게 해야 좋을지 도무지 가늠할 수가 없었다. 생크 선생이 달려와 정맥으로 칼슘 글루코네이트를 투여하여 경련을 중지시키려 했지만 속수무책이었다. 고농도의 염분을 주어도 마찬가지였다.

"지금까지 도대체 얼만큼의 수액이 공급된거요?"

생크 선생이 고개를 갸웃거리며 물었다. 그러자 옆에 서 있던 간호사가 머뭇거리며 말했다.

"물을 달래길래 밤새 계속해서 물을 주었어요. 물론 그때마다 조금씩 이었지만요……."

맙소사! 아이는 내가 계산한 공급예정량보다 두 배 이상이나 수분을 섭취한 셈이었다. 우리는 즉시 IV를 중단하고 경구투여도 8시간 동안 금지시켰다. IV중단 즉시 소듐아미탈을 주사하니까 아이는 곧장 수면 상태로 들어가면서 경련을 멈추고 빠르게 회복되기 시작했다. 자정 무렵부터는 경구로만(입으로만) 수액을 공급했다. 그 다음날이 되자 아침에는 상태가 아주 좋아져서 간장의 크기도 원상태로 돌아갔고 설사도 멈췄다.

나는 뒤늦게서야 대실수를 저지른 걸 깨닫게 되었다. 너무 많은 수분을 단시간 내에 공급함으로써 아기는 심부전증에 빠졌고, 혈중 염분농도가 감소되자 심한 경련이 일어났던 것이다. 끔찍한 일이었다. 조금만 늦었어도 아기는 숨이 끊어졌을 게 분명했다

"이번 일로 뭔가 많이 배웠을 거요!"

생크 선생이 내뱉듯 말했다. 생각하기조차 두려운 불상사였지만 생크 선생 말대로 뭔가 크게 느끼게 하는 계기는 된 것 같다.

이 일을 끝내고 올라오자마자 나는 다른 아이를 보면서 이번엔 정말로 어처구니없는 오진을 하고 말았다. 악운이 계속되는 불행한 날이었다.

새벽 2시경에 이틀간 계속 설사를 한 뒤 갑자기 피가 섞여 나왔다고 해서 병원에 오게 된 그 환아의 어머니는 간호사였는데 내게 아주 자세히 아이의 병력을 설명해주었지만 이해하기 곤란한 점이 한두 가지가 아니었다. 어머니는 몹시 당황한 나머지 횡설수설하며 아이의 상태를 좀 과장하여 얘기하고 있는 것처럼 보였다.

나는 아이의 병에 대해 대수롭지 않게 여기고 다만 특진환자였으므로 주치의에게 내 의견만을 말해주었다. 그러나 그 주치의는 병원에 당도하여 아이의 배를 진찰해보더니 내 의견하고는 상반된 말을 했다.

"선생의 의견과는 다르게 내 견해로는 장중첩증(腸重疊症; 장의 뒷부분이 장 속으로 말려들어가 장이 막히고 썩는 질병)인 것 같군요."

그는 즉시 외과의사에게 연락을 해서 새벽 4시경 수술을 실시했는데, 결과는 역시 그의 예상대로였다. 다행히 바륨 정복술에 의해 중첩된 장이 풀리고 괴사나 기타 이상이 보이질 않아 쉽게 수술을 끝낼 수 있었다.

내 실수는 이만저만한 것이 아니었다. 그냥 지나쳤더라면 아이는 격렬한 통증을 수반하는 죽음의 파도에 휩싸였을지도 모른다. 더구나 아이의 어머니가 간호사였기 때문에 더욱 창피했다. 하루 종일 끝없는 미로를 헤매는 기분이었다.

소아과 환자에 대한 처치 중 가장 어려운 일이 IV와 채혈이다. 이것들은 매우 중요한 것이면서도 흔히 대수롭지 않게 여기는 일들인데 한 아이에게 완전한 정맥주사를 놓는 데는 보통 2~3시간은 족히 걸렸다. 그 긴 시간 동안 의사 자신은 물론이고 무엇보다도 아기는 거의 빈사상태에 빠지는 시달림을 받아야 한다.

채혈은 더 어렵다. 언젠가는 생크 선생과 함께 각혈을 하는 신생아에게 5cc의 피를 뽑기 위해 1시간 30분을 허비한 적이 있다. 외경정맥, 대퇴부동맥 등을 마구 찔러대는 바람에 아기는 너무 지친 나머지 나중에는 울지도 못하고 숨만 할딱이며 야속한 듯 쳐다보기만 했다. 생크 선생도 무척 당황한 듯 비지땀을 흘리면서 자꾸 주위를 돌아보며 구원을 요청하는 것 같았다.

대퇴부동맥에서 채혈을 하다가 잘못하면 하지(下肢)로 가는 혈관의 줄기를 차단시킬 우려가 있고 내경정맥을 찾다가 자칫 기흉(氣胸)을 만들면 아이를 죽일 수도 있으며 경동맥에 손상이나 혈전을 일으켜 뇌손상이 일어나면 예측하지 못할 위험한 지경에 빠지게 된다.

그렇다고 이런 기초적 검사처치 없이 치료를 진행할 수는 없는 일이기 때문에 우리는 무슨 수를 써서라도 성사시켜야 하는 막중한 임무를 지니고 있었다.

이 신생아의 경우, 기도와 식도 사이에 비정상적인 구멍, 즉 기관식도루(氣管食道瘻)가 있었다. 만일 그 즉시 수술을 하지 않았더라면 사망했을지도 모른다. 채혈은 비록 모든 질병에 대한 치료의 가장 기초적인 검사단계지만 반면에 그 모든 질병을 치료, 회복시킬 수 있는 가장 큰 부분을 차지하는 중요한 과정이기 때문에 1시간이 아니라 10시간이 넘게 걸린다 해도 꼭 성공해야만 하는 힘든 작업인 것이다.

3월 19일(월)

지난 주말엔 특히나 더 환자가 많았던 것 같다. 이 도시의 어머니들이 내가 수말당직 할 때 병원에 몰려오기로 약속이나 한 듯 병원 현관에서, 병실 문을 통해서, 계단에서, 병원의 어느 곳에서나 아기를 안고 들어오는 끝없이 긴 어머니들의 행렬을 볼 수 있었다. 그들의 진지한 모습에서 삶의 또 다른 의미를 깊게 음미할 수 있기도 했다.

주말당직의 시작인 토요일 오전의 거의 반은 동2병실에서 로니 페트리의 화상치료로 보냈다. 로니는 이제 갓 두 살 된 아이로 기름이 펄펄 끓는 전기 프라이팬을 잡아당기는 바람에 기름을 뒤집어써서 전신에 3도

화상을 입었다. 현재는 화상이 점차 나아감에 따라 한 번에 조금씩 피부이식을 하는 중인데 우리에게도 그렇지만 로니에겐 퍽 지루하고 고통스러운 일일 것이다.

로니는 스트라이커(stryker)라는 기구에 누워 있다. 이것은 욕창을 방지하기 위해 환자의 몸을 회전시킬 수 있도록 만든 장치로 아이의 몸이 공중에 매달린 상태가 되어 치료가 용이하다. 머리와 등 부분은 피부이식이 끝났으므로 앞으로 수일 내에 시행할 다리 쪽의 피부이식에 대비하기 위해 계속 젖은 거즈를 사용해야 했다. 그러나 젖은 거즈만으로는 부족한지 화상부위에서는 진물이 심하게 흐르고 거즈도 딱딱하고 끈적끈적하게 돼버렸다.

최소 하루에 한 번 치료했으며 화상치료를 시작할 때는 통증이 매우 심하기 때문에 전신마취를 하고 치료했으며 치료 후에는 몰핀이나 쏘라진, 루미날(수면제) 등을 계속 투여해야만 한다. 로니는 기구에 거꾸로 매달려서 꿈틀거릴 수조차 없는 고통을 받으면서도 어른스럽게 잘 참아나가고 있었다. 하지만 분명히 어떤 내적인 강한 충격을 받고 있는 것 같았다. 아기의 잘못이라기보다는 부모의 부주의로 이렇게 고통스런 투병의 형벌을 받아야 하는 아기의 심정은 어떤 것일까? 대체로 이런 나이의 어린아이들은 화상이나 기타 위험에 대해서 거의 무방비 상태다. 이 아이가 다시 미소를 되찾을 수 있을지, 그것이 언제쯤일지 지금으로선 아무도 알 수가 없다.

드 쇼우 박사의 환자가, 내가 막 저녁식사를 하려 할 때 서1병동에 입원했다. 나는 14개월 된 이 환자 문제로 로저 파이퍼 선생과 한바탕 말다툼을 벌여야 했다. 2년차 레지던트인 그는 곱슬머리에 찢어질 듯 노려보는 차가운 눈을 가진 사람으로 나중에 안 일이지만 병원의 누구하고도 곧잘 트러블을 일으키는 문제아였다.

아이는 계속 구토를 하는 바람에 탈수상태에 빠져 있었는데 드 쇼우 박사는 정맥주사로 수액을 공급하고 내게 필요하다고 판단되는 검사는 모두 다 하라고 전화로 지시 했다. 그때 마침 파이퍼 선생은 Rh혈액형을 가진 신생아에게 교환수혈을 하느라 수술방에 있었기 때문에 나 혼자서 환자의 치료를 해나가는 수밖에 없었다.

채혈을 끝내고 응급으로 투여해야 할 전해질을 주고 나서 검사 결과에 따라 당분과 식염수가 혼합된 수액을 공급했다. 검사 결과로는 염분과 포타슘의 평형이 깨져 있었다. 나는 포타슘을 주기 전에 어머니에게 아이가 소변을 보았는지를 확인했는데 그것은 신장기능에 이상이 있을 시에는 포타슘 투여가 해롭기 때문이었다. 파이퍼 선생에게 이 환자에 대해서 설명하기 전까지는 모든 것이 잘 돼나가고 있었다.

나는 수술실에서 막 나오는 그를 붙잡고 이야기를 시작했는데 그 시간이 적당하질 못했다. 그는 무려 3시간 동안 교환수혈을 했으나 결국 신생아는 사망하고 말아 대 참패를 당하고 나오는 중이었으니 신경이 날카롭고 기분이 좋을 리가 없었다. 나는 환자에 대한 그간의 처치경과를 소상히 설명했다. 그랬더니 그는 대뜸,

"당신 눈으로 직접 아이가 소변 보는 걸 보았소?"

하는 게 아닌가?

"제가 직접 본 건 아니고 어머니에게 확인했습니다."

내가 웃으며 대답하자 그는 무슨 뜻인지 모를 차가운 미소를 띠며 단호하게 말했다.

"지금 당장 포타슘을 중단하시오!"

나는 무슨 영문인지 몰라서 뭐 잘못된 일이라도 있느냐고 물었다. 그러자 그는 다짜고짜로 환아가 있는 아래층을 달려 내려가는 것이었다.

내가 그의 뒤를 따라 간호사실로 들어갔을 때는 이미 내가 써놓았던 오더를 모두 지워버리고 손수 뭔가를 다시 쓰고 있는 중이었다.

"파이퍼 선생님. 내 오더 중에 혹시 뭐 잘못된 점이라도 있습니까?"

가능한 한 정중하게 내가 묻자 그는 또다시 그 특유의 냉소를 띠며 대꾸했다.

"아뇨, 아무것도. 다만 몇 가지 사소한 점을 고치려고 하는 것뿐이오."

그가 뭘 고쳤는가를 보았더니 정말이지 그건 너무도 사소한 것들이었다. 나는 슬며시 화가 났다.

"도대체 왜 그걸 고치십니까? 내 의견은 묵살하시는 겁니까?"

나는 무시당하고 있다는 참기 어려운 모욕감으로 가볍게 경련을 느꼈다. 그가 고친 것은 40㎎의 염분공급을 35㎎으로 주라는 따위의 극히 사소한, 문제도 되지 않는 것들이었다. 물론 아이의 상태만 좋아질 수 있다면 누구의 방법대로 치료하든지는 아무 문제가 되지 않는다. 그러나 그의 오만불손한 행동, 그리고 무엇보다도 그의 말,

"당신은 이런 상황에서 혹시 생길지도 모를 긴박한 사태를 처리할 능력이 아직 없질 않소?"

하는 소리는 너무도 모욕적인 것이었다.

나는 화가 머리끝까지 올라오는 것을 꾹꾹 참아야 했다. 설불리 성질을 부리다가는 위계질서 파괴의 원흉으로 몰릴 판이다. 이런 곤욕을 감내할 수 있어야만 했다. 내 자신의 확고한 능력을 기르고 어떤 사태에도 확실히 대처할 수 있는 힘을 갖는 것이 더 빠르게 이런 친구를 앞지를 수 있는 길이 될 것이다. 이런 친구일수록 속은 더 비어 있고 그것을 위장하기 위해서 더욱 인턴들을 못살게 구는 법이다.

"만일 선생께서 인턴이 환자 치료하는 것을 원하지 않는다면 내가 손

을 떼지요. 당신 혼자서 IV며 채혈 따위의 자질구레한 일들을 다 하시오. 난 모르겠소!"

이렇게 쏘아붙이고 싶은 것을 간신히 참으며 오히려 정중하게 그리고 파이퍼 선생의 냉소를 조금은 모방한 차가운 미소를 띠며 간호원실을 물러나왔다.

이런 불화 속에서도 드 쇼우 박사가 입원시킨 환아에게 정확한 진단을 내려 기분이 좋았다. 환자는 6살 먹은 소년으로 고열, 두통, 수명(羞明: 강한 빛에 과민반응을 보이는 안통의 일종), 그리고 뇌막자극증상 등을 나타내고 있었다.

수요일 입원 직후 실시한 척수천자 결과로는, 비세균성인 바이러스성뇌막염이나 소아마비라는 진단을 받고 있었다. 엄격히 격리된 상태에서 소아마비에 대한 세밀한 검사를 받았으나 별다른 상황의 진전없이 아스피린을 투여하면 열이 떨어졌다가 곧 상승하는 좋지 않은 상태가 계속될 뿐이었다.

토요일 오후에 간호사로부터 이 환자가 목을 몹시 아파한다는 연락을 받았다. 이때가 밤 10시쯤이었고 내가 환자를 보고 별 이상이 없다고 체크한 지 서너 시간이 지난 뒤였다.

병실로 가서 확인한 결과 아이가 아프다고 하는 곳은 목이 아니라 턱이라는 걸 알게 되었다. 우측 뺨도 왼쪽에 비해 많이 부어 있었다. 나는 속으로 쾌재를 불렀다. 뇌막염은 아니다. 소아마비는 더욱 아니다. 가끔 이하선의 종창이 얼굴에 나타나기 전에는 볼거리를 뇌염이나 소아마비로 잘못 진단하는 경우가 있다고 들었다. 이 아이는 분명히 볼거리를 앓고 있는 것이다. 나는 곧바로 드 쇼우 박사에게 이러한 얘기를 하고 내 견해에 대해서도 힘주어 밝혔다. 박사는 아주 놀란 듯 너털웃음을 터뜨리며 말했다.
"자네, 정말 대단하구먼! 지금 당장 내가 가서 확인하도록 하지."

Intern X

또 하나의 비극

3월 25일(일)

　화요일 오후 6시 30분 응급실로 입원한 클라인이라는 8살 먹은 여자아이는 오후 내내 두통이 있었고 이유 없이 눈과 양볼이 아프다고 야단이었다. 겉보기에도 고열에 시달리는 것을 알 수 있을 정도였는데 역시 39.5℃였다.
　나는 우선 코와 목에서 채취한 세균으로 배양검사를 하도록 간호사에게 지시하고 내심으로 뇌막염 초기라는 생각이 들어 즉시 척수천자를 할 참이었다.
　그런데 언제 들어왔는지 파이퍼 선생이 다가와서는 이 여자아이가 뇌막자극증상을 보이는 볼거리일 뿐이라고 말하면서 아버지에게 일단 집으로 데려갔다가 내일 다시 오는 게 좋겠다고 말하는 것이었다. 파이퍼 이 작자는 환자를 진찰하는데 정신이 있는 게 아니라 오히려 인턴의 의견을 깔아뭉개는 것에 더 재미를 느끼는가 보다.

"선생께서 환자를 귀가시켜야 한다면 할 수 없는 노릇이지만 내가 보기론 입원 조치 후 상태를 관찰하는 것이 좋을 것 같습니다. 혹시 뇌까지 침범한 소아마비일지도 모르지 않습니까?"

이런 내 의견에 그는 가소롭다는 듯 콧방귀를 뀌며 내 견해의 잘못된 점을 지적하려 들었다. 그러나 계속되는 나의 반론에 파이퍼 선생도 어쩔 수 없다는 듯,

"그럼 당신 마음대로 하시오. 나는 관계하지 않겠소."

라고 내뱉으며 나가버렸다.

환자를 동2병실에 입원시켜놓고 우선 척수천자를 시행했다. 나는 분명히 소아마비에 걸려 있다고 믿고 있었지만 척수천자 결과는 의외였다. 척수액이 너무 맑고 깨끗했다. 나는 간호사에게 환자에 대한 체온과 호흡을 30분마다 체크하도록 지시하고 일단 병실을 나왔다.

11시쯤 다른 병실의 환자를 보고 있는데 간호사한테서 연락이 왔다. 아이가 몹시 신경질적이 되어 가지고 심지어는 입어 넣어준 체온계를 깨물어버리기도 하고 닥치는 대로 집어 던지는 바람에 진땀을 빼고 있다는 것이었다. 그래? 나는 뭔가 짚이는 게 있어 병실로 달려가 손가락으로 아이의 뺨을 툭툭 쳐보았다. 뺨의 근육이 빳빳하게 경련을 일으키고 있었다. 아버지에게 혹시 아이가 칼에 벤 적이나 다친 적이 없느냐고 물었다. 그러자 그는 자기 딸이 뜰에서 못에 발을 약간 다친 것 말고는 별로 없으며 그때 병원에 곧 오려했지만 아이가 병원에 오는 걸 몹시 두려워해 이제야 온 것이라고 말했다.

그제서야 난 지금까지의 치료가 전혀 잘못되어 있다는 걸 직감할 수 있었다. 나는 즉시 파이퍼 선생에게 전화를 걸었다.

"존경하는 파이퍼 선생님. 이 아이는 지금 파상풍에 걸려 있는 것 같

습니다. 한번 내려오시는 게 좋을 것 같군요."

이번에는 파이퍼 선생도 논쟁의 건더기를 찾을 수 없게 되었다. 곧 달려와 환자를 살펴본 파이퍼 선생은 빙그레 웃으며 말했다.

"이번에는 당신도 건졌구먼!"

그는 미카엘 아데어 박사에게 연락을 하고서 외과 레지던트에게 부탁하여 기관지 절개를 요청했다. 우리는 그날 밤새, 아니 지금까지도 일주일 동안을 계속하여 대기상태로 있다.

사실 이런 환자에게 해줄 처치란 별게 없다. 더 이상의 독소가 퍼지지 않도록 세균을 일망타진하기 위한 항생제를 계속 투여하는 일뿐이니까 말이다. 그리고 이 항생제마저도 이미 인체조직에 퍼져 있는 독소에 대해서는 '전혀'라고 할 만큼 효과가 없다. 우리는 말의 혈청 1cc당 1,500단위가 들어 있는 항독소를 부작용을 없애기 위해 30분마다 3,000단위씩 총 60,000단위가 되도록 밤새껏 투여하면서 체내에서 충분히 작용하도록 애썼다. 그러나 이 항독소마저도 신경조직에 고착되지 않는 독소만을 중화시킬 수가 있을 뿐, 환자에게 치명적인 고착 독소에는 영향을 미칠 수가 없다.

쟈니 클라인의 경련은 밤새 더 심해져서 턱을 갑자기 꽉 깨물었다가 등을 뒤쪽으로 심하게 구부리는 반궁긴장(反弓緊張)증세를 보이고, 심한 경련 때문에 파랗게 질리기까지 하는 혼수상태를 보였다. 이런 상태는 겨우 20초 동안밖에는 지속되진 않았지만 주위에 있는 모든 사람들에게 지옥에서의 20년만큼이나 몹시 지루하게 느껴졌다. 아이는 병실 안에서 약간의 소음만 들려도 이런 증상을 보였고 세코날 덕분에 다른 때는 계속 잠만 잤다.

자주 반복되는 이 경련의 치료를 위해 근육이완제나 데메롤 따위의 약이 필요했지만 이것은 아이가 지탱하게엔 너무도 과한 처치가 될 것이고 큐라레나 전신마취 등의 처치방법이 있겠지만 그것도 근본책은 되지 못한다. 우리는 지난 일주일 동안 쟈니 클라인을 위해 매달렸지만 조금도 호전되는 기미를 보이지 않아 안타까운 마음뿐이었다.

이런 환자를 통해서 새삼스럽게 느껴지는 것은 이 무서운 병이 생기게끔 방치한 부모들의 자식에 대한 무신경, 무책임이다. 클라인의 경우 생후 2개월 때 DPT 예방주사(디프테리아, 백일해, 파상풍 예방주사)를 맞은 것 외에는 이제까지 전혀 예방접종을 하지 않았고 아이가 못에 찔리고 여기에서 파상풍 감염을 받아 고통을 받고 있을 때도 단지 아이가 병원에 가길 두려워한다는 이유만으로 차일피일 치료를 미루어왔던 것이다.

지금 쟈니 클라인의 생존 가능성은 반반이다. 만약 이 아이가 죽게 된다면 죽기 전에 당해야 했던 가슴 쥐어뜯는 고통스런 경험을 부모도 당해야만 할 것이다.

4월 2일(월)

쟈니 클라인은 아직 신의 은총으로 살아는 있다. 파상풍이라는 데는 추호의 의심이 없지만 지금으로서의 문제는 독소가 아이를 짓밟느냐, 아니면 나이 어린 환자 쟈니 클라인이 독소를 이겨내느냐 하는 것이다.

아주 조금씩, 그야말로 눈에 보이지 않을 정도로 좋아지고 있기는 하지만 근육의 경련과 음식을 먹지 못하는 것이 큰 문제로 남아 있다. 체력이 지탱할 수만 있다면, 파상풍의 독소와 싸워 이길 수만 있다면 이 아이는 살아날 수 있을 것이다. 만일 이 아이가 살아날 수만 있다면 근래에 들어 처음으로 이 병원에서 회복하는 파상풍 환자가 될 것이다.

병원의 모든 사람들은 이 기록을 위해서라도 클라인을 살려야겠다고 팔을 걷어붙이고 애쓰고 있었다. 간호사들은 자기들끼리 계획을 세워 특별간호를 하고 있고 의사들 또한 끊임없이 상호연락과 의논을 하여 치료에 만전을 기하고 있다. 더욱 가상한 일은 이렇게 하는데 따르는 특별진료비를 한 푼도 더 가산하지 않고 있다는 것이다. 다만 이 어린 생명을 살려보겠다는 굳은 의지뿐.

이런 모습들을 지켜보면서 나는 오랜만에 의술의 본질을 보는 것 같아 가슴이 뿌듯했다. 이래야 한다. 이것이 의사의 참모습이다. 이런 노력에도 불구하고 환자가 죽는다면 그것은 신의 횡포다. 파상풍은 악성 종양과는 달리 치료도 가능하고 회복하기만 하면 뇌손상 등의 후유증이 전혀 없어 100% 완치가 기대된다. 이런 사실에 고무되어 병원 전체가 발 벗고 나선 것이다. 이번 주 초엔 마취과에서 달려와 하루 종일 인공호흡을 시킴으로써 위급한 상태를 넘기게 했다. 자랑스러운 일이다. 그리고 의사로서의 보람과 기쁨을 느끼게 하는 일이 아닐 수 없다.

지난 주말당직은 나와 함께 당직 근무를 했던 테리 스톤 선생의 전화로부터 시작되었다. 지금 어느 의사가 아주 심한 뇌막염환자를 보낸다고 하는데 아마 수막염균에 감염된 것 같고 곧장 부신의 기능상실이 수반되는 워터하우스-프리드리히센 증후군(Waterhouse – Griderichsem Syndrome; 악성 전격성 수막염균성 균혈증)이 발생한 것 같다는 연락이었다.

이 병은 부신 내의 출혈, 피부의 출혈 및 균이 내뿜는 독소에 의한 심장기능 상실 등이 오는 무서운 질병이다. 구급차에 실려 오는 중이라며 단단히 준비하라고 이르는 스톤 선생의 말 속에 어떤 초비상의 바람이 불어오는 듯 했다. 이런 순간을 태풍전야의 고요라고나 할까?

앰뷸런스에서 막 내려진 아이는 6살쯤 돼보였다. 아주 초라하게 차려입은 것이 혼수상태에 빠져서 금방이라도 숨이 넘어갈 것만 같았다. 배와 다리 근처에선 마치 바늘에 찔린 것 같은 작은 출혈들이 있었고 열은 40℃가 넘었다.

우리는 먼저 컷타운을 한 다음 수액을 공급하면서 피부의 작은 출혈 부위를 짜내어 도말(塗抹)을 했다.★ 이 방법은 가장 빨리 원인균을 알아낼 수 있다. 그리고 나서 척수천자를 했는데 척수액은 끈적끈적하고 고름이 많이 섞인 우유빛이었다.

환자는 어제 저녁식사를 하기 전까지는 전혀 아무런 이상이 없었다고 했다. 감기라든가 다른 잔병을 앓은 적도 없이 식사 후 갑자기 열이 나고 심한 두통을 호소하더니 하룻밤 지나고 나서는 혼수상태에 빠지면서 증세가 더욱 악화되더라는 것이다.

인후도말과 뇌척수액에서 수막염균이 발견되긴 했지만 아주 극소수였다. 하지만 진단을 내리는 데는 충분해서 즉시 다량의 페니실린을 투여하고 상태를 관찰했다.

"선생, 교회 다니면 기도나 하시지. 이제 남은 처방이라곤 그것밖에 없는 것 같소."

테리 스톤 선생이 시무룩하게 말했다.

이튿날 아침, 그러니까 일요일이 되자 기적과도 같은 변화가 일어났다. 환자가 의식을 되찾고 열도 38℃로 뚝 떨어졌으며 오후에는 뭘 좀 먹고 싶다고 말하기까지 했다. 아직 부신출혈이 있는지는 잘 알 수 없지만 만일 있다면 더욱 충분한 수액과 항생제를 빨리 투여해야 할 것이다.

★세균을 알아내기 위해 슬라이드 위에 분비물, 고름 등을 밀어 염색하는 방법.

이 소년이 내가 처음 경험한 수막염균성 뇌막염환자였다. 이 질환은 심하면 발병 24시간 내에 사망하게 되는 치명적인 병이다. 이와 같은 상태의 환자의 사망률은 제아무리 페니실린을 사용한다 해도, 50%를 밑돈다. 페니실린이 몸속에서 효과적으로 활동하려면 적어도 12시간이 지나야 하는데 환자가 24시간 내에 사망하게 된다면 결국 페니실린이 온몸을 채운다 해도 아무 소용이 없게 되는 것이다. 다행인 것은 회복만 되면 거의 후유증이 없다는 것인데 반면에 헤모필루스균에 의한 뇌막염일 경우엔 완치 후에도 40~50% 뇌손상, 삼출액의 축적, 뇌압상승 및 그 외의 잡다한 후유증이 남는다고 한다.
　일요일 오후 늦게 환자의 상태는 많이 회복되었으므로 우리는 한 시름 놓을 수가 있었다.

　또 하나의 골치 아픈 환자가 동1병실에서 우리를 기다리고 있었다. 한 달 전쯤 홍역을 앓고 난 뒤에 홍역에 의한 뇌염이 생긴 7~8세 가량의 소년인 이 환자의 경우는 홍역의 극히 드문 합병증으로 거의 치료 불가능한 경우였다.
　벌써 열흘째 혼수상태에 빠져 열은 41℃까지 올라갔고 심한 호흡곤란이 나타나고 있었다. 특별한 원인도 없이 간질증세 같은 경련이 계속 반복되는가 하면 가끔 금방이라도 숨이 넘어갈 듯한 호흡장애로 애를 태우기도 했다.
　주치의는 뇌에서 기인한 경련인 것 같다고 말하면서 사고력을 지배하는 대뇌의 대부분이 손상된 것 같다고 했다. 신경과 전문의도 아주 비관적인 견해였다. 그런데도 오직 한 사람 파이퍼 선생만은 비록 경련이 수 일 또는 수 주 동안 지속되지만 언젠가는 좋아질 것이므로 얼마나 빨리 좋아질 것인가를 기대해야지, 현재의 주어진 여건에서 비관적이라고 포기하듯 말하는 것은 옳지 않다고 말했다. 사실 파이퍼 선생의 말은 옳다. 백번 지당한 말씀이지만 왠지 그가 침착한 척, 허세를 부리는 게 아닌가 하는 인상이었다. 그에게는 도무지 어울리지 않는 풍경이었다.

3살 된 백혈병 환자에게 밤 9시 30분경 수혈을 시작하고 대략 4시간 내에 체내에 모두 들어 갈 수 있도록 해놓았었다. 그런데 새벽 2시 30분쯤 간호사한테서 연락이 왔다. 주사부위가 부었는데 와서 봐줘야겠다는 것이었다. 그러면서 하는 얘기가 아직도 4분의 3 이상이나 남아 있다는 거였다. 어처구니가 없었다. 지금쯤이면 피가 다 들어갔어야 할 텐데 4분의 3이나 남았다니…….

나는 영문을 몰라 허겁지겁 병실로 올라갔다. 간호사는 자기가 주사바늘을 잘못 만져서 다시 옳게 해놓으려고 했지만 계속 실패했다고 털어놓았다. 환자의 팔은 혈관 주위로 피가 흘러들어가 계란 크기만큼이나 부풀어 있었다. 얼마나 아팠을까? 말도 하지 못하고 얼마나 원망을 했을 것인가? 얼마나 많은 피가 누출됐는지 도무지 알 도리가 없었다.

나는 치밀어 오르는 성질을 꾹꾹 참으면서 바늘을 뽑고 아픈 팔에다가 찬물 찜질을 해주라고 말하고는 간호사에게 이따위 실수는 도저히 묵과할 수 없으니 사고보고서를 제출하겠다고 말했다. 그러자 이 간호사는 얼굴을 붉히며 따지고 들었다.

"그렇게 성질을 부리는 것만이 능사는 아니잖아요? 더욱이 그게 인턴에게 명예스러운 건 더욱 아닐 겁니다!"

나는 잠시 간호사를 노려보다가 마지막으로 한마디 했다.

"이것이 성질을 부리는 것이라면 지금이야말로 누군가가 꼭 성질을 부려야 할 좋은 때가 될 거요!"

자기의 책임을 충분히 알지 못한 간호사 때문에 아무 죄도 없는 아기가 고통을 받았다. 나는 응당 이런 문제를 사고로 보고해야 된다고 판단하고 그녀의 면전에서 사고의 경위를 자세히 적었다. 그녀도 포기한 듯 풀이 죽은 표정으로 한참이나 나를 바라보고 있었다.

4월 6일(토)

어린 환자들은 비록 어느 정도 성격이 형성되었다고는 하지만 어른들처럼 그들 자신의 처지를 이해하지 못하며 치료에 대한 반응도 어른과는 달라서 애를 먹는다. 그들이 우리를 이해할 수 없고 우리가 그들을 이해시킬 수 없기 때문에 모든 것이 일방통행으로 되기 일쑤다.

지난주에 입원한 5살 된 백혈병 환아의 경우만 해도 그렇다. 3개월전까지만 해도 아주 건강했다고 하는데 갑자기 하지에 출혈반점이 나타나면서 혈색소가 20%로 뚝 떨어졌다고 했다. 현재 거의 치명적인 비출혈(鼻出血)을 하고 있어 적혈구의 막대한 손실을 가져오고 있었다. 그저 코에서 빨간 물이 펑펑 쏟아지고 있다는 편이 나을 정도로 비출혈이 심했다.

스톤 선생과 나는 국소용 트롬빈(지혈세)이 함유된 겔폼으로 코를 막아주고 4병의 충전적혈구를 수혈했더니 밤새 원래의 혈색을 되찾았다. 얼마 후에 병명은 급성임파구성백혈병으로 판명됐고 이런 상태라면 매일 1병씩의 수혈을 한다 해도 2개월 이상 살기는 힘들어 보였다.

아이는 자기 생명이 불과 2개월밖에 남지 않았다는 사실을 알 리가 없다. 그것을 이해시켜 자기 생명의 영역 안에서 뭔가 '성취'의 탑을 쌓아 놓고 떠날 것을 이해시킨다는 것도 무가치한 일이다. 그저 애처롭고 가련한 마음으로 아이를 지켜보면서 이 아이에게서 꽃다운 미소를 앗아간 질병의 냉혹함을 원망할 뿐이다.

또 한 명의 애처로운 소년 하나가 수요일 아침 입원했다. 나이는 8살. 이름은 테디 콘클린. 다른 병원에서 지난 6개월 동안 선천성 심장질환으로 치료를 받아왔으나 이 아이에게 건강과 행복의 미소를 되찾아주진 못했다.

콘클린은 매우 영리하고 침착한 소년이었다. 다른 아이들과는 달리 진찰 중에도 시종 묵묵히 우리의 말을 따랐다. 우리는 이 아이에게 심장결손이 있을 때 자주 발생하는 아급성세균성심내막염이 있는 것으로 진단했다.

스톤 선생은 콘클린이 결국은 죽게 될 것이라고 말했다. 다량의 항생제를 썼음에도 별로 반응이 보이지 않고 일상적인 생활에도 심한 무기력증을 보이고 있는 이 소년은 혈액 배양검사 결과 포도상구균이 발견됨으로써 우리의 진단은 확인되었다. 콘클린에게 있어 더욱 애처로운 것은 백혈병 환자처럼 빨리 죽는 것이 아니라 오랜 시간 부질없이 고통의 허허로운 들녘을 헤매며 서서히, 참으로 서서히 죽게 된다는 점이다.

8살 소년에게 이것은 정말이지 말로써 다 표현할 수 없는 고통일 것이다. 죽음의 의미는커녕 삶의 의미도 제대로 모르면서 천천히 마멸되어가는 어린 생명, 콘클린은 먼 산을 바라보며 긴 한숨을 내쉬곤 하였다. 그게 무슨 뜻인지 아는 사람은 아무도 없었다. 아마 콘클린 자신도 잘 모를 것이다.

뇌막염 환아는 월요일 퇴원했다. 그리고 파상풍을 앓았던 소녀도 기의 완전히 회복되어 병원 식구들의 박수를 받으며 퇴원했다. 나는 회복되어 나가는 아이들과 기쁨을 함께 나누면서도 마음 한구석 콘클린과 같은 아이들의 병세가 걱정이 되어 어두운 그림자를 마음에 드리운 채 병실을 드나들어야 했다.

4월 12일(금)

스톤 선생은 늘 환자뿐만 아니라 그 가족들에게까지도 관심을 갖고 걱정을 해주곤 하는 퍽 친절한 의사다. 물론 이것은 의사로서 당연한 일이지만 이 당연한 일을 자기의 생활로 알고 행하는 의사가 드문 요즈음, 스톤 선생의 면모는 항상 돋보이고 있는 것이다.

그러나 바로 이러한 친절이 화근이 되어 충격적인 비극의 서막이 오를 줄이야 누가 알았을까? 이것은 불운이나 아픔 따위의 말로는 너무도 부족한 비극이였다.

수요일 저녁, 막 저녁식사를 끝마쳤을 때 간호사가 눈물을 흘리면서 조지 미카엘이 침대에서 죽어 있는 것을 발견했다고 알려왔다. 미카엘은 2살 된 장기 입원환자로 기도에 누공을 가진 채 태어났고 출생 당시 기관지 절제술을 받지 않았더라면 죽었을지도 모르는 선천성 질환을 갖고 있었다.

북부의 고향에서 기관지 수술을 받은 후 기도 누공의 교정치료를 위해 이곳으로 옮긴 후 조금이긴 하지만 호전되는 조짐이 있어 미카엘의 부모는 며칠 전만 해도 감사의 악수를 우리에게 청했었다. 미카엘이 입원한 이후 부모는 둘이서 번갈아가며 병실을 지켜왔는데 바로 어제 저녁에 스톤 선생의 권유로 며칠 동안 집에서 쉬기로 하고 귀가했었다.

처음엔 무척 내키지 않아 했으나 미카엘의 병세가 조금 회복된데다가 의사의 권유도 있고 그간의 간호에 지친 것도 있고 해서 어젯밤 늦게 집으로 돌아갔던 것이다.

미카엘은 수요일 오후까지만 해도 상태가 아주 양호했었다. 그러나 모두들 안심하고 잠시 병실을 비운 사이, 도무지 무슨 이유인지 알 수도 없게 기관지 절개 후에 꽂아놓은 튜브가 점액성 덩어리로 폐색이 되어버렸고 그게 원인이 되어 질식사하고 만 것이다.

테리 스톤 선생은 심한 충격을 받은 것 같았다.

"이 소식을 어떻게 알린다지?"

스톤 선생은 울먹이고 있었다. 멍하니 천장을 바라보면서 뭐라고 연락해야 좋겠느냐고만 말할 뿐이었다. 세상 어느 의사도 이 같은 상황에서 어떤 말로 부모에게 연락해야 할 것인지를 자신 있게 아는 사람은 없을 것이다. 또한 어떤 말로도 그 슬픔을 이기게 할 수는 없을 것이다.

여러 가지 궁리 끝에 스톤 선생은 미카엘의 상태가 갑자기 나빠져서 위독하니 가능한 한 빨리 병원에 오시라고 하는 것이 좋겠다고 결론지었다. 테리 스톤 선생은 침착히 부모에게 전화 연락을 했고 부모들은 금방 달려오겠다고 대답했다. 우리 병원에서 그들 집까지는 약 120마일 정도 되니까 1시간 반 정도면 충분했다. 우리가 소식을 전한 게 오후 8시쯤이었는데 웬일인지 10시가 넘어 자정이 가까워올 때까지 도착하지 않는 것이었다. 집으로 연락을 해봐도 신호만 갈 뿐 받지를 않았다.

무슨 까닭일까? 조바심이 나서 견딜 수 없었다. 산길을 내려오다 타이어가 펑크라도 난 걸까? 새벽 2시경 스톤 선생은 경찰서에 전화를 걸어 혹시 교통사고라도 난 게 아닌가 하고 알아보았으나 도통 확인할 길이 없었다.

새벽 3시. 그때 마침 나는 응급실에 볼 일이 있어 내려가 있었는데 앰뷸런스가 요란한 사이렌을 울리며 병원 정문을 들어서고 있었다. 사실 이런 일이야 병원에선 늘상 있는 일이어서 나는 어떤 꼬마가 또 화롯불이라도 안고 넘어져서 화상이라도 입어 급히 실려오는 것이겠거니 생각했었다.

그러나, 그러나 앰뷸런스에서 내려진 환자는 화상을 입은 꼬마가 아니었다. 감기에 걸린 아기도 아니었다. 미카엘의 부모들이었다. 어머니는 이미 죽어 있었다. 아버지만은 겨우 숨이 끊어지지 않은 채 들릴락말락 가느다란 목소리로 미카엘, 미카엘만을 부르고 있었다.

"어찌된 일이요?"

나는 전신을 바늘로 찔리는 듯한 충격과 아픔을 순간 느끼면서 소리를 질렀다.

"교통사고요!"

누군가가 대답했다. 그들은 병원에 빨리 도착하려고 90마일의 속도로 차를 몰고 오다가 커브길에서 추락을 하는 바람에 그 자리에서 어머니는 사망하고 아버지는 살아났으나 그 사고를 발견한 것이 너무 늦었던 것이다. 아버지는 피를 너무 많이 흘려 간헐적으로 혼수상태에 빠지곤 했는데 직감적으로 위태롭다는 걸 알 수가 있었다.

소식을 듣고 허겁지겁 달려온 스톤 선생은 완전히 제정신이 아니었다. 그는 미친 듯이 미카엘의 아버지를 끌어안고 울기만 했다.

"미카엘…… 미카…엘…"

몇 번인가 미카엘을 부르던 아버지가 숨을 멈춘 것은 병원에 온 지 30여 분이 지나서였다. 그리곤 끝이었다. 스톤 선생은 결국 그들을 끌어내어 죽음의 길로 안내한 셈이다.

무엇을 어떻게 말하여 그때의 내 심정을 표현할 수 있을 것인가? 아이가 죽고 어머니가 죽고 아버지까지 죽어간 이 엄청난 현실이 모두 스톤 선생과 나 때문인 것 같다는 생각이 들어 가슴이 찢어졌다. 그날 이후 스톤 선생은 의사실에 틀어박혀 거동을 않고 있었다.

나는 차라리 큰 소리로 울어대는 어린 왕자들 틈에 섞여서 바쁘게 뛰는 편이 나을 것 같아서 일부러 병실을 돌아다녔다.

4월 21일(토)

이곳 서3병실은 전혀 다른 병원인 것처럼 조용했다. 마치 바다 속 같은 적막이 흐르고 있는 것 같았다. 이 병실에는 소아과, 소아외과에 속하는 미숙아, 신생아, 6개월 이하의 영아들이 입원하고 있는데 대개 평범한 환자들뿐이다. 5파운드짜리 미숙아들을 제외하고는 비교적 건강한 아이들로 감기, 후두염, 따위의 자질구레한(?) 환자들이어서 오히려 귀찮게 여겨졌다.

지난밤엔 생후 1개월 된 아이에게 충전적혈구 80ml를 줘야했는데 실같이 가는 정맥에다 주사하느라고 밤 내내 큰 곤욕을 치러야 했다. 그러나 그나마도 이런 일은 가물에 콩 나듯 해서 무료하고 지루한 시간을 때우는 것이 무엇보다도 중요한 작업인 셈이었다.

그러다가는 불시에 조그만 사건들이 터져 우리를 놀라게 했다. 며칠 전에 서3병실에 폐렴으로 입원한 3개월 된 아이가 있었는데 별로 병세가 중해 보이지는 않았었다. 그런데 바이너 선생과 나는 우연히 이 아기가 흡사 물 밖으로 나온 물고기처럼 축 처져 있는, 마치 젖은 목욕수건을 집은 듯한 모습을 발견하고 급히 근육생검을 해본 결과 아이가 근무력증 환자임을 알 수 있었다. 근무력증 때문에 심호흡, 기침 등을 할 수 없기 때문에 분비물이나 균이 침착되어 폐렴이 생긴 것으로 보였다.

바이너 선생은 이런 사실에 대해서 모든 것을 어머니에게 말하려 했으나 드 쇼우 박사는 그 의견에 반대했다.

"멀지 않아 꼭 어떻게 되리라는 단정적인 말은 그만 두지. 현재 우리가 알고 있는 것을 이해시킨다는 문제도 어렵지만 믿으려 하지도 않을 거요. 이 아이가 죽으리라는 절망적인 아픔까지 줄 필요는 없질 않겠소?"

드 쇼우 박사의 의견은 미리부터 아기의 죽음을 예고해 줌으로써 오랫동안 가슴을 아프게 할 것이 아니라 그저 지켜보게 하여 스스로 깨닫게 만들자는 얘기였다. 누구보다도 경험이 풍부하며 지혜롭고 정열적인 박사의 견해이니 나로서는 뭐라고 얘기할 것은 없지만 빨리 결과를 알려줌으로써 부모로서의 대비를 세우게 하는 것이 어떨까 하는 생각을 해보았다.

4월 28일(토)

어제 저녁 신생아에게 시행한 교환수혈 처치는 바이너 선생이 옆에서 도와주어서 쉽게 해냈다. 신생아는 생후 5일째로, 잘 익은 호박처럼 누런빛을 띠고 있었다. 어머니는 Rh마이너스, 아버지는 Rh플러스의 혈액형을 갖고 있어 태아는 Rh양성으로 산전에 시행한 Rh혈액형에 의한 황달체크에서는 별로 위험스러운 징후가 보이지 않았다.

아기의 황달치는 매우 높았고 매시간 자꾸 증가하는 상태였다. 새벽 2시 30분이 돼서야 교환수술을 시작했는데 별 어려움 없이 배꼽 근처에 있는 제대정맥을 찾아 교환수혈용 관을 꽂은 다음 처음에는 각각 $10 ml$씩 체내 혈액과 새 혈액을 넣어주고 그 다음부터는 각각 $20 ml$씩 반복 시행하였다. 교과서에 의하면 이러한 작업을 반복하여 총 $500 ml$의 혈액을 교환해주면 신생아의 혈액전체를 바꾸는 것과 같다고 했다.

제대정맥을 통하여 주입되는 혈액은 직접 우심실로 들어가기 때문에 상당한 신경을 써야 한다. 아기에게는 아무 문제도 없이 순조롭게 처치를 끝내고 나니 4시 45분이었다. 나는 만족스런 기분으로, 숙소로 늦게 취침을 하러 내려갔다.

이제 내일 모래면 소아병원에서의 2개월 근무가 끝이 난다. 다시 길 건너 그레이스톤 병원으로 가야하는 것이다. 이제 나에겐 2개월의 제 2내과 근무만 남아 있는 셈이다. 순간순간은 참으로 지루하고 괴로운 시간들이었지만 돌아보면 너무도 빠른 세월이었다. 나 자신이 많이 성장한 것을 스스로 자부하며 느낄 수 있다. 아직은 멀었지만 이런 내 모습이 자랑스럽기만 하다.

13 내던져 불사르리라

인턴을 처음 시작할 때는 사실 실수에 대한 두려움과 일 자체에 대한 능력 부족으로 내 자신이 지금 생각해봐도 부끄러울 정도로 일을 제대로 못 했었다. 그러나 지금은 그때 두 시간을 헤매도 다 하지 못했던 것을 불과 반 시간 정도면 더 깊이 있게 알아서 판단할 수 있게 되었다. 아마 경험의 차이일 것이다. 경험이라는 것은 시간과 비례하는 것이고 또 자신도 모르는 사이에 내 몸에 와 닿는 것인가 보다.

Intern X

악몽의 들판에서

 일 년은 언제라도 365일뿐이다. 시간이 아무리 늦게 지나간다 해도 그것은 누구에게나 마찬가지로 '흘러가게' 마련이다. 그리하여 우리의 인턴생활 1년도 끝나가고 있는 것이다.

 소아병원을 떠나 정들었던 본원으로 돌아오게 되니 우선 마음이 놓인다. 소아병원에선 늘 내가 이방인이라는 느낌을 떨쳐버릴 수가 없었다. 웬일인지 내 존재가 어린 환자들에 대한 방문객에 불과하다는 생각이 언제나 마음속에 깔려 있었나. 이곳 내과로 다시 오니 마치 고향집에 안주하는 듯한 가벼운 행복감까지 느껴졌다.

 내가 인턴생활을 시작할 때는 사실 아무것도 아는 게 없었다. 그러나 지금은 내가 무엇을 해야 하는지 나의 능력과 그 한계는 어떤지를 뚜렷이 자각하고 있다. 더욱이 이곳은 내게 있어 생동감 있고, 흥미가 끌리는 내과병동이다. 나는 내 인턴생활의 대미를 멋지게 장식하겠다는 각오로 최선을 다할 것을 다짐하고 있다.

5월 5일(토)

낯익은 장소, 낯익은 얼굴들. 특히 피터 카레이 선생과 다시 만나 한 팀이 되어 일하게 됐다. 이곳 제2내과는 '그레이스톤의 화장터'라는 무시무시한 별명이 붙어 있을 정도로 환자가 많이 죽어 나가는 곳이다. 당뇨병 치료를 중심으로 하는 내분비내과와 호흡기내과, 혈액종양내과 등의 난치병 환자들이 진을 치고 있어 항상 신경을 곤두세워야 했다.

"단단히 각오해야 될 거요."

카레이 선생이 진지한 표정으로 말했다. 어느 정도 바쁠지는 모르지만 난 이미 단단히 마음먹고 있으며, 내과 일이 내 체질에 맞는 것 같아 오히려 즐거운 기분으로 해나갈 것이다. 10개월 전의 이곳 내과와 비교하여 지금, 변한 것은 조금도 없다. 똑같은 시설, 똑같은 의사, 그리고 똑같은 상태의 중환자들, 다만 인턴인 내 모습이 좀 변했다고나 할까?

인턴을 처음 시작할 때는 사실 실수에 대한 두려움과 일 자체에 대한 능력 부족으로 내 자신이 지금 생각해봐도 부끄러울 정도로 일을 제대로 못 했었다. 그러나 지금은 그때 두 시간을 헤매도 다 하지 못했던 것을 불과 반 시간 정도면 더 깊이 있게 알아서 판단할 수 있게 되었다. 아마 경험의 차이일 것이다. 경험이라는 것은 시간과 비례하는 것이고 또 자신도 모르는 사이에 내 몸에 와 닿는 것인가 보다.

나는 이제 내가 일을 하고 싶은 과에 와서 근무하게 되었다. 내과에서 마지막 인턴생활을 하게 되었다는 건 대단한 행운이 아닐 수 없다.

카티 젠킨스는 14살 된 소녀로 특히 진단상의 애로가 많았다. 외부 일반의인 맥스 거하드 박사의 의뢰환자로 환자가 심한 관절통을 호소하며 류머티스열이라고 생각하고 입원시킨 것이다. 마침 내가 그 소녀를 화요일 아침에 처음 보게 되었는데 확실히 심한 관절통이 있는 것 같았다.

손목이 몹시 아파 조금도 움직이지 못하고 있었으며 심지어는 만지려고만 해도 아프다고 비명을 질러댔다. 그런데 관절부위가 뜨겁거나 붉지 않고 크게 붓지 않았다는 것이 류머티스열과는 달랐다. 지난 수 주 동안 두통이 있었고 전반적인 무기력증도 동반했다고 하지만 외관상으로는 아주 정상으로 보일 정도였다.

거하드 박사는 그의 진찰기록에 심장음이 있으며 헤모그로빈치가 7㎎이라고 적어놓고 있었다. 그렇다면 관절통보다는 빈혈이 더 문제인 셈이다.

나는 젠킨스의 경우에 대해 여러 가지 심각한 질환들을 생각해보면서 아급성 심내막염, 백혈병, 전신홍반성낭창 등을 머리에 떠올렸으나 어느 질환이라고 확실히 꼬집어 말할 수가 없었다.

류머티스열의 진위를 결정하기 위해 카레이 선생이 지시한 진단검사법인 말초혈액검사와 혈액화학반응검사 등을 시행하기에 앞서 그를 찾아가 의논해보았으나 그도 젠킨스에 대해 어떠한 확증도 내릴 수가 없다고 말했다.

"다른 확실한 질환이 밝혀지지 않는 한 상태를 더 관찰하여 나갈 수밖에 없겠군. 우선 그때까진 관절통을 해소시켜 주기 위한 대책으로 계속 아스피린이나 투여하도록 합시다."

그러나 문제는 복잡하게 전개되고 말았다. 화요일 오후 혈액 검사실 담당을 복도에서 만났는데 혈액검사지를 한 손에 들고 걱정스러운 눈초리로 말했다.

"큰일 났는데요……."

"뭐가요?"

"카티 젠킨스 환자, 백혈병이 아닐까요?"

소견서에는 전 백혈구의 90%가 비정상 백혈구였고 백혈병일 때 말초액에 나타나는 미숙세포가 40%를 차지하고 있었다. 환자의 골수에서도 말초혈액과 거의 비슷한 분포로 백혈구를 생성하고 있고 새로운 백혈구나 적혈구는 전혀 생산해내지 못하고 있는 것으로 나타나 있었다.

수요일 아침 케이즈 박사를 만나 골수검사를 함께했는데 급성백혈병, 그것도 진행이 매우 빠른 악성백혈병으로 진단되었다. 케이즈 박사는 젠킨스에게 강력한 골수기능 억압제인, 백혈병의 진행을 어느 정도 감소시킬 수 있는 6메르캅토 퓨린(6MP)을 사용하기 시작했으나 길어야 2년, 아마 6개월을 넘기기 힘들 것이라고 말했다.

어젯밤 늦게 초조한 표정으로 병실 복도를 서성이는 젠킨스의 어머니를 볼 수 있었다. 케이즈 박사나 카레이 선생 모두 이런 슬픈 소식을 부모에게 알려줄 일이 걱정스럽다며 가능하면 내가 말하는 것이 좋겠다고 했다. 나는 누가 해도 해야 할 일인데 머뭇거리지 말고 사실대로 말해야 한다고 생각하고 되도록 부드럽게 그러나 떨리는 것을 겨우 참아가면서 딸의 병명을 설명해주었다.

자기 딸이 불치의 병에 걸려 겨우 6개월, 길어야 2년밖에 살지 못한다는 얘길 듣고 그녀는 아무 말도 하지 않고 물끄러미 나만을 바라보며 앉아 있었다. 그녀는 남편도 없이 젠킨스 하나만 데리고 어렵게 살아가는 여자였다.

"우리도 최선을 다하고 있습니다. 케이즈 박사님이 쓰시는 약, 6MP가 어쩌면 기적을 일으킬 수도 있을 겁니다."

이런 위안이 그녀의 충격과 아픔을 상쇄시킬 수는 없을 것이다. 어떠한 위안의 말도 그녀의 가슴 속 빈 공간을 채울 수는 없을 것이다.

"기적이라구요?"

그녀는 마침내 울음을 터뜨리며 딸의 이름을 뇌고 있었다. 나도 가슴이 져며오는 것을 어찌할 수가 없었다.

바로 그날 오후 늦게, 나는 꿈에도 두 번 다시는 경험하고 싶지 않은 악몽과 같은 사건에 휘말리고 말았다.

6시 30분쯤 5층 간호사한테서 연락이 왔다. 하워드 벤슨 박사의 환자인 보니노 부인이 천식성발작을 일으켜 병원에 와 있는데 봐달라는 것이었다. 이 전화 한 통화가 나를 악몽의 들판에 몰아넣을지를 어찌 짐작이나 했겠는가?

환자는 32세로 임신 7개월 된 부인이었다. 함께 온 남편은 6주 전에 감기를 앓은 것 말고는 자기 아내는 병을 모르는 건강한 체질이라고 말했다. 천식도 며칠 전에 갑자기 시작한 것이며 그때는 약간 쌕쌕거리는 소리만 들렸을 뿐 이번처럼 심하지는 않았다고 말했다.

"벤슨 박사 진료실에서 약 몇 알 먹고 기침은 멈추었는데 쌕쌕거리는 소리는 안 없어지는군요."

남편은 초조한지 자꾸 아내를 뒤돌아보며 말을 이었다.

"그리곤 그날 오후부터 갑자기 발작이 심해져서 다시 박사를 찾아갔더니 아드레날린 주사를 놔주더군요. 그 후에 입원하라고 박사님이 말했지만 그 주사를 맞은 후에 씻은 듯이 나은 것 같아서 일단 집으로 돌아왔었죠."

그러나 오늘 오후 6시쯤 저녁을 먹으려고 하는데 다시 심해져서 부랴부랴 입원을 하게 되었다고 했다. 환자의 상태는 간호사로부터 들은 증상보다 훨씬 심했다. 호흡을 할 때마다 흉벽이 심하게 움직이는 것을 볼 수 있었고 거친 숨소리가 방 안 가득히 울리고 있었다. 그녀의 얼굴은 산소결핍환자에게서 통상적으로 볼 수 있는 잿빛이었다. 약간의 피가 섞인 가래를 뱉어 내기도 했다.

나는 간호사실로 들어가 벤슨 박사에게 환자가 호흡곤란을 심하게 느끼고 있으며 점점 더 심해진다고 전화를 했다. 그러자 그는 대수롭지 않다는 듯,

"심한 천식 발작인 것 같소. 선생 아량대로 처치를 해서 최소한 오늘 밤만은 편하게 해주시오. 난 내일 아침에 가보겠소."

"그럼 아드레날린이나 아미노필린을 사용하면 되겠습니까?"

"물론이죠. 선생이 하고 싶은 대로 해보시오."

어떤 사람들은 아드레날린을 주사하면 흡사 마술에 걸린 듯 거의 완전하게 정상으로 되돌아온다. 0.4~0.5㎖만 피하주사해도 마치 물밖에 나온 고기처럼 숨을 쉬려고 안간힘을 다하며 할딱거리던 환자도 언제 그랬냐 싶게 건강인의 호흡상태로 회복하는 것이다. 나는 보니오 부인에게 다가가,

"지금 벤슨 박사와 통화를 했습니다. 이제 마술처럼 부인의 가슴이 확 트이도록 해드리겠습니다."

라고 자랑스럽게 말하고는 주사를 놓고 마술의 기적이 일어나기만을 기다리면서 그녀 옆에 서 있었다.

그러나 기적은 일어나지 않고 반대로 상태가 더 나빠져갔다. 10분 정도 지나자 아드레날린의 부작용으로 인한 증상, 즉 맥박이 빨라지고 온몸이 후끈후끈해지며, 어지럽다는 등의 증세가 나타나며 호흡은 주사 전보다 더욱 힘들고 발작적인 기침이 멈추지 않고 반복되었다. 가슴에선 마치 허파라도 터진 듯한 탁음이 거세게 들려왔다.

가슴이 철렁했다. 원인은 알 수 없지만 뭔가 잘못된 게 틀림없었다. 남편도 어쩔 줄 몰라 발을 동동 구르며 아내 이름을 불렀다. 나는 우선

환자의 호흡을 도와줘야겠다는 생각이 들어 산소탱크를 가져오게 한 후 산소마스크를 씌워주었다. 이 때가 7시 30분 쯤. 갑자기 내가 지금까지 했던 처치가 크게 잘못됐을지도 모른다는 생각에 소름이 끼쳤다.

그때 마침 피터 카레이 선생이 느린 걸음으로 걸어 들어왔다. 아! 그는 내가 곤경에 처해 있을 때마다 나타나는 구세주였다. 그는 쏜살같이 환자 곁으로 가더니 청진을 하고 맥박을 측정한 후 환자에게 뭐라고 말한 뒤 산소마스크를 고쳐 씌워 주었다. 그의 얼굴이 칠흑처럼 어두웠다. 그는 나에게 눈짓을 하여 간호사실로 불러내더니 낙담한 표정으로 말했다.

"이봐, 환자는 천식이 아니고 심부전증이야. 폐에 물이 꽉 차 있더군. 빨리 벤슨 박사에게 알리는 게 좋겠어."

천식이 아니라니. 분명히 벤슨 박사의 진단은 천식이었고 또 나도 그렇게 보았는데. 그렇다면 난 이제까지 환자를 죽음의 구렁텅이로 몰아넣는 짓만 골라서 한 셈인가?

"참, 태아의 상태는 청진해봤소?"

"아뇨, 하지만 아기에게 무슨 영향이 있겠습니까?"

"이 친구야, 산모는 산소결핍에 빠져 있다구! 태아의 상태는 더 나빠졌을 텐데……"

눈앞이 캄캄해졌다. 지금까지 태아에 대해선 조금도 생각해보지 않았었다. 급히 태아의 심박동을 청진해보았는데 빠르긴 했지만 강도(强度)는 정상이었다. 카레이 선생은 베네트 밸브를 사용하는 게 좋겠다고 말하며 환자에게 부착시켜 주었다. 그러자 호흡은 약간 좋아지고 안색도 어느 정도 밝아지는 것 같았다. 카레이 선생은 환자에게 몰핀, 아미노필린, 다기탈리스를 투여한 다음 벤슨 박사에게 속히 오라고 연락했다.

환자의 상태가 그만해지자 우리는 남편으로부터 좀더 정확한 병력을 얻을 수 있었다. 심장질환이나 심부전증의 과거력이나 류머티스열과 같은 병력은 전혀 없었고 다만 2개월 전에 바이러스성폐렴을 앓은 적이 있다는 것이 밝혀졌다. 그때 상당히 폐렴이 심해서 10일쯤 누워 있다가 곧 회복되었는데 그 후 다시 재발되어 벤슨 박사를 찾게 되었다고 말했다. 나는 이 말을 듣고 임신한 몸으로 2개월을 침대에 누워 있다가 하지의 정맥에 혈전이 생기면서 활동을 시작하자 그 혈전덩어리가 폐로 옮긴 것이 아닌가 하는 생각이 들었다. 심부전증과 폐부종은 의심할 여지가 없었다. 10분쯤 지나자 다시 호흡이 거칠어지고 산소결핍 증상이 또 나타나기 시작했다.

얼마 후에 도착한 벤슨 박사는 환자를 보더니 심한 충격을 받은 것 같았다. 축 처져 물끄러미 환자를 내려다보고는 누가 봐도 잘 될 것 같지 않은 일을 가지고 잘 될 테니 안심하라고 말했다.

그동안에도 나와 카레이 선생은 환자의 심부전증에 대한 치료를 계속하고 있었다. 우리는 한쪽 팔과 양다리에 토니켓을 감고 10분마다 회전을 시켜서 감은 곳을 변경시켰다. 그녀는 몽롱한 의식 속에서도 계속 몸부림을 치면서 발작적인 기침과 함께 그때마다 피를 뱉어내고 있었다. 참혹한 광경이었다. 그런데도 주치의인 벤슨 박사는 벌벌 떨고만 있을 뿐이었다. 다만 5분마다 한번씩 태아의 심박동을 측정하면서 '심장은 괜찮은데……' 라는 말만 되풀이했다.

카레이 선생과 나의 애절한 노력에도 불구하고 상태는 점점 악화되어갔다. 저녁 10시쯤 되면서 이제 우리 힘으로는 도저히 회복시킬 수 없을 것 같은 생각이 들 정도로 보니노 부인의 병세는 절망적이었다. 그녀는 심부전증뿐만 아니고 폐색전증까지 겸하고 있는 것으로 확신되었다.

그러자 벤슨 박사는 내게 플랭클린 박사에게 연락하여 환자를 의뢰하는 게 좋겠다고 말했다. 심장병의 대가인 플랭클린 박사는 전화를 받자마자 지금 곧 출발할 테니 환자에게 150mg의 아트로핀을 정맥으로 주사하고 정맥절개 하여 500ml의 혈액을 뽑아내라고 말했다. 간절한 마음으로 정맥절개를 했으나 환자에게 큰 도움을 주지는 못했고 아트로핀 역시 효과가 없었다. 그때까지도 태아의 심장음은 들을 수가 있었다. 태아는 살아 있는 것이 분명했다.

벤슨 박사는 나를 병실 밖으로 불러내더니 환자가 사망할 경우에 대비해 태아라도 살려낼 수 있게끔 응급수술 기구를 준비해두라고 말했다. 그리고 그때 플랭클린 박사가 도착했다. 플랭클린 박사는 조심스럽게 보니노 부인을 살펴보았으나 그 역시 환자를 살려낼 어떤 뽀족한 대안도 제시하지 못했다.

그는 잠시 심장음을 청진해보더니 벤슨 박사에게 말했다.

"이봐, 벤슨. 환자는 곧 사망할 것 같소. 태아라도 살리려면 지금 이 자리에서 빨리 해야 될거요."

"그러나 지금 제왕절개를 시행한다면 환자의 생명을 포기하는 게 아닌가?"

"물론이지."

"환자가 그걸 원할까? 더구나 남편이……."

"어머니의 입장이라면 누구나 다 원할 것이야. 애 아빠 문제는 나중 일이고. 자, 시간이 없네. 지금 해야 돼."

벤슨 박사는 보니노 부인을 한동안 내려다보더니 다시 심장을 청진하고는 수술기구를 가져오라고 말했다. 그는 참으로 처참한 선택을 해야 될 시점에서 침통한 표정으로, 그리고 떨리는 손으로 수술기구를 풀기 시작했다. 수술가운과 장갑을 끼고 몇 가지 간단한 준비를 마치고 막 환자 앞에 다가서는 순간, 그때가 밤 11시 30분이었고 상태가 계속 나빠지기 시작한 지 5시간 30분 만에 보니노 부인은 심장과 호흡이 중지되고 말았다.

벤슨 박사는 환자의 개복수술을 시작했다. 수술기구에 수술용 칼이 준비되지 않았으므로 두 개의 가위만으로 수술해야 했으나 그는 조금도 흐트러지지 않고 너무도 침착하게 진행해나갔다. 그러나 우리가 수술을 시작했을 때는 이미 태아의 심장음이 없어진 뒤였다. 그래도 그는 미친 듯이 자궁을 열고 태아를 꺼냈다. 그러나 태아는 죽어 있었다. 태아는 미처 이 세상에 나오기도 전에 삶과 죽음의 피안을 헤매며 사신(死神)과 싸우다 마침내 죽음 저 쪽으로 떠나간 것이다.

벤슨 박사는 힘없이 주저앉아 안경너머로 굵은 눈물을 흘렸다. 눈물은 얼굴로 번져 수술가운을 적셨으나 닦아낼 생각도 않고 입술만 깨물었다. 그러나 그것은 때늦은 눈물이었다. 우리는 이제 삽시간에 아내와 자식의 죽음 앞에 서서 통곡하는 남편에게 죽음의 이유를 설명해야 하는 운명에 처하게 되었다.

벤슨 박사는 물론이고 그 병실에 서 있던 우리 모두는 절망과 아픔이 뒤엉킨 황량한 들판 위에 내동댕이쳐졌다. 영원히 헤어날 수 없는 메마른 대지에 악몽과 같은 아픔을 간직한 채로⋯⋯.

수요일 아침 시체실로 내려가서 보니노 부인의 부검을 지켜보았다. 우리가 추측했던 심한 폐부종은 있었으나 폐색전은 볼 수 없었다. 심부전을 일으킬 만한 다른 원인을 찾아낼 수가 없었다. 부검으로 밝혀진 원인만으로는 환자와 태아의 죽음이 납득이 가지 않았다. 틀림없이 우리의 치료과정에서 잘못이 있었던 것 같다. 얼마든지 살릴 수 있었던, 아니 조금도 죽음 같은 것은 생각지도 못할 환자를 앞에 놔두고 무기력하게 실의에 빠져 있던, 우유부단했던 벤슨 박사가 머리에 자꾸 떠올랐다.

그는 비겁했다. 그 풍전등화 같은 위급한 상황에서 자기가 할 일이 무엇인지를 분명히 알았음에도 그것을 밀고나갈 배짱이 없었다. 아이만이라도 살려야 했다. 그리고 충분히 살릴 수가 있었다. 두 생명뿐만 아니라 의사로서의 모든 것까지 다 잃어버린 느낌이 들었다.

의사의 우유부단, 그건 환자로 하여금 죽음의 길로 안내하는 행위와 다를 바 없다. 생명의 구원을 애절하게 호소하는 환자를 곁에 놔두고 하릴없이 방황만 했던 벤슨 박사의 처사는 비난받아야 마땅하다고 나는 믿었다. 그러나 그 이후 아무도 그를 힐책하는 사람은 없었다.

작은 물방울

5월 16일(수)

카티 젠킨스의 치료경과는 별 문제가 없었다. 말초혈액 도말과 골수 검사 결과 급성백혈병으로 확진되었으나 케이즈 박사의 치료는 빈틈없이 진행되고 있었다.

그는 충전적혈구를 수혈하여 환자의 혈액소를 10~11mg으로 증가시킨 후에 다시 수혈을 하여 정상범위인 14mg으로 올려놓았다. 골수에서의 비정상 백혈구를 억제하기 위해서 6MP 사용도 계속하고 있다. 관절통에 대한 치료로는 부신피질 자극호르몬(ACTH)을 쓰고 있다. 젠킨스는 상당히 건강해 보이고 외관상 많이 호전되었기 때문에 케이즈 박사는 일단 퇴원명령을 내렸다.

그러나 그것은 다만 다시 만나기 위한 잠시 동안의 헤어짐이었다. 케이즈 박사는 어머니에게 젠킨스가 계속해서 반복적으로 병을 앓게 될 것이라고 말하고는 앞으로 6개월 이상 같이 살기가 힘들다고 덧붙였다. 어머니는 모든 것을 체념한 듯 묵묵히 듣고만 있을 뿐이었다.

지금까지 일주일 남짓 젠킨스를 지켜보면서 나는 측은하고 불쌍한 생각이 들어 견딜 수가 없었다. 젠킨스 자신은 지금은 자기가 빠른 속도로 악화되어서 결국 몇 달 안에 죽게 될 것이라는 사실을 까마득히 모르고 있다. 젠킨스는 가끔 간호사들에게 버릇없이 굴고, 말썽을 피우곤 했다. 그러나 어느 간호사도 이 귀엽고 총명한 소녀에게 꾸짖거나 화를 내지 않는다. 젠킨스가 이렇게 말썽을 피우고 버릇없이 구는 것도 얼마 남지 않았고 잠시면 영원한 이별을 해야 한다는 사실을(젠킨스가 모르고 있다는 걸) 알고 있는 의사와 간호사들은 누구나 관대하고 사랑이 넘친 마음으로 그녀를 대하고 있다.

몸집이 아주 작고 나이는 50세 가량 된 칼라한 부인도 병실 속에 도사린 골칫거리 중 한 사람이다. 혈압은 240/180이었으며 두통, 오심, 시력 약화, 그리고 병발된 요독증 등으로 입원한 그녀는 혈중요소치가 107이나 되어 호흡할 때마다 몹시 냄새가 난다. 정상이 12인데 10배 가까이 되는 혈중요소치로 보아 그녀의 신장이 고혈압 때문에 급속히 파괴되어 있다는 걸 알 수 있으며 눈에서는 망막출혈이 계속되고 있었다. 혈압강하제를 계속 두어한 덕분에 혈압이 140/90으로 감소되자 다른 증상들이 씻은 듯이 사라졌으나 나는 칼라한 부인을 볼 때마다 하티 스티븐스가 생각이 났다. 하티 스티븐스가 밟았던 과정을 그대로 답습하는 게 아닌가 하는 생각이 자꾸 드는 것이다. 그런데 칼라한 부인은 자기에게 행해지는 모든 치료를 거부하면서 간호사고 인턴이고 닥치는 대로 싸우려고 대들었다. 일요일에도 그녀와 한동안 승강이를 한 뒤에 나는 이 부인에게 치료보다 우선 정신적 안정감을 주는 게 더 급한 일이라고 판단하고 네드 스턴 선생에게 도움을 청했다. 그는 평소에는 양처럼 순한 사람이지만 내 요청을 받고서는 어디 한번 해보겠다며 힘차게 칼라한의 병실로 걸어 들어갔다.

그는 칼라한 부인에게 병세를 자세히 설명하고는 굳은 표정으로 말했다.

"부인에게 잠시 생각할 여유를 주겠습니다. 나는 현재 부인의 치료를 담당하고 있기 때문에 내 책임을 다해야 하고 부인은 내가 시키는 대로 따라야 합니다. 내가 시키는 대로 하든지, 다른 의사를 찾아가든지, 부인의 결심을 말해주셔야겠습니다."

그리고는 방을 나와서 간호사실에서 담배 한 대를 피운 뒤 다시 방으로 들어갔다. 우리가 그녀의 방으로 들어가자 그녀는 아주 상냥하고 말 잘 듣는 순한 양이 되어 있었다. 네드 스턴 선생은 아주 근엄한 표정으로 칼라한에게 이것저것을 명령했다.

"부인이 정말 살고 싶은 생각이 있으면 내 지시에 따르십시오. 나를 믿고 무엇보다도 우리 병원을 믿으셔야 합니다."

네드 스턴 선생은 방을 나서면서 내게 말했다.

"저런 사람은 이렇게 정중하고 따끔하게 말을 해줘야 한단 말이야."

그러나 말은 그렇게 하면서도 그는 칼라한 부인이 자기 말을 듣지 않을까봐 걱정하고 있었다. 칼라한 부인이 개과천선할지는 두고 볼 일이지만 네드 스턴 선생의 명령이 어느 정도 효과가 있었음에는 틀림이 없다.

월요일에 입원한 18세의 소녀는 간헐적인 발열과 함께 무릎과 발목에 종창을 호소하고 있다. 이 소녀는 좀 괴팍해서 늘 화가 나 있는 표정으로 누가 뭘 물어도 전혀 대답하지 않았다. 나는 그 소녀를 보자 언뜻 정신분열증까지 겸하고 있는 게 아닌가 하는 생각이 들었다.

가능한 한 모든 방법을 동원하여 겨우 진찰을 마친 뒤 나는 그 소녀가 류머티스성 관절염의 초기 같으나 전신성 홍반성낭창도 예견할 수 있다고 차트에 적어놓았다. 오늘 회진을 하면서 앤드류 케이즈 박사는 나의 차트 기록을 보고서,

"당신 정말 대단하군. 이제 실력을 믿어도 되겠어!"

하고 말했다. 그 역시 전신성 홍반성낭창을 생각한 것 같았다. 검사실에서도 환자의 혈액 도말에서 이 질환의 진단에 특징적인 세포를 발견했다고 보고해왔다. 이 진단은 우리가 스테로이드성 약물을 사용한다 해도 18세 된 소녀에게 별로 좋은 예후를 갖지 못하는 것이었다.

케이즈 박사는 그 소녀가 앞으로 2년 정도 밖에는 살지 못할 것이라고 말하면서 더구나 정신질환까지도 겸하고 있기 때문에 남은 기간도 정신병원에 갇혀서 보내게 될지도 모른다고 했다.

5월 18일(금)

발열, 인후의 통증, 두통 및 비출혈 등의 병력을 가진 10세 된 소년이 갑자기 전신에 나타난 반상 및 점상출혈 때문에 입원하였다. 그 아이를 처음 봤을 때 또 하나의 카티 젠킨스가 나타났다는 생각이 들 정도로 창백한 모습이었고 비장은 몹시 커져서 심한 압통을 호소하고 있었다. 또 검푸른 반점들이 온몸에 퍼져 있었고 커다란 림프절이 경부에서 촉지되었다.

나는 이 환자가 틀림없이 백혈병이라고 믿고, 또 혈액 도말에도 비정상세포가 발견되었으나 케이즈 박사의 진단은 의외로 전염성 단핵증이

라고 했다. 더 상세한 혈청검사를 해봐야 하겠지만 전염성 단핵증이라면 치료 가능한 질병이니 케이즈 박사의 말이 맞기를 바랄 뿐이다. 케이즈 박사는 질환을 일으킨 바이러스가 자연히 없어질 때까지 병원에서 안정만 취하면 염려 없을 것이라고 말했다.

이 질환은 아직 발병 원인이 규명되지 않고 있는 병 중의 하나로, 추수감사절이나 크리스마스 연휴가 끝난 다음에 젊은 층에 자주 나타나기 때문에 '키스병'이라고 부르기도 한다. 피터 선생이 웃지도 않고 이 아이의 경우엔 키스가 원인은 아닌 것 같다고 말하자 케이즈 박사는 씩 웃으면서 말했다.

"꼭 그렇다고 단언할 수는 없겠지!"

5월 28일(월)

날씨가 점점 따뜻해진다. 곧 여름이 올 것 같다. 여름이 오면 내 인턴 생활이 끝나는 날도 멀지 않았다는 얘기가 된다. 지금쯤 어느 인턴이나 나와 똑같은 생각을 하고 있을 것이다.

내가 처음 인턴을 시작할 때 입원했던 샤론 바이블이 아직까지도 이 병원에 있다. 4살 된 백혈병 환자로 이젠 거의 생의 막바지에 와 있는 듯 보인다. 스테로이드 약제를 장기간 사용해왔기 때문에 얼굴은 부석부석하게 부어 있고 간 및 비장비대가 심해서 복부도 심하게 팽만되어 있었다.

병실 간호원들은 샤론 바이블이 언젠가는 터지고 마는 물방울과 같다고 하여 리틀 버블(Little bubble; 작은 물방울)이라고 불렀다. 리틀 버블은 내가 아무리 친해보려고 노력해도 가까워질 수 없는 쌀쌀한 친구다. 진료기록을 작성할 때면 궁금한 듯 옆에 다가와 쳐다보고 뭔가 말을 하려다가도 눈이 마주치면 이내 새침하게 얼굴을 돌려버린다. 작은 물방울, 귀여운 꼬마, 이 귀여운 생명에게 누가 질병의 사슬을 씌워놓았나? 실낱같은 바람에도 터져버리는 물방울처럼 리틀 버블은 이제 죽음의 바다 한가운데에 서 있는 것이다.

그대 병든 영혼의 안식을 위해

6월 5일(화)

인턴 마지막 달의 첫 주가 지나갔다. 요즈음은 어느 정도 자신을 가지고 환자를 볼 수 있게 되었다. 환자 한 명에 대해 30분 정도만 얘기를 나누면 환자의 아픈 데가 어디인지 쉽게 알 수 있었다. 제2내과에 다시 돌아온 이후에는 환자를 보는데 별 실수를 하지 않았다. 어떤 질환에 어떠한 처치를 해야 한다는 것을 질환별로 체계적으로 파악해낼 능력이 나도 모른 사이에 생긴 것도 기쁜 일이다. 물론 아직은 미숙하고 부족한 점이 많이 있으나 이러한 성장이 계속되는 한 나의 길은 밝아지리라 믿는다.

요즈음은 외부의 의사들이 나를 비롯한 모든 인턴에게 대하는 태도가 많이 달라진 것을 피부로 느낄 수 있다. 케이즈 박사만 해도 예전 같으면 쳐다보지도 않을 일에도,

"여보게, 지금 내가 환자를 한 명 보낼 테니 골수검사를 해주지 않겠나?"

하는 식으로 바뀌었다. 그렇게 쌀쌀맞던 아이삭 박사도 이제는 환자를 맡겨놓고도 전혀 간섭을 하지 않을 정도이다. 이런 모든 것이 우리를 기쁘게도 하지만 그만큼 책임이 무거워졌다는 걸 뜻하기도 하므로 더욱 신중하고 세심한 진료를 펼 수 있어야겠다.

리틀 버블은 그동안 일주일쯤 집에 가 있다가 수혈을 받기 위해 다시 입원했다. 애처롭고 슬픈 일이었으나 리틀 버블의 부모는 마지막까지 최선을 다하고 있는 것이다.

그 애는 여전히 말은 없었지만 최근 며칠간은 기분도 좋아 보였고 4층 병실에서는 나를 계속 따라다녔다. 말 한마디 하지 않고 내 손이나 내 몸 어디에도 손을 대지 않으면서 내 뒤를 졸졸 따라다니는 귀여운 모습을 보고 간호사들은 아주 재미있어 했다. 어제는 내가 척수천자를 하는 동안 커튼 사이로 눈만 내놓고 바라보고 있었다. 귀여운 아이. 믿을 수 없는 일이지만 우리는 이 아이의 죽음을 기다리고 있다. 작은 물방울. 어쩔 수 없는 일이지만 우리는 이 아이를 살려내고 싶다. 작년 8월, 입원할 때의 그 예쁘고 귀여운 모습은 지금 찾아볼 수 없다. 그러나 그 맑은 눈동자만은 여전하다. 버블의 눈동자만 보면 이 아이가 몇 달 뒤의 죽음을 선약하고 있다는 느낌이 생소할 정도다.

케이즈 박사는 가능하면 리틀 버블을 퇴원시키려 했으나 나가면 곧 다시 입원하게 될 것이므로 그냥 놔두고 있는 것이다. 1년 동안의 치료를 받고 비교적 좋은 반응을 보이며 지내고 있지만 앞으로 3개월을 넘기기 어려울 것으로 생각되고 있다. 골수에서 적혈구를 전혀 생성하지 못하고 있기 때문에 전적으로 수혈에만 의존해서 생명을 연장해나가고 있다. 케이즈 박사는 이 아이가 얼마 가지 않아서 열이 나고 전신상태가 허약해질 것이며 결국은 사소한 외상이나 타박상, 편도선염 따위의 합병증으로 죽게 될 것이라고 말했다.

지난 토요일 늦은 저녁식사를 하고 있는 도중에 응급환자가 들어왔다는 연락을 받았었다. 환자는 머틀 프레저라는 여자로 병원 근처에서 허드렛일을 하는 사람이었다. 그녀는 눈을 크게 뜨고 침대에 누운 채로 무슨 말을 물어도 전혀 대답을 하지 않고 있었다. 얼른 봐서는 고혈압에 의한 증상이 아닐까 하는 생각도 들었으나 진단에 도움을 줄 만한 별다른 소견을 발견할 수 없었다. 눈이 빨갛게 충혈되어 있었으며 급성 실명환자에게서 볼 수 있는 안구진탕 현상이 보이기도 했다. 나는 10여분 동안 손가락이나 전등불로 눈을 자극해보았으나 한 번도 깜빡거리지 않고 한 곳에만 시선이 묶여 있었다.

뇌출혈의 후유증이 아닌가 하는 염려를 하며 피터 카레이 선생에게 연락했다. 카레이 선생은 딕 리버스 박사까지 모시고 와서 환자를 살펴보았으나 특별한 소견을 말하지 못했다. 다만 그녀의 여동생으로부터 그녀가 심한 알코올중독에 빠져 있었고 간질환에 걸려 고생한 적도 있다는 것을 알아낼 수 있었다.

척수천자 결과도 깨끗하고 혈액성분도 전혀 섞여 있지 않아 혹시 머리를 다친 게 아닌가 하는 생각도 버려야 했다. 새벽 2시쯤 되자 체온이 38℃ 정도로 내려갔으나 일요일 아침이 되자 경련이 심해져 항경련제인 바비튜레이트를 투여해야만 했다.

그녀가 병원에 온 지 벌써 일주일이 됐는데도 아직 진단을 내리지 못하고 있다. 입원 이틀째부터 신기능 부전증에 빠져서 하루 종일 겨우 30㎖ 정도의 소변밖에 보지 못했으며 누구나 그녀가 곧 죽을 것이라고 생각했다.

그런데 3일 전부터는 갑자기 신기능 부전증에서 회복되는 듯하더니 갑자기 하루 25*l* 정도의 소변을 보기 시작했다. 리버스 박사는 머틀 부인의 머릿속에 신생물이나 뇌를 압박하는 병변 등이 있으며 그 병변에서 출혈이 계속되고 이것으로 인한 혈관의 기능 부전 때문에 신장의 정상기능이 마비된 것 같다고 생각했다. 한편 칼 코넬 박사의 견해는 장기간의 알코올중독으로 인한 뇌기능 장애, 즉 뇌가 완전히 술에 젖은 것과 같은 코르사코프 증후군이라고 말했다.

한 가지 이상한 점은 병세가 더 이상 악화되지는 않고 있다는 점이다. 그냥 허공에 떠 있는 상태라고나 할까.

6월 13일(수)

머틀 프레저 부인은 지금까지 대여섯 차례 죽을 고비를 넘겼으면서도 아직까지 살아 있다. 무척이나 질긴 목숨인 것 같다.

그녀의 가족들은 그녀의 생명에 관심을 두기보다는 그녀가 어딘가에 남겨놓은 재산에 더 큰 관심을 두고 있는 것같이 보였다. 그녀는 지금 확실히 살아 있기는 하지만 죽어 있는 거나 매한가지이기 때문인지 로스앤젤레스에서 달려온 그녀의 형제들은 머틀의 모든 권리에 대한 대행을 위임받으려고 안달이었다. 이 문제로 죄 없는 스턴 선생이 고통을 받아야 했는데 그들은 스턴 선생을 볼 적마다 서명해달라고 졸라대며 어느 때는 화를 내면서까지 서명을 거부하는 스턴 선생을 괴롭혔다. 마치 그들에게 중요한 것이 재산문제라도 되는 것처럼 치사하게 구는 데는 가벼운 분노마저 느꼈다.

그런데 수요일 오후에는 우리를 깜짝 놀라게 한 변화가 있었다. 그녀가 갑자기 화장실에 가고 싶다고 하여 간호사가 변기를 받쳐주자, 대량의 하혈을 한 뒤에 쇼크에 빠져버린 것이다. 우리는 두 가지 큰 실수를 저지른 것을 뒤늦게 깨달았다. 우리들 중 누구라도 환자의 출혈을 생각하지 못했으며, 하지의 정맥염에 대해 항응고제를 쓴 것이었다. 아무튼 그녀는 위장관 내의 어디에선가 대량의 출혈이 계속되고 있음이 확실했으나 우리는 전혀 속수무책, 그저 식도정맥류에서 출혈이 되지 않았나 하는 추측만 할 뿐이었다.

우리는 4병의 혈액을 수혈하면서 항응고제에 길항작용을 하는 비타민 K를 투여했으며 쇼크상태의 회복을 위해 혈장, 텍스트란, 아라민 등을 주고 가능한 모든 수단을 다 동원했으나 우리가 수혈하는 비슷한 속도로 많은 양의 하혈을 계속했다. 밑 빠진 독에 물 붓는 셈이었다. 도대체 출혈은 멎을 기미를 보이지 않은 채, 그리고 그것을 멎게 할 방도를 강구하지 못한 채 시간은 자꾸 흘러갔다.

그러자 그녀의 가족들은 심지어 수혈 중지를 요구하면서까지 권리대행의 위임에 서명해줄 것을 요구하면서 의사들을 못살게 굴었다.

그날 아침 나는 스턴 선생에게 환자를 외과의사에게 보여보는 것이 어떻겠느냐고 제의했다.

"크게 기대할 수는 없지만 개복수술을 한다면 어디서 출혈이 되고 있는지는 알 수가 있지 않겠습니까?"

그러나 스턴 선생의 반응은 별로 마음에 들지 않는 것처럼 보였다. 나는 계속해서 우리가 할 수 있는 데까지는 해봐야 되지 않겠느냐고 말하면서 아더 에머리 박사에게 의뢰하자고 말했다. 그는 내키지 않는다는 투로 그렇게 한번 해보자고 동의했다.

에머리 박사는 환자를 조심스레 살펴보더니 고개를 갸웃하면서 말했다.

"환자의 상태로 보아 어떤 수술을 해도 상당한 위험이 따를 것 같소. 그러나 수술을 해주지 않으면 출혈로 사망할 것은 불을 보듯 뻔한 일이고…… 현재의 출혈이 식도정맥류로부터 오는 것이 아니라면 내가 개복수술을 해서 출혈부위를 찾아보겠소."

바로 이때 환자에게 수혈을 하러 갔던 간호사가 혈액병을 들고 돌아와서는 환자 가족들이 수혈을 거부하며 소란을 떨고 있다고 알려왔다. 스턴 선생은 결심한 듯 수술을 하려면 빨리 해치우자고 말했다. 그러나 수혈을 거부하는 가족들이 수술을 승낙할 까닭이 없었다. 그들과 대여섯 시간의 말다툼을 벌여야 하는 지루한 설득의 과정이 우리를 몹시 지치게 했다. 에머리 박사도, 스턴 선생도, 모든 의사들이 다 달려들어 설득 반, 위협 반의 오랜 투쟁(?) 끝에 가족들의 승낙을 겨우 받아냈으나 그 사이에도 환자는 여러 차례 금방이라도 숨이 넘어갈 듯한 위기를 겪어야 했다. 밤 10시 30분에 가서야 에머리 박사의 집도로 수술에 들어갔다. 수술을 하는 데 4시간이나 걸리고 8병 이상의 혈액이 수혈되는 대단히 힘든 작업이었다. 그리고 거대한 십이지장궤양과 궤양부위의 동맥이 찢겨져 출혈이 되고 있다는 것도 알게 되었다. 에머리 박사는 위절제술과 궤양된 부위를 모두 절제해버리고 혈관을 결찰한 다음 수술을 마치고 환자를 병실로 내려 보낸 후 환자의 쾌유를 비는 기도를 했다.

토요일 아침까지 머틀은 상당히 고통스러워하긴 했으나 출혈을 멈춘 채 점점 회복되어가는 기미를 보였다. 스턴 선생은 그녀를 보고나서 이제 이 여자는 살아났다고 말했다.

"지옥 문전까지 갔다가 퇴짜를 맞고 온 셈이로군!"

그리고 그는 이 여자를 살려낸 것은 전적으로 나의 공이 크다고 말하면서 생각지도 않은 칭찬을 해줬다.
 "외과의사에게 의뢰해보자는 생각은 나도 못해본 건데 당신 말을 듣길 잘했던 것 같소."
 그러나 우린 한 가지 험난한 고비를 또 남겨놓고 있었다. 치사하고 지겨운 가족들로부터 환자를 지켜야 하는 것이 큰 문제였다. 혹시 환자를 베개로 덮어 질식사를 시키지 않나 하는 생각마저 들 정도로 그들은 낙심하고 있었다. 의사가 진료의 의무만 가지던 시대는 지난 것인가?

6월 16일(토)

 캐티 젠킨스가 수혈을 받기 위해서 재입원했다. 그 아이는 우리가 기대했던 것 이상으로 호전되고 있다. 6MP의 치료로 골수에서의 비정상적혈구의 생성이 현저히 감소되고 있었고 백혈병이 더 이상 확대되고 있지 않는 것은 무엇보다 다행스런 일이다. 이제 젠킨스는 여기서 혈액소의 정상유지를 위해 3~4병의 혈액을 수혈 받고 6MP와 스테로이드로 집중적인 치료를 받게 될 것이다. 케이즈 박사는,
 "캐티가 보내는 즐거운 하루는 병마와 싸워 이겨 얻는 즐거움이기 때문에 다른 사람의 1년, 10년에 해당하는 가치 있는 삶이라고 할 수 있지."
 라고 말했다.
 그렇다. 캐티 젠킨스의 하루하루야말로 고귀하고 뜻 있는 것이다. 그 삶의 언저리 어디에고 번민의 흔적은 찾아볼 수 없다. 다가올 여름의 피서 계획을 얘기할 때는 마치 그레이스톤의 신데렐라가 된 듯한 표정이었다. 이 아이에게 어찌 가혹한 언어로 눈물을 흘리게 할 수가 있단

말인가? 살아 있는 동안, 설령 그녀가 내일 숨을 거둔다 해도 그녀에겐 삶의 환희와 희망을 꿈꿀 수 있도록 해야 한다. 그녀의 생명이 그녀만의 것이 될 수 있도록 말이다.

목요일 저녁에 작은 물방울 샤론 버블이 세상을 떠났다. 잠자는 듯이 아주 조용하게……. 오후부터 40℃의 고열과 오한이 동반되어 패혈증에 빠진 게 확실했었다. 밤 11시 30분쯤 간호사의 부탁을 받고 리틀 버블을 보았을 때, 이미 열도 없었고 침대는 축축히 젖어 있었다. 목이 마르다고 하여 오렌지 주스를 좀 먹이자 이내 곤하게 잠이 드는 것 같더니 몇 분 후 호흡을 멈추었다.

사실 나는 두려웠다. 이 작은 생명의 처절한 죽음이 겁이 났었다. 그러나 샤론 버블은 작은 물방울이 공중에서 소리 없이 터지듯이 아주 편안히 갔다. 아주 짧은 순간 나는 샤론 버블의 미소를 볼 수 있었다. 오렌지 주스를 마시면서 의미를 알 수 없는 미소를 내게 보냈었다. 그러나 그것은 너무도 처연한 미소, 때늦은 미소였다. 그리고 너무도 가엾은 미소였다. 얼마나 많은 세월, 샤론 버블은 웃고 싶었을까? 가혹한 병마와 싸우느라 웃어볼 틈도 없이 4살 어린 꼬마 샤론 버블은 죽은 것이다.

나는 잠으로 경건한 마음으로 샤론 버블의 명복을 빌었다.

6월 21일(목)

인턴생활이 이제 열흘밖에 안 남았다는 생각을 하면 좀 묘한 기분에 빠지게 된다. 결코 끝날 것 같지 않았었는데…….

'끝난다'는 의미는 사실 없는 것이다. 다만 계속을 위한 한 점의 머무름일 뿐.

화요일 저녁에는 하쉬멘다에 있는 고급 연회장에서 인턴과 레지던트를 위한 연례적인 연회가 있었다. 외래의사들이 베풀어준 이 파티에는 당직인 모트 실버 선생 하나만 남겨 놓고 모든 의사들이 빠짐없이 참석하였다.

몇 종류의 최고급 술이 마련되고 쇠고기 스테이크가 나오는 등 호화판이었는데 모두들 회고담으로 이야기 꽃을 피우고 있었다. 그리고 나서 그레이스톤 기념병원에서 1년 동안의 근무를 충실히 이행했다는 인턴 수련증명서가 수여되었다. 파티가 끝난 후에도 우리는 그대로 남아 술을 더 마시며 앞으로의 진로문제를 얘기했다.

피터 카레이 선생은 내과에서 레지던트 2년차 과정을 계속 이수하게 되어 있었다. 그러나 브록 선생은 일리노이로 가 그곳 병원에서 나머지 수련과정을 보내겠다고 했다. 그런가 하면 클로이드 슈발츠는 이 병원에서 외과 1년차 레지던트를 하기로 되어 있고 알렉 아이비는 내과 1년차 레지던트로 일하기 위해 동부로 떠나겠다고 했다. 헤링의 계획이 제일 멋이 있었다. 해군에 입대하여 사이판 섬에서 2년을 보낸 뒤 그곳에서 평생을 눌러 살 수 있는지 알아보겠다고 했다.

해밀톤의 경우는 좀 비극적이다. 이 병원에서 레지던트를 하겠다고 지원했다가 낙방을 한 뒤 상당히 고민했으나 로스앤젤레스에 있는 병원에서 일자리를 겨우 찾았다고 한다. 외과 슬레터 박사의 똑똑한 조수였던 행크 레글스 선생이 산과를 택해 굿펠로우 박사와 함께 일을 하기로 했다는 말을 듣고는 깜짝 놀랐다. 나는 주(州)에서 시행하는 자격면허시험을 보고 일반의로 근무할 수 있는 곳을 찾아야겠다.

우리는 모두 훌륭한 파티를 멋지게 끝내면서 이상스럽게도 출렁거리는 감정을 느껴야 했다. 인턴, 1년의 기간이 끝났다. 누구 할 것 없이 서운하고도 시원한 느낌을 가졌지만 좀더 열심히 달려들어 충실할 수 없었던 자신이 안타깝기도 했다.

머틀 프레저 부인은 상태가 점점 좋아지고 있다. 아직 수술부위의 통증을 호소하긴 하지만 고비는 넘겼다. 누가 봐도 그녀가 죽음의 바다 한가운데 표류하고 있었다는 느낌이 안 들 정도다. 그러나 칼라한은 점점 나빠지고 있다. 호흡이 불안정하며 다리가 많이 부어 있다. 디기탈리스를 아무리 투여해도 심부전증의 치료에 별로 효과가 없었다. 결국 폐부종에 빠져 언제 죽을지 모르는 상황에 이른 것이다.

어제 저녁엔 오랫동안 당뇨병을 앓아온 85세 된 체구가 작은 할머니가 입원했는데 혈당의 변화가 몹시 심했다. 지난 일주일 동안 계속해서 새벽 3시만 되면 인슐린 쇼크에 빠졌다고 하는데 어제도 심한 쇼크에 빠져 입원한 것이다.

캠프톤 박사는 인슐린과 포도당을 모두 함유하는 수액을 주사하라고 하면서 당을 갑자기 너무 많이 주면 산혈증이 생길 염려가 있으니 천천히, 조금씩 당을 투여하라고 지시했다. 나는 50% 포도당요액 25cc를 정맥내로 투여하고 다시 쇼크에 빠지지 않게 하기 위해 밤을 꼬박 새워야만 했다.

나는 당뇨병이 특히 노인과 어린이에 있어서 얼마나 치료하기 어려운 질환인가를 알고도 남을 만큼 많은 환자를 보아왔다. 그리하여 이 환자처럼 인슐린 쇼크에 빠져 언제 폭발할지 모르는 상황에서 많이도 밤을 지새웠다. 늘 생각해보는 것이지만 당뇨병처럼 골치 아픈 병도 없다.

6월 30일(토)

　또다시 몹시 바쁜 주말이었다. 마지막 주말당직도 역시 거의 뜬눈으로 밤을 지새며 보내야 했다.

　환자들은 조금도 변함없이 밀려 들어왔다. 그리고 보면 결국 나의 존재란 무엇이었던가? 내가 있음으로 해서 무슨 이로움이 여기에 있었는가? 내가 이 병원을 떠나야 하는데도 외관상 아무런 변화가 없다는 건 좀 속상한 일이다. 끊임없이 환자가 오고 가고, 죽고 회복되는 하나의 거대한 흐름 속에서 나의 존재란 결국 바닷가의 모래만큼이나 미미했을까? 나의 고통, 나의 몸부림 그 모든 것이 그렇게 무의미한 것이었을까?

　아닐 것이다. 그 흐름 속 한 구석에 서서 손을 잡아주고 함께 아파하며 생활할 수 있었던 보람을 기억할 수는 있을 것이다. 그 기쁨은 의사만이 갖는 가슴 벅찬 환희, 최선을 다함으로써 고귀한 생명을 지킬 수 있었다는 보람인 것이다. 그 기쁨이 지금 내게 있다.

　무기력하게 환자의 죽음을 지켜보아야 했던 아픔도 있었다. 의술로서도 어찌할 수 없는, 의사도 결국 인간 그 이상이 될 수 없다는 뼈저린 패배감에 눈물을 흘리기도 했었다. 숱한 사람들이 삶과 죽음의 허허로운 들녘에서 방황할 때 무력하게 그것을 바라보아야만 하는 말로써 표현할 길 없는 가슴 아픈 회한도 느껴야 했다.

　냉혹한 질병에 휴지처럼 구겨져 버려지는 인간의 생명……. 나는 도전하고 싶다. 질병의 벽에 내 몸을 내던져 불사르고 싶다. 휴지조각이 되어 포도를 뒹구는 인간의 생명을 방관할 수만은 없다. 내 영역이 비록 손바닥만 한 작은 것이 될지라도 나는 내 인생을 내던져 불사르고 싶은 것이다. 병든 영혼들의 평화로운 안식을 위하여.

어느새 창밖이 훤하게 밝아온다. 상쾌한 여름날의 토요일 아침이다. 앤이 10시쯤 차를 가지고 오기로 되어 있다. 작년 7월 1일, 앤이 나를 이 병원에 태워다 주었을 때의 촌스럽고 겁에 질린 내 모습이 문득 떠올라, 쿡 웃음이 나왔다.

이곳 저곳 돌아다니며 작별인사를 했다. 슬레터 박사는 내 등을 툭 치며 그답지 않게 농담을 했다.

"이렇게 아침 일찍 병원에서 나갈 수 있다는 건 큰 행운이라구!"

"박사님께도 행운이 있길 빕니다."

"행운이라구? 의사에게 행운이란 자기 면허증을 스스로 찢어버릴 때에야 가능하다네."

열려진 창문 틈으로 여름날의 시원한 아침바람이 불어오고 있었다.

에 필 로 그

365일 전, 나의 인턴생활이 갑자기 시작됐던 것처럼 모든 것은 갑자기 끝이 난다.

아니다. 갑자기란 말은 어울리지 않는다. 조용히, 그리고 천천히 막을 내린 것이다. 그것은 영원히 계속되는 시간 속의 작은 한 점일 뿐이다.

내 후임으로 누가 와 있는지 알지 못한다. 알고 싶지도 않다. 작년 내가 처음 이 병원에 왔을 때 나의 선임이 누구였는지 알 수 없었던 것처럼. 다만 내가 걸어왔던 길이 누군가에 의해서 그대로 이어질 것은 뻔한 일이다. 그 고통과 보람이 뒤엉킨 길을…….

돌이켜 생각해보면 너무도 가슴 벅차게 다가오는 숱한 기억들. 삶과 죽음의 현장에서 나의 존재는 비록 미비했지만 그래도 이렇게 큰 보람을 안고 떠날 수 있는 것은 나의 이 작은 손으로 죽음의 벼랑에서 방황하는 숱한 사람들을 잡아줄 수 있었다는 기쁨이 있었기 때문일 것이다. 한 사람의 의사로서 손잡아 생을 축복해줄 수 있었다는 작디작은 환희.

지난 며칠 동안 앤과 나는 오직 한 가지 생각에만 몰두하고 있었다. 그것은 휴식이었다. 나는 우습게도 일주일 내내 먹고 자기만 했으면 좋겠다는 꿈을 갖고 있었다. 그러나 앤은 여행 안내서를 읽으면서도 돈 적게 들이고 마이애미 해변에서 1년의 묵은 찌끼를 씻어낼 궁리를 하고 있었다.

그러나 우리의 그 소박한 꿈들은 8주 앞으로 다가온 주(州) 의사 면허시험 때문에 무참히 깨지고 말았다.

1년 동안 책과는 담을 쌓고 있었기 때문에 해부학·생리학 등 기초과목을 닥치는 대로 공부해야 했다. 지난 1년 동안의 그레이스톤 병원 인턴 생활 덕분에 임상시험은 누워서 떡먹기였으나 기초시험은 엉망이었다.

　나는 합격했다. 이제 나에겐 일정기간 동안 주(州) 안에서 내과와 외과를 개업할 수 있는 일반의 자격이 주어진 것이다. 아내의 생일을 잊어버릴 수는 있어도 매년 정한 기간 내에 면허갱신을 해야 한다는 사실을 잊어서는 안 될 것이다. 가장 중요한 일이 될 테니까 말이다.

　그레이스톤 기념병원은 내가 인턴을 마친 몇 해 뒤 새 건물을 더 지었고 병상 수도 2배가 되었다. 더 깊은 신뢰와 더 많은 환자들로 오늘도 병원은 발전해가고 있다. 복도를 울리는 페이징도 여전했다.

　그리고 많은 의사들이 바뀌었다. 어떤 분은 죽고 어떤 분은 딴 병원으로 옮기고, 그 빈 자리에는 새로운 의사들이 와 환자들을 돌보고 있다.

　병아리 의사들의 수련도 예나 지금이나 마찬가지이다. 매년 7월이면 어김없이 새 인턴들의 근무가 시작된다. 기죽은 얼굴로 섭에 질린 채 복도를 오간다. 그들은 내가 전에 했던 그대로 열심히 일하고 있으며 또한 많은 실수와 개가를 올리고 있다. 그렇게 그들은 배워 나간다.

　오늘도 그곳엔 환자가 몰려오겠지. 삶과 죽음의 희비가 엇갈리고 있을 것이다. 그리고 그렇게 병원은 존재하고 있다.

옮긴이의 글

　책은 의사의 수련과정과 환자진료를 에워싸고 있는 전통적인 비밀의 장막에 도전하여 의료계의 숨겨진 사실들에 대한 공개를 두려워하는 금기들을 기꺼이 폭로한 쾌저이다.
　끝까지 이름을 밝히길 거부하면서도, 의사라는 직업에 자부심과 긍지를 잃지 않고 있는 저자 '닥터 X'는 가식과 허구의 가면을 훌훌 벗어버리고 놀랍도록 날카로운 시선과 눈부시도록 순수한 감각으로 껍질을 벗기듯 오랜 세월 두터운 베일에 싸여 있던 의사세계를 조감하고 있다.
　질병의 역사는 곧 인간의 역사라고 할 만큼 우리 인간과 질병과의 관계는 너무도 밀접한 것이다. 그러기에 그 질병과 맞서서 인간의 존귀한 생명을 지키는 의사의 존재야말로 모든 이의 존경과 신뢰의 표적이 되고 있는 것이 사실이다. 의사라는 직업은 자랑스럽고 위대한 것이며 자부와 긍지를 갖기에 충분한 자리이다.
　그러나 사회가 점점 발달함에 따라 의사도 결국은 인간 그 이상이 될 수 없다는 너무도 명백한 논리가 대두되기 시작했다. 시기와 불신의 대상이 되어 무더기로 매도되는가 하면 한 사람의 원치 않았던 실수가 침소봉대되어 모든 의사의 잘못인 양 인식될 때도 있다.
　하지만 의사도 인간이라는 사실 앞에 한 발짝씩 뒤로 물러서면 그도 실수를 저지를 수 있고 인간적 욕망의 노예가 될 수 있다는 결론에 도달하게 된다. 이 책은 바로 의사와 일반인들 간의 상호 폭넓은 이해의 바탕 위에 새로운 인식이 성립될 수 있도록 하기 위한 저자의 간절한 회원으로 만들어진 작품인 것이다.

　이 책의 저자 '닥터 X'는 때로는 폭풍처럼 격노하여 비인간적인 의료세계에 비수를 들이대고, 또 때로는 꽃처럼 부드러운 인간미로 환자와 함께 울면서 삶과 죽음의 현장에서 방황하는 병든 영혼들의 차가운 손목을 잡아주고 있다. 그의 힘은 미약했고 그의 영역은 좁았으나 의사로서의 진정한 용기와 뜨거운 가슴은 언제나 잃지 않고 있었다.

　그리하여 마침내 그는 그 자신은 물론이고 의사라는 이 위대한 직업에 종사하는 사람들에게 횃불처럼 타오르는 사명감과 자부심을 자각시켜 주었다. 풋내기 의사일 뿐인 '닥터 X'는 결국 승리한 것이다.

　의사가 되는 길은 사실 용이한 일이 아니다. 정신적 육체적 숱한 아픔을 감내해야 하고 그런 고뇌 뒤에도 언제나 전혀 뜻밖의 고통들이 다가온다. 10여 년이 넘는 기나긴 수련과정을 거쳐서야 비로소 전문의사의 명예를 얻어 화려한 성역에 첫발을 딛는 기쁨을 얻지만 그와 동시에 불신과 경원의 또 다른 벽에 부딪치고 좌절과 회의의 늪을 경험해야 한다.

　이 책은 언제부터인가 진부한 의사의 굴레를 쓰고 있는 역자에게 인턴·레지던트 시절을 일깨워주고 의사로서의 내 인생을 보다 진지하게 살아갈 것을 다짐케 하는 무서운 채찍이 되었다. 그 채찍은 비단 역자에게 뿐만 아니라 이 세상 모든 의사, 나아가 모든 인간들의 가슴 깊은 곳에 인간존재의 의미를 다시 한번 생각하게 하는 기회를 줄 것으로 확신한다.

출판사의 각별한 요청과 협조에 따라 보다 신중하고 정확한 번역이 되도록 많은 노력을 기울였으나 더러 불충분한 부분이 있지 않을까, 혹은 저자의 의도를 충분히 살리지 못한 오류가 있지 않을까 걱정이 앞선다. 독자 제현의 아낌없는 지도와 편달을 바라마지 않는다.

1981년 역자 양정현

《인턴 X》를 다시 세상에 내놓으며

　이 책의 원본인 《인턴(Intern)》은 1965년 미국 Harper&Row사에 의해 발간되었다. 벌써 세월이 흘러 지금으로부터 40년도 더 전의 일이다. 이 책은 당시 병원에서 인턴으로 근무했던 한 의사가 자신의 인턴 생활 1년 동안 겪었던 일들을 매일매일 녹음하고 정리하여 일기체로 풀어놓은 것이다.
　세월이 많이 흘렀지만 당시 그가 겪은 다양한 환자들과 질병들 그리고 사건들은 지금 이 순간에도 변함없이 병원에서 벌어지고 있는 이야기다. 이 글은 병마와 싸우고 있는 의사와 환자들뿐만 아니라 의료계에 종사하는 사람들, 그리고 더 나아가 의사나 병원 생활을 잘 모르는 일반인들에게도 질병의 간교함에 맞서는 의사들의 고뇌를 조금이나마 이해할 수 있게 한다. 그리고 지금 이 순간에도 변함없이 병원에서 궂은 일에서부터 결정적인 일까지 해내고 있는 풋내기 의사, 인턴들에게 많은 도움을 줄 수 있다.

　내가 이 책을 처음 우리말로 번역해 김영사에서 출간하고 벌써 25년이라는 세월이 흘렀다. 그때 나는 힘든 외과 전문의 과정을 갓 마친 혈기왕성한 젊은 의사였다. 군의관 시절이라 시간을 쪼개어 번역에 할애할 수 있었고, 번역을 하면서 '닥터 X'에 공감함은 물론이고 의사의 진정성에 대해 고민할 수 있는 시간이었다. 유수와 같이 흐른 세월 속에서 많은 세파를 겪으며 이제 나는 세상을 볼 줄 알고 중심을 잡을 수 있는 초로의 나이가 되었다. 그리고 풋내기 의사가 아닌 원로 의사의 입장에서 《인턴 X》를 다시 읽어보았다. 요즘 실정과 맞지 않는 부분에 대한 각주를 조금씩 추가하면서, 이 책 속에는 여전히 젊은 시절 읽으며 느꼈던 당시의 감동이 그대로 살아 있음을 깨닫게 되었다. 그동안 의료계의 비약적인 발전이 있었지만 환자와 의사가 함께 울며 웃으며 부대끼는, 감동적이고 분주한 모습은 지금과 전혀 다름이 없었다.

요즈음은 의사를 단지 경제적인 부와 명예를 동시에 누릴 수 있는 선망의 직업인으로 생각하여 사명감과 같은 것은 고려조차 하지 않고 맹목적으로 의사가 되고자 하는 학생들이 많은 것 같다. 이 책을 다시 보며 나는 그러한 학생들에게 훌륭한 의사가 되기 위해서 얼마나 많은 고뇌와 처절한 눈물의 수련과정을 거쳐야 하는가에 대한 올바른 깨우침을 주어야겠다는 사명감을 갖게 되었다. 그리고 의사이기 이전에 따뜻한 인간애를 지닌 한 사람으로서 의료계의 두터운 관례를 뛰어넘은 용기 있는 《인턴 X》를 부활시킬 필요를 느꼈다.

마침내 이 책이 독자들 앞에 다시 태어나게 되었고, 용어를 요즈음 현실에 맞게 고치고 일반 독자들의 이해를 돕기 위해 현재의 의료수준에 입각한 해설도 덧붙였다. 이 책이 처음 번역되어 세상에 나왔을 때처럼 젊은 의학도들에게 많은 사랑을 받고, 또 이 책으로 인해 앞으로 훌륭한 자질을 갖춘 의사지망생들이 많이 나왔으면 하는 바람이다. 뿐만 아니라 이 책이 의사가 아닌 사람들에게도 두루 읽혀 병원과 의사가 사회와 더욱 가까워지는데 도움이 되기를 소망한다.

이 책이 재발간 될 수 있도록 애써 주신 박은주 대표님을 비롯한 김영사 여러분들에게 진심으로 깊은 감사를 드린다.

2007년 봄 역자 양정현

Intern X